Wissenschaftliche Beiträge aus dem Tectum Verlag

Reihe Sozialwissenschaften

Wissenschaftliche Beiträge
aus dem Tectum Verlag

Reihe Sozialwissenschaften
Band 99

Tanja Steinberger | Anna Wilde

Frauen, Stress und Digitalisierung 4.0

Mit einem Vorwort von Prof. Dr. Markus Jüster

Tectum Verlag

Tanja Steinberger | Anna Wilde
Frauen, Stress und Digitalisierung 4.0

Wissenschaftliche Beiträge aus dem Tectum Verlag
Reihe: Sozialwissenschaften; Bd. 99

© Tectum – ein Verlag in der Nomos Verlagsgesellschaft, Baden-Baden 2021
ISBN 978-3-8288-4600-5
ePDF 978-3-8288-7663-7
ISSN 1861-8049

Umschlaggestaltung: Tectum Verlag, unter Verwendung des Bildes # 1127857322
von OneLineStock.com | www.shutterstock.com

Gesamtverantwortung für Druck und Herstellung:
Nomos Verlagsgesellschaft mbH & Co. KG
Printed in Germany

Alle Rechte vorbehalten

Besuchen Sie uns im Internet
www.tectum-verlag.de

Bibliografische Informationen der Deutschen Nationalbibliothek
Die Deutsche Nationalbibliothek verzeichnet diese Publikation
in der Deutschen Nationalbibliografie; detaillierte bibliografische
Angaben sind im Internet über http://dnb.d-nb.de abrufbar.

Vorwort

Frau Steinberger und Frau Wilde legen mit Ihrer Arbeit zum Thema Frauen, Stress und Digitalisierung 4.0 eine ungemein spannende Arbeit vor. Die Autorinnen haben diese als Masterthesis im Studiengang Supervision der Hochschule Kempten erarbeitet. Der Zeitpunkt der Erarbeitung war geprägt durch Veränderungen in Folge der Industrialisierung 4.0 sowie der daraus sich verändernden Arbeitswelt 4.0.

Diese wurde, in den vergangenen Jahren, sehr unter dem Generationenaspekt (Generation Y, Generation Z, Millennials) geführt. Eine Betrachtung aus genderspezifischer Sicht wurde bislang nur am Rande geführt. Dies ändert sich nun durch die vorliegende Arbeit.

Frauen mussten und müssen in ihrer Erwerbstätigkeit immer ein hohes Maß an Anpassungsfähigkeit vollziehen, gleichzeitig und selbstverständlich wird immer noch eine versorgende Rolle innerhalb der Familie erwartet. Insofern sie ihrer Verantwortung in der Familienarbeit gerecht werden, erscheint eine Erwerbsarbeit angemessen und angebracht. Ändert sich dies in der durch gesellschaftlichen Wandel und Digitalisierung geprägten Arbeitswelt 4.0? Steinberger/Wilde konstatieren: *„Die Verantwortung für Haus- oder Familienarbeit beeinflusst Bildungsverläufe und die Berufswahl von Frauen. Mit der Verantwortung für den privaten Reproduktionsbereich ergeben sich andere Rahmenbedingungen für Berufswahlentscheidungen und die Planung der eigenen Erwerbsbiografie."*

So werden bereits mit der Berufswahl Anfangsentscheidungen getroffen, welche sich durch die weitere Erwerbsbiographie dann verstärken können. Dies prägt Einkommen und Aufstiegschancen, Frauen werden in eine eigene Erwerbsbiographie und „Frauenberufe" gedrängt. Allerdings bleiben die Autorinnen nicht in der Eindimensionalität der Beschreibung stecken, sie erkennen die Zugehörigkeit zu einem bestimmenden Milieu als weiteren Fakt in der Beschränkung der Optionalität weiblicher Berufstätigkeit.

Hat sich durch Industrie 4.0 und die zunehmende Digitalisierung etwas geändert? Sicher, aber in welche Richtung? Die Autorinnen zeigen zunächst Tendenzen, welche sich in den kommenden Jahren durch die zunehmende Automatisierung und Digitalisierung ergeben werden. Anhand von Arbeitsmarktdaten identifizieren sie wesentliche Arbeitsfelder, in denen vorwiegend weibliche Beschäftigung besteht, und zeigen, welche Auswirkungen dort zu erwarten sind. Der zu erwartende „Wanneneffekt" wird diejenigen Arbeitnehmer*innen begünstigen können, welche gut gebildet und über kontinuierliche Beschäftigungsverläufe verfügen. Gerade die letztgenannte Bedingung wird Frauen mit einer für sie „typischen" Beschäftigungsbiographie gravierend benachteiligen.

Ein weiterer großer Block der Arbeit widmet sich dem Thema Stress und Mehrfachbelastung. Auch diese wird zukünftig zunehmen, da von erheblicher Verdichtung der Arbeitsbelastung und einer Entgrenzung der Lebenssphären Beruf und Familie auszugehen ist. Die Autorinnen beschreiben dies eindrücklich. Ihre Antwort auf die zu erwartenden Belastungen liegen in einem salutogenetischen Konzept zur Stärkung der Resilienz.

Die Autorinnen bieten im dritten Teil ihrer Arbeit – für die genannte Problemstellung – ein Gesundheitscoaching als Präventions- wie Bewältigungsprogramm an. Dazu entwickeln sie ein prozessorientiertes Modell, welches einen genderspezifischen Zugang schafft.

Frau Steinberger und Frau Wilde gelingt mit ihrer Arbeit eine eloquente Beschreibung genderspezifischer Problemlagen, die durch gravierende Veränderungen in der Arbeitswelt induziert wurden und werden. Die vorliegende Schrift wurde im Februar 2020 als Masterthesis an der Hochschule in Kempten eingereicht, wenige Wochen bevor die Wucht der Pandemie Deutschland (zum ersten Male) erreichte. Die Vulnerabilität weiblicher Beschäftigung trat in kürzester Zeit deutlichst hervor: Kinder konnten zeitweise nicht beschult bzw. betreut werden, Dienstleistung im Handel und Tourismus wurden ebenso von „Unterbeschäftigung" hart getroffen wie die Pflegeberufe weit überproportional belastet wurden: es traf und trifft überwiegend Frauen!

Die vorliegende Arbeit besticht durch die präzise Beschreibung der Situation weiblicher Beschäftigung in der Industrie 4.0 und deren Auswirkung, nicht nur in der geschlechtsspezifischen Benachteiligung am Arbeitsmarkt, sondern auch in der spezifischen Induktion von Stress. Darüber hinaus bietet sie – durch den salutgenetischen Ansatz im Gesundheitscoaching – konkrete Lösungsvorschläge.

Frau Steinberger und Frau Wilde gelingt mit der vorliegenden Arbeit, eine aktuelle wie wegweisende Schrift im Themenbereich genderspezifischen Coachings. Sie stoßen damit auch eine Diskussion an, die über eine genderspezifische Betrachtung der „Neuen Arbeitswelt" hinausreicht.

Kempten im Dezember 2020
Markus Jüster

Inhaltsverzeichnis

Abbildungsverzeichnis XIII

Abkürzungsverzeichnis XV

Einleitung 1

I. **Die doppelte Rolle der Frau** 7
  1. Die doppelte Vergesellschaftung der Frau 7
    1.1 Weibliche Sozialisation 8
      1.1.1 Rollenbilder 11
      1.1.2 Weibliche Rollenbilder, geschlechtsspezifische Sozialisation und Recht 11
      1.1.3 Familienarbeit 14
        1.1.3.1 Kindererziehung und Kinderbetreuung 18
        1.2.3.2 Pflege von Angehörigen 20
    1.2 Weibliche Lebens- und Erwerbsbiografien 21
      1.2.1 Weibliche Erwerbsbiografien 22
        1.2.1.1 Weibliche „Normalbiografien" 23
        1.2.1.2 Frauenspezifische Berufswahl 29
      1.2.2 Frauen als besondere Arbeitnehmer 31
    1.3 Zwischenfazit 35
  2. Frauen in der Arbeitswelt 4.0 37
    2.1 Zukunft der Arbeit 41
      2.1.1 Leitlinien für die Zukunft der Arbeit 44
      2.1.2 Zukünftige Arbeitsbedingungen für Arbeitnehmer 47
      2.1.3 Genderaspekte der Digitalisierung 49
    2.2 Digitalisierung und Beschäftigungseffekte 50
      2.2.1 Strukturwandel in Frauen- und Männerberufen 54

2.2.2 Strukturwandel der frauenspezifischen Berufsstruktur 58
    2.2.2.1 Frauenberufe mit Substituierbarkeitspotential 60
    2.2.2.2 Perspektiven in Gesundheits- und Sozialberufen 60
2.3 Frauenerwerbstätigkeit in der Arbeitswelt 4.0 62
2.4 Zwischenfazit 66

II. Weiblicher Stress? 69

3. Studien zum Thema Stress 69
4. Zwischenfazit 71
5. Stress 72
   5.1 Gesellschaftliche Sicht zum Thema Stress 72
   5.2 Medizinische Deutung des Begriffes „Stress" 75
      5.2.1 Neuronale Ebene 77
   5.3 Schädliche Wirkung des Dauerstresses 79
6. Coping oder Stressbewältigungsstrategien 80
7. Reagieren Frauen auf Stress anders als Männer? 82
8. Zwischenfazit 86
9. Digitalisierung 4.0. Neue Möglichkeiten – gleiche Bedürfnisse 88
   9.1 Salutogenese 89
   9.2 Das Kohärenzgefühl (Sense of Coherence (SOC)) 90
   9.3 Resilienz 91
      9.3.1 Stress- und Schutzfaktoren in der Resilienz 93
          9.3.1.1 Leistungsangst 94
          9.3.1.2 Soziale Angst 96
          9.3.1.3 Positive Emotionen 97
          9.3.1.4 Optimismus 98
          9.3.1.5 Zuversicht 100
          9.3.1.6 Selbstwirksamkeitserwartung 100
          9.3.1.7 Selbstwertgefühl 101
          9.3.1.8 Kontrollüberzeugungen 103
          9.3.1.9 Soziale Unterstützung 104
10. Stressfaktoren 106
   10.1 Empfängerfaktoren 107
   10.2 Beziehungsebene zwischen Anbieter und Empfänger 108

11. Psychologische Bedürfnisse 109
   11.1 Bindung.................... 110
   11.2 Selbstwertschutz bzw. Selbstwerterhöhung 111
   11.3 Orientierung und Kontrolle 111
   11.4 Lustgewinn und Lustvermeidung 112
   11.5 Zwischenfazit 113
12. Grundbedürfnisse in der digitalen Welt 113
13. Work-Life-Balance 116

III. Gesundheitscoaching 119

14. Präventionsprogramme 119
   14.1 Stresspräventionsprogramm nach Kaluza 121
   14.2 Burn-out Präventionsprogramm nach Blickhan/Seligman 123
   14.3 Burn-out Präventionsprogramm nach Linniweh, Heufelder, Flasnoecker 125
   14.4 Burn-out Präventionsprogramm nach Pattakos 128
   14.5 Burn-out Präventionsprogramm nach Längle/Künz 131
   14.6 Zwischenfazit 134
15. Betriebliche Ebene für zukünftige Präventionsarbeit 139
16. Frauen, Stress und gesundheitsrelevante Kompetenzen 140
17. Lösungsorientierte Beratung 144
   17.1 Phasenmodell der lösungsorientierten Beratung 146
      17.1.1 Phase der Synchronisation 147
      17.1.2 Phase der Lösungsvision 149
      17.1.3 Phase der Lösungsverschreibung 150
      17.1.4 Phase der Lösungsbegleitung 152
      17.1.5 Phase der Lösungsevaluation 154
      17.1.6 Phase der Lösungssicherung 156
   17.2 Qualität und Effektivität 158
18. Coaching 160
   18.1 Coaching und Gesundheit 162
      18.1.1 Gender, Sozialisation und Geschlecht 163
      18.1.2 Ziele als Themenschwerpunkt im Gesundheitscoaching 165

18.2.1 Blended Learning als Coaching-Methode zur Stressbewältigung 166
18.2.2 Blended Learning als Coaching-Methode 167
18.2.3 Erfolgsfaktoren 168
18.4 Genderperspektive in Beratung und Coaching 170
19. Zusammenfassung und weiterführende Überlegungen 172

Fazit und Ausblick 179

Literaturverzeichnis 191

Abbildungsverzeichnis

Abbildung 1.	Anteil von Müttern und Vätern am Elternzeitvolumen mit abgeschlossenem Elterngeldbezug in Deutschlang. Quelle: WSI (2007).	20
Abbildung 2.	Pflegende Frauen und Männer 2001–2015. Quelle: WSI (2018).	21
Abbildung 3.	„Warum in Teilzeit?" Quelle: Institut der deutschen Wirtschaft (2011).	25
Abbildung 4.	Erwerbsquoten und Erwerbstätigenquoten von Frauen und Männern. Quelle: Agentur für Arbeit (2019).	26
Abbildung 5.	Formen der Erwerbstätigkeit-Frauenanteil 2018. Quelle: Agentur für Arbeit (2019).	28
Abbildung 6.	Typisch Mann, typisch Frau. Quelle: Institut der deutschen Wirtschaft (2018).	30
Abbildung 7.	Drei Szenarien. Quelle: Bertelsmann Stiftung (2019).	43
Abbildung 8.	Industrie 4.0 und die Folgen für Arbeitsmarkt und Wirtschaft. Szenario-Rechnungen im Rahmen der BIBB-IAB-Qualifikations- und Berufsfeldprojektionen. Quelle: Institut für Arbeitsmarkt- und Berufsforschung (2015).	53

Abbildung 9. Substituierbarkeitspotenziale von Berufen. Nur wenige Berufsbilder halten mit der Digitalisierung Schritt. Quelle: Institut für Arbeitsmarkt- und Berufsforschung (2018). 55

Abbildung 10. Einfluss der Digitalisierung auf Geschäftsprozesse. Quelle: Bitkom Research. 57

Abbildung 11. Don't panic. Gelassen zur Digitalisierung: Wie sich deutsche Unternehmen in der neuen Zeit orientieren. Quelle: Bitkom Research. 63

Abbildung 12. D 21 Digital Index. Jährliches Lagebild zur digitalen Gesellschaft. Quelle: Initiative D 21 e.V. 65

Abbildung 13. Vereinfachte Darstellung der Stressbewertung. Quelle: eigene Darstellung. 76

Abbildung 14. Module des Gesundheitsförderungsprogramms: "Gelassen und sicher im Stress" nach Kaluza (2010). 122

Abbildung 15. Balance statt Burn-out. Quelle: Linniweh u.a. (2010). 126

Abbildung 16. Ganzheitliches Programm für Burnout-Prävention nach Linneweh, Heufelder und Flasnoecker (2010). 128

Abbildung 17. Organisatorische und individuelle Determinanten der Prävention nach Länge/Künz. Quelle: eigene Darstellung. 133

Abbildung 18. Präventionsprogramm nach Kaluza: "Gelassen und sicher im Stress", modifiziert. 138

Abbildung 19. Leitbegriffe der Gesundheitsförderung. Gesundheitsförderung 1: Grundlagen. 142

Abkürzungsverzeichnis

AfA	Agentur für Arbeit
AOK	Allgemeine Ortskrankenkasse
BITKOM	Bundesverband Informationswirtschaft,
BMBF	Bundesministerium für Bildung und Forschung
BMFSFJ	Bundesministerium für Familie, Senioren, Frauen und Jugend
d.h.	das heißt
DGB-Index	Deutscher Gewerkschaftsbund-Index
e.V.	eingetragener Verein
ebd.	ebenda
et. al	et aliae
IAB	Institut für Arbeitsmarkt- und Berufsforschung
IAO	Institut für Arbeitswirtschaft und Organisation
IDW	Institut der deutschen Wirtschaft
IT-Bereich	Informationstechnik-Bereich
OECD	Organisation for Economic Co-operation and Development
QR-Codes	Quick Response-Codes Telekommunikation und neue Medien
TKK	Techniker Krankenkasse
u.a.	und andere
UN-Weltfrauenkonferenz	United Nations- Weltfrauenkonferenz
usw.	und so weiter
Vgl.	Vergleiche
WSI	Wirtschafts- und Sozialwissenschaftliches Institut
z.B.	zum Beispiel

Einleitung

Die vierte industrielle Revolution 4.0 kommt. Es wird nicht mehr die Frage gestellt, ob diese Veränderungen überhaupt kommen. Es wird lediglich diskutiert, wann und wie stark, in welchen Arbeits- und Lebensbereichen und welcher Form sie eintreten werden. Einige Berufe werden in Zukunft nicht mehr existieren, aber gleichzeitig neue Arbeitsplätze entstehen. Das allgemein gültige Verständnis von Arbeit muss ebenso neu definiert werden wie die Anforderungen an die Kompetenzen der Beschäftigten. Das bisherige Arbeitsverständnis weicht nämlich neuen agilen Denkmustern. Neue Strukturen in der betrieblichen Kommunikation, neue Arbeitsbeziehungsmuster, neue Lernfähigkeiten und soziale Kompetenzen werden verlangt werden.

Diese neuen Disruptionen treffen unter andrem auf eine langfristige, auch demografisch bedingte Tendenz auf dem Arbeitsmarkt. So ist es der Gesellschaftspolitik der vergangenen Jahrzehnte gelungen, die Vereinbarkeit von Familie und Beruf, z.B. durch den Ausbau von Betreuungsangeboten usw., zu verbessern. Infolgedessen stieg die Teilnahme von Frauen am Erwerbsleben kontinuierlich an, das zeigt eine Studie der OECD aus dem Jahr 2017: etwa 70 % der Frauen in Deutschland gehen mittlerweile einer Erwerbstätigkeit nach.[1]

Die fortschreitende Flexibilisierung der Arbeitsplätze im Digitalisierungszeitalter verspricht den Frauen zunächst einerseits die oft gewünschte Work- Life- Balance realisierbar zu machen sowie einen verbesserten Zugang zum Arbeitsmarkt, welcher zuvor aufgrund starrer Arbeits- und Betreuungszeiten nicht allen Beschäftigten in gleicher Weise möglich war. Andererseits ergeben sich mit diesen grundlegenden Veränderungen – gerade für Frauen mit familiären Verpflichtungen – neue Herausforderungen. Die Herausforderungen des zukünfti-

---

[1] https://www.oecd.org/germany/Gender2017-DEU-de.pdf (Zugriff am 20.09.2018)

gen Arbeitsmarktes könnten für die Arbeitnehmer unter Umständen eine neue psychische Belastung bedeuten.

Diese Entwicklung belegen Studien zum Wandel der Arbeitswelt. Eine repräsentative Forsa-Umfrage im Auftrag der Techniker Krankenkasse aus dem Jahr 2016 weist mit folgender Formulierung deutlich auf steigende Belastungen hin: „Mehr als jeder zweite Deutsche steht unter Stress, jeder fünfte Deutsche berichtet sogar von Dauerstress."[2]

Von dieser Entwicklung sind Frauen besonders betroffen, die die Bereiche Familie und Beruf miteinander verknüpfen wollen.

Die Studie der TKK macht auch deutlich, dass Frauen einem höheren Belastungsniveau ausgesetzt sind als Männer. 63 Prozent der weiblichen Befragten in der oben genannten Studie gaben an, gestresst zu sein, unter den Männern waren es nur 52 Prozent. Ein Viertel der Frauen steht unter Dauerdruck, bei Männern ist es nicht einmal jeder Fünfte.

Auch wenn die Arbeit die Menschen am meisten stresst, – rund zwei Drittel der Befragten nannten sie als ihren größten Belastungsfaktor –, finden sich viele Ursachen für die Anspannung ebenso im Privaten. Fast jede zweite Frau (48 Prozent) sagte, dass sie sich vor allem selbst unter Druck setzt, um ihren hohen Ansprüchen zu genügen. In dieser Hinsicht waren die Männer (41 Prozent) entspannter. Außerdem empfinden Frauen Haushalt und Kindererziehung als deutlich belastender wie die Männer.[3]

Die Entgrenzung der Arbeit durch die Digitalisierung 4.0, z.B. durch mehr Home-Office oder Crowdworking, birgt – insbesondere für Frauen mit einer Doppelbelastung – neue Risiken. Unter Umständen geht mit den neuen Anforderungen der Industrie 4.0 sogar ein Mehr an Belastung einher.

Die logische Konsequenz aus dieser Entwicklung wäre eine stetig steigende Zahl der Burn-out- Erkrankungen bei Frauen. Das sollte in der Arbeitswelt 4.0, soweit es geht, verhindert werden. Dazu äußerte sich

---

2 http://www.spiegel.de/gesundheit/diagnose/so-gestresst-sind-die-deutschen-umfrage-der-techniker-krankenkasse-a-930696.html (Zugriff am 21.10.2019)
3 https://www.tk.de/techniker/unternehmensseiten/unternehmen/broschueren-und-mehr/stressstudie-2016-2026692 (Zugriff am 10.09.2019)

die ehemalige Arbeitsministerin, Frau Andrea Nahles: *„Wir möchten uns um die Menschen, die wir lieben, kümmern, erst recht dann, wenn sie uns brauchen. Wir möchten ein Privatleben, das diesen Namen verdient, und gute Arbeit, die zu unserer Lebenssituation passt. Sie soll uns die Freiheit und Souveränität lassen, unser Leben zu führen und zugleich das notwendige Maß an Sicherheit verschaffen."*4

Gesundheitsprävention ist einerseits im Interesse des Einzelnen, da die eigene Gesundheitsbilanz Lebensqualität bedeutet. Gesundheitsprävention ist andererseits im Interesse der Betriebe, da die kontinuierliche Beschäftigung gut ausgebildeter Arbeitskräfte weitere Kosten vermeidet. Gesundheitsprävention stellt außerdem eine gesamtgesellschaftliche Aufgabe dar, weil die „Leistungsfähigkeit" von Frauen in Betreuungssituationen ein Indikator für das individuelle Wohlbefinden dieser Frauen ist und gleichzeitig die Versorgung der betreuten Familienmitglieder sichert.

Ein funktionierendes geschlechtersensibles Gesundheitsmanagement ist daher eine gesamtgesellschaftliche Aufgabe: Es sichert die Lebensqualität von Frauen (Müttern), stabilisiert die Betreuungssituation der Familien und schafft Voraussetzungen für eine kontinuierliche Teilnahme am Erwerbsleben. Wegen des demografischen Wandels benötigen zukünftige Arbeitgeber sogar eher mehr gut qualifizierte weibliche Fachkräfte als bisher. Präventive und ressourcenorientierte Angebote für weibliche Arbeitnehmer stellen deshalb ein zukunftsorientiertes Element betrieblichen Gesundheitsmanagements dar.

So scheint auf den ersten Blick das neue Digitalzeitalter gerade für Frauen von Vorteil sein, weil sie beide Betätigungsfelder, Beruf und Familie, noch besser vereinbaren und so den Zugang zu den von Vollzeitbeschäftigen dominierten Berufsfeldern erreichen könnten. Offen bleibt, ob sich Stressfaktoren dadurch reduzieren. Denn in der modernen Dienstleistungsgesellschaft werden die sogenannten Soft-Skills stärker benötigt und gefordert: Multitasking, Empathie und Emotionsarbeit sowie Bereitschaft zum lebenslangen Lernen.5 Moderne Arbeitsanforderungen sind aber gleichzeitig gegenüber psychischen Beeinträchtigungen weniger tolerant und führen schneller in eine Arbeits-

---

4 Nahles 2015, S. 7.
5 Vgl. King u.a. 2018, S. 253.

unfähigkeit, da sie kaum Nischen für die Arbeitnehmer bieten, die sich nicht schnell genug an die neuen Anforderungen anpassen können.[6] Auf der Suche nach „weiblichem Stress" im Word Wide Web finden sich zahlreiche Seiten, welche eine spezifische weibliche Stresssensibilität, auf unterschiedliche hormonelle Haushalte der beiden Geschlechter zurückführen.[7] Andere Internetseiten wiederum verneinen diesen Unterschied und führen den von Frauen empfundenen Stress eher auf gesellschaftlich und evolutionär erworbenes Stressverhalten zurück,[8] sodass hier kein eindeutiges Bild des weiblichen Stressverhaltens ersichtlich ist. Ebenso sind im Netz vielfältige Präventionsprogramme[9] zu finden, welche auf den ersten Blick den Fokus auf den weiblichen Stress richten, jedoch inhaltlich nicht klar benennen, weshalb nun dieses Training explizit beim weiblichen Stress hilfreich wäre.

Ebenso mangelt es in der Coaching- und Trainingslandschaft grundsätzlich nicht an Angeboten zur Stressbewältigung.[10] In Bezug auf die Digitalisierung 4.0 und Stress bei Frauen mit einer Doppelbelastung jedoch, gibt es in den bereits praktizierten Präventionsprogrammen, wie z.B. dem häufig genannten Stresspräventions-programm nach Kaluza,[11] aktuell diesbezüglich keine neuen Impulse.

Ein Blick in die Literatur zeigt deutlich, dass es nur wenige wissenschaftlich relevante Literatur gibt, welche sich mit den Stressfaktoren bzw. Bedürfnissen von Frauen[12] als spezieller Arbeitnehmergruppe[13] im Arbeitszeitalter 4.0[14] beschäftigt. Es gibt zahlreiche Erscheinungen, welche sich mit der weiblichen Führungsrolle[15] und dem damit ver-

---

6 Vgl. Handerer u.a. 2018, S. 180.
7 https://bessergesundleben.de/wie-wirkt-sich-stress-bei-frauen-aus/ (24.10.2019) sowie http://medizinauskunft.de/artikel/diagnose/psyche/03_11_stress_mann_fra u.php (08.08.2019),
8 http://web4health.info/de/answers/soma-stress-women.htm (02.09.2019)
9 https://www.gruenweller.de/frauen/ (14.03.2019), https://weiblichkeit-entfalten.de /stresspraevention (am 15.03.2019); https://www.stressbewaeltigung-berlin.de/ein zeltraing-seminare-u-a-formate/bildungsurlaub/(12.03.2019)
10 Vgl. Pracht 2014, S. 1 ff.
11 Vgl. Kaluza 2015.
12 Vgl. Wimmer-Puchinger 2016
13 Vgl. Spiegl 2017
14 Vgl. Preißing 2019
15 Vgl. Kirschten 2014; Lanz 2010; Jäkel-Wurzer 2017

bundenem Stress beschäftigen-,[16] oder mit dem Stress im Digitalisierungszeitalter 4.0 allgemein[17] und den damit erforderlichen Präventions-empfehlungen auf betrieblicher Ebene.[18]

In dieser Masterarbeit wird daher folgende These aufgestellt, dass Frauen mit einer Doppelbelastung zur Stressregulierung 4.0 ein eigenes Präventionsprogramm brauchen. Denn die Frage, ob und welches Präventionsprogramm Frauen benötigen, nirgends gestellt. Empfinden Frauen überhaupt einen anderen Stress als Männer? Kann eine Doppelbelastung, also die Arbeit neben der Familie und die Familie als Arbeit, Frauen psychisch belasten, obwohl das familiäre Umfeld häufig als stressregulierende Ressource benannt wird[19]? Welche Präventionsprogramme können Frauen stärken und wie sollte schließlich ein Präventionskonzept für eine Frau mit einer Doppel-Belastung im Digitalisierungszeitalter 4.0 aussehen? Wie könnte eine Förderung der Gesundheitskompetenz bezogen auf Frauen mit Doppelbelastung aussehen?

Die vorliegende Masterthesis widmet sich daher genau diesen Fragen und versucht, auf der Basis der bereits vorhandenen Studien und Literatur Antworten zu finden.

Sie gliedert sich in drei große Bereiche:

Der erste Bereich umfasst die gesamtgesellschaftliche Situation der berufstätigen Frauen sowie die zukünftigen Anforderungen für Frauen mit einer Doppelbelastung, bevor in einem weiteren Schritt die neuesten Erkenntnisse zur Digitalisierung 4.0 und zu den neuen Kompetenzanforderungen an die Arbeitnehmer und damit auch die Anforderungen an die weiblichen Beschäftigten in den Zeiten der Digitalisierung 4.0 und letztendlich an das betriebliche Gesundheitsmanagement beleuchtet werden.

In zweiten Bereich wird der Begriff Stress aus gesellschaftlicher und wissenschaftlicher Sicht betrachtet. Dabei werden verschiedene Studi-

---

16 Vgl. Topf 2012
17 Vgl. Tuczek 2017; Werther 2018; Heyse 2018
18 Vgl. Cernavin u.a. 2018
19 Vgl. Statista 2018, Umfrage in Deutschland zu den beliebtesten Maßnahmen gegen Stress 2018, https://de.statista.com/prognosen/962176/umfrage-in-deutschland-zu-den-beliebtesten-massnahmen-gegen-stress (Zugriff am 24.10.2019)

en zu geschlechtsspezifischen Unterschieden bei der Stresswahrnehmung analysiert. Gibt es in Stresswahrnehmung sowie Stressverarbeitung geschlechtsspezifische Unterschiede?

Der dritte Bereich betrachtet aufgrund der zuvor gewonnenen Erkenntnisse unterschiedliche Präventionsprogramme und unter Einbeziehung der Salutogenese und anderer Resilienz fördernder Ansätze sowie der Anforderungen durch die Digitalisierung 4.0, eine zeitgemäße Stressprävention für Frauen mit einer Doppelbelastung konzipiert. Abschließend wird die Bedeutung des Coachings erläutert und dessen Einsatzmöglichkeit im Gesundheitsmanagement 4.0 dargestellt.

I. Die doppelte Rolle der Frau

1. Die doppelte Vergesellschaftung der Frau

Mit der doppelten Vergesellschaftung von Frauen ist einerseits die Integration in das Erwerbsleben gemeint und andererseits die Verantwortung für die Familienarbeit. Unter Gesellschaft ist in diesem Zusammenhang die bürgerliche Gesellschaft zu verstehen. Die bürgerliche Gesellschaft schafft unter anderem Rahmenbedingungen für das soziale Leben und hat infolgedessen eine „Vermittlungsfunktion" zwischen dem Individuum und der Gesellschaft. Menschen sind Teil der Gesellschaft. Vergesellschaftung vollzieht sich als Prozess mit dem Ziel der Integration in unterschiedliche Systeme (Bildung, Arbeitsmarkt, ...). „Vergesellschaftung ist ein vielschichtiges Geschehen. Es vollzieht sich klassen-, ethnie- und geschlechtsspezifisch; es unterliegt sich verändernden sozialhistorischen Bedingungen; ist durch Wissensformen, Arbeit, kulturelle Praktiken, Generativität und politische Partizipationsmöglichkeiten vermittelt. Denken wir an die Subjekte, die vergesellschaftet werden, schließt Vergesellschaftung ‚Sozialisation' ein. Wir können darunter Passagen lebenslangen Lernens verstehen, die uns zwei Ziele vorgeben: Uns einerseits zu individuieren, d.h. die Fähigkeit zu entwickeln, eigene Interessen und Sichtweisen zu entfalten, zu artikulieren und durchzusetzen; und andererseits jene Disziplinierungstechniken einzuüben, die uns sozial umgänglich machen und uns an die herrschenden Leistungsnormen gewöhnen. Ob sich in solchen Prozeduren eine einträgliche Balance zwischen Selbst- und Fremdbestimmung herstellen lässt, hängt nicht einfach von individuellen Potentialen ab, über welche die Einzelnen verfügen, sondern mindestens ebenso von den Lebensumständen, in die sie hineingeboren werden."[20] Prägend für die Lebensumstände ist die Zugehörigkeit zu einer sozialen Schicht und zu einem Geschlecht. Geschlechter übernehmen in der

---

20 Becker-Schmidt 2003, S. 2.

Gesellschaft teilweise unterschiedliche Funktionen. Aufgrund dieser Verschiedenheit existieren „geschlechtsspezifische" Rollenbilder und Formen der Sozialisation. Traditionelle Rollenzuschreibungen gehen davon aus, dass Frauen in Lebensgemeinschaften die Verantwortung für soziale Tätigkeiten (Erziehungs- und Pflegearbeiten) übernehmen. Gleichzeitig verfügen immer mehr Frauen über hochwertige Bildungsabschlüsse und die Erwerbstätigenquote von Frauen steigt kontinuierlich. Diese Doppelorientierung führt zu hohen Anforderungen (Belastungen), grenzt Handlungsspielräume ein und bedingt Ungleichheit.[21]

Die Vergesellschaftung der Frau in der Moderne ist geprägt durch die Teilnahme an Bildung und einer zunehmenden Integration in den Arbeitsmarkt. Weiterhin verankert sind gesellschaftliche Rollenbilder und damit die Verantwortung für „Familienarbeit" in Form von hauswirtschaftlichen Tätigkeiten, Erziehungs- und Pflegearbeit. Mehr Teilhabe am Erwerbsleben und die Verantwortung für „Familienarbeit" führen zu einem Mehr an Belastungen, eingeschränkten Handlungsspielräumen und folglich zu einer geschlechtsspezifischen Ungleichheit.[22]

1.1 Weibliche Sozialisation

Geschlechtsspezifische Vergesellschaftung ist mit einer entsprechenden Sozialisation verbunden. Sozialisation ist das Resultat von Interaktionen mit der sozialen Umwelt. Der Einzelne handelt selbständig. Von der Gesellschaft erwartete Anpassungs- und Integrationsprozesse (verbunden mit gesellschaftlich definierten Werten und Normen) lassen Handlungsspielräume für individuelle Entwicklungen. "Im Kern bezeichnet Sozialisation damit die Interaktion zwischen individueller Entwicklung und den umgebenden sozialen Strukturen, wobei die Persönlichkeit diese Interaktionserfahrungen aktiv und produktiv verarbeitet und sich dabei an Umfeldstrukturen anpassen oder sich von diesen abgrenzen kann."[23] Der Prozess der Sozialisation des Menschen

---

21 Vgl. Bührmann u.a. 2014, S. 16 ff.
22 Vgl. BMFSFJ 2011, S. 39 ff.
23 Hurrelmann/Bauer 2015, S. 146.

vollzieht sich in zwei Ebenen. Der Einzelne verinnerlicht in der Gesellschaft geltende Normen und Werte. Dieser Prozess der „Anpassung" ist Teil gesellschaftlicher Integration. Innerhalb dieser Rahmenbedingungen soll sich der Mensch zu einer unverwechselbaren Persönlichkeit entwickeln, dessen Merkmale ihn von anderen „abgrenzen".

Die Sozialisationsforschung versteht „... die Vergesellschaftung im Sinne einer Vereinheitlichung von Individuen über die Verinnerlichung der Normen und Rollenerwartungen. Sie betont den Druck auf die Einzelnen, so zu werden wie die relevanten Anderen im jeweiligen Kontext es erwarten und unterscheidet schicht-, kultur- und geschlechtsspezifische Sozialisationsprozesse."[24]

Sozialisation ist grundlegend für die Übernahme von Rollen. Menschen übernehmen ihre Rolle als Mann oder Frau und entsprechen mit diesem (gesellschaftskonformen) Verhalten gesellschaftlichen Erwartungen. Diese Rollenerwartungen definieren das partnerschaftliche Verhältnis von Mann und Frau. Männer arbeiten Vollzeit und sichern dadurch den Lebensunterhalt der Familie. Diese Form der Erwerbstätigkeit entspricht dem „männlichen" Normalarbeitsverhältnis. Frauen haben die Verantwortung für die Familienarbeit.[25]

Die Sozialisationsforschung geht davon aus, dass Menschen – entsprechend ihrer eindeutigen Zuordnung zu einem Geschlecht – sich in einem Prozess der Vergesellschaftung befinden. Vergesellschaftung in Hinblick auf diese geschlechtliche Einordnung umfasst persönliche, alltagsweltliche und zeitliche Dimensionen. Vergesellschaftung ist mit der Tendenz zur Zuordnung und Integration verbunden (Zuordnung von Rollen und Integration in ein bestehendes System). Vergesellschaftung meint Integration in Systeme der Gesellschaft. Voraussetzung für eine gelingende Integration in gesellschaftliche Systeme (Bildung, Arbeitsmarkt, ...) ist die Übernahme von Normen und Rollenerwartungen.[26] Das Geschlecht ist entscheidend für schicht- und kulturspezifische Sozialisationsprozesse. (Und „neben" dem Geschlecht eröffnen schichtspezifische Sozialisationsprozesse mehr oder weniger Aneignungsspielräume, die den Verlauf der Bildungs- und Berufsbiografie

---

24 Bührmann u.a. 2014, S. 168.
25 Vgl. BMFSFJ 2011, S. 39 ff.
26 Vgl. Kneer/Nassehi 2000, S. 111 ff.

beeinflussen.) Die Sozialisierung von Kindern findet also in einem dualen System von Mann und Frau statt. Die Zuweisung eines Geschlechts hat auch eine politische Perspektive. Mit der politischen Perspektive stellt sich die Frage, welche Zielsetzungen und Interessen (Bedarf an Fachkräften) zu politischem Handeln motivieren. Politisch motiviert waren in den vergangenen Jahren zahlreiche Maßnahmen zur „Minderung" der Geschlechterdifferenz. Familienpolitische Entscheidungen (Erziehungszeiten für Väter) haben und hatten das Ziel, bestehende „Geschlechterpositionierungen" aufzuweichen und Handlungsspielräume für beide Geschlechter zu schaffen. Geschlechtsspezifische Sozialisation steht immer in Abhängigkeit zu gesellschaftspolitischen Rahmenbedingungen.[27]

Geschlechtsspezifische Sozialisation beginnt mit oder vor der Geburt. Das Geschlecht prägt den Lebenslauf und wird in seiner Differenzierung auch durch Ereignisse in der Lebens- und Berufsbiografie (Brüche, Übergänge, ...) beeinflusst. Die Sozialisation des Menschen ist durch lebenslanges Lernen geprägt und dieser Prozess eröffnet die Möglichkeit, das Verhältnis zum eigenen Körper und die Vorstellungen vom anderen Geschlecht weiter zu entwickeln. Diese zeitliche Dimension beinhaltet Prozesse zu Einstellungen und Haltungen zum jeweils anderen Geschlecht und dem Verhältnis der Geschlechter zueinander. Strukturelle Gegebenheiten (Techniksozialisation von Jungen, ...) hemmen individuelle Entscheidungsspielräume. Zu strukturellen Phänomenen gehört die Technik-sozialisation von Jungen und die familienbezogene Sozialisation von Mädchen. Die berufliche Segregation von Frauen und Männern ist damit das Resultat von normativen gesteuerten Verhaltensweisen, die durch gesellschaftliche Vorstellungen (und Zuweisungen) von geschlechtsspezifischen Merkmalen bedingt sind. Ungleiche materielle und soziale Lebensbedingungen beruhen auf geschlechtsspezifischer Sozialisation und einer damit verbundenen Rollenverteilung im Privat- und Erwerbsleben.

---

[27] Bührmann u.a. 2014, S. 170.

1.1.1 Rollenbilder

In der Nachkriegszeit dominierte das Modell des „männlichen Familienernährers" und der „sorgenden Hausfrau" (Familienversorgerin). Dieses Leitbild der Hausfrauenehe befindet sich im Wandel und wird allmählich von der Vorstellung der partnerschaftlichen Arbeitsteilung abgelöst. Aber die Zughörigkeit zu einem Geschlecht beeinflusst weiterhin die Lebensverlaufsperspektive.

„Von besonderer Bedeutung für den Lebensverlauf von Frauen und Männern sind geschlechtsspezifische Rollenzuschreibungen in Zusammenhang mit Partnerschaft, Elternschaft und der Verbindung von Sorgearbeit und Erwerbstätigkeit."[28]

„Gender als soziales Geschlecht bezieht sich auf die sozial variablen, normativ gesteuerten Verhaltensweisen und Eigenschaftszuschreibungen, die mit der Geschlechtszugehörigkeit verbunden werden. Gemeinsam ist dieser dreifachen Bedeutung von Geschlecht, dass sie in sozialen Interaktionen hergestellt und kontextspezifisch variieren können."[29]

„Als individuelles Kind weiblichen oder männlichen Geschlechts heranzuwachsen und als Frau und Mann in einer bestimmten Gesellschaft, aber unterschiedlichen Kontexten zu leben, ist mit persönlichen, sich verändernden Erfahrungen im Lebensverlauf verbunden, die in Beziehung zu Anderen des gleichen oder andern Geschlechts gemacht werden."[30] Das Geschlecht ist prägend für den Verlauf der Lebensbiografie. Die Zuordnung zu einem Geschlecht ist mit spezifischen Aufmerksamkeits-, Ermöglichungs- und Handlungsspielräumen verbunden.[31]

1.1.2 Weibliche Rollenbilder, geschlechtsspezifische Sozialisation und Recht

Im Prozess der Sozialisation übernehmen Frauen und Männer gesellschaftlich definierte Rollenbilder. Menschen erkennen damit gesellschaftlich definierte Normen an und entsprechen gesellschaftlichen

---

28 BMFSFJ 2011, S. 53.
29 Bührmann u.a. 2014, S. 173.
30 Bührmann u.a. 2014, S. 167.
31 Bührmann u.a. 2014, S. 171.

Erwartungen. Weibliche Rollen und die damit verbundene Übernahme ist Teil einer Tradition. Gleichzeitig ist die Übernahme der weiblichen Rolle mit einem Anteil von eigenen Erfahrungen verbunden und es könnte damit eine bewusste Entscheidung für diese Rolle gegeben sein. Die Übernahme geschlechtsspezifischer Rollenerwartungen prägen Entscheidungs- und Handlungsspielräume. Gesellschaftliche Rollenerwartungen definieren Anforderungen an Frauen (soziale Kompetenzen) und geschlechtsspezifische Verhaltensmuster in unterschiedlichen Lebensbereichen (Familie, Beruf, ...). Die Verantwortung der Frauen für Familienarbeit bestimmt das Verhältnis der Geschlechter zueinander. Zugleich engt die Verantwortung für die Familienarbeit Handlungs- und Entscheidungsspielräume ein und verändert somit die Lebensverlaufsperspektive.[32]

Dem Ideal der modernen Gesellschaft entsprechen Frauen dann, wenn es ihnen gelingt – neben der Verantwortung für die Familienarbeit – die familiäre Sorgearbeit mit einer beruflichen Tätigkeit zu vereinbaren. Rollenzuschreibungen und damit verbundene Erwartungen schränken persönliche Entscheidungsspielräume ein. Bei Entscheidungen (Mütter in Teilzeitarbeit), die gesellschaftlichen Erwartungen entsprechen, erfahren betroffene Frauen Unterstützung und Anerkennung. Rollenkonformes Verhalten hat einen stabilisierenden Effekt für den Einzelnen und gesellschaftliche Systeme (Familienpolitik – Kinderbetreuung, ...). Für nicht-rollenkonformes Verhalten ist wenig gesellschaftliche Anerkennung oder Unterstützung gegeben. Gleichzeitig ist rollenkonformes Verhalten mit individuellen Risiken und Belastungen verbunden. Gesellschaftspolitisch geförderte rollenkonforme Entscheidungen (Teilzeitarbeit) können sich auf individuelle Lebensverlaufsperspektiven nachteilig auswirken. Gesellschaftspolitische Steuerungsmechanismen (Gesetzgebung) sind in der Lage, Risiken zu mindern und bei nachteiligen Rollenzuschreibungen entgegenzuwirken. Eine am Lebenslauf orientierte Gleichstellungspolitik leistet einen Beitrag dazu, bestehende (nachteilige) Rollenbilder weiterzuentwickeln. Ein wesentliches Instrument stellen rechtliche Regelungen im Familien-, Sozial- oder Arbeitsrecht dar. „Hier hatten die Rechtsprechung wie auch die familien- und verfassungsrechtliche Literatur die eheliche

---

32 Vgl. BMFSFJ 2011, S. 39 ff.; Vgl. auch BMFSFJ 2017, S. 83 ff.

Familie, die Trennung von Erwerbs- und häuslicher Sphäre und das auf Rollenteilung angelegte Familienmodell zum Leitbild erhoben. Leitbildspezifische Lebensformen wurden – und werden teilweise bis heute – gegenüber anderen Lebensformen privilegiert."[33] Ein Beispiel dafür ist die beitragsfreie Krankenversicherung für nichterwerbstätige Ehefrauen, die dem Leitbild der Hausfrauenehe entspricht. Mit dem Wandel der Gesellschaft ändern sich Leitbilder. Diese gesellschaftlichen Veränderungen spiegeln sich in der Gleichstellungspolitik und der Gesetzgebung wider. Die Rollenerwartungen an Frauen und Männer verändern sich. Die Rechtsprechung orientiert sich an neuen Leitbildern. Diese neuen Leitbilder gehen davon aus, dass sich Männer und Frauen nicht mehr an bisherigen Rollenerwartungen orientieren und sich Handlungsspielräume für die individuelle Planung der Bildungs- und Berufsbiografie erweitern. Konkret verändert sich damit das Verhältnis von Frauen und Männern in Partnerschaften. Bisherige Änderungen und geforderte Reformen des Umgangs- und Unterhaltsrechts machen dies deutlich. Dem neuen Leitbild einer gleichberechtigten Partnerschaft entspricht das im Jahr 2005 eingeführte Elterngeld. Es handelt sich um eine Lohnersatzleistung mit zwei zusätzlichen Monaten für den Partner. Diese Leistung erweitert die Handlungsspielräume der Väter und fördert die Auflösung geschlechtstypischer Rollenerwartungen.[34] Die Rechtsprechung ist ein Instrument der Gleichstellungspolitik. Ziel der Gleichstellungspolitik ist es, struktureller Benachteiligung (Arbeitsmarkt) entgegenzuwirken und gleiche Teilhabechancen in allen Lebensbereichen zu fördern.[35]

Sozialisationsprozesse und damit verbundene Rollenerwartungen sind abhängig vom Geschlecht. Die Ungleichheit von Mann und Frau ist ein Merkmal der modernen Gesellschaft. Frauen übernehmen die Verantwortung für die Familien- oder Sorgearbeit. Die damit verbundene Selbst- und Fremderwartung führt zu Belastungen. Benachteiligung ist dann gegeben, wenn die damit verbundenen Belastungen individuelle Handlungsspielräume begrenzen. Gesellschaftliche und individuelle Vorstellungen und Erwartungen an Geschlechterrollen und Lebensfor-

---

33 BMFSFJ 2011, S. 54.; Vgl. auch BMFSFJ 2017, S. 83 ff.
34 Vgl. Hans-Böckler-Stiftung 2011, S. 7.
35 BMFSFJ 2006, S. 14ff.

men unterliegen einem Wandel. Das Leitbild der Hausfrauenehe (50er und 60er Jahre) wurde von dem Ideal der „Erwerbstätigenehe" abgelöst. Die Gesellschaft befindet sich im Wandel und sich ändernde (und gesellschaftlich akzeptierte) Vorstellungen zu Lebensformen werden toleriert. Gesellschaften in der Moderne thematisieren diese Ungleichheit und entwickeln Strategien (Sozial- und Arbeitsmarktpolitik, …), um beiden Geschlechtern „vergleichbare" Teilhabechancen zu eröffnen.[36]

1.1.3 Familienarbeit

Private Hausarbeit ist Frauenarbeit. „Sie ist ein entscheidender Bestandteil der kapitalistischen Wirtschaftsweise. Ihre Delegation an Frauen trägt maßgeblich zur Privilegierung der Männer bei, die von der Last alltäglicher Versorgungsarbeit befreit sind."[37] Hausarbeit als Arbeit im privaten Lebensbereich ist gesellschaftlich nicht „sichtbar" und leistet keinen (unmittelbaren) Beitrag zur Einkommenssituation. Dies ist die Folge einer gesellschaftlichen Entwicklung. Hausarbeit wird im 17./18. Jahrhundert zur Frauenarbeit. Im Zuge der Industrialisierung kommt es zu einer eindeutigen Trennung der Bereiche Familienarbeit und Erwerbsarbeit. Mit dieser Entwicklung verändert sich die sozio-ökonomische Bedeutung der Hausarbeit grundlegend. Bis zur Industrialisierung prägt die Produktion in der Familienwirtschaft die Arbeitsteilung. Alle zu erledigenden Arbeiten wurden zwischen den Mitgliedern des Haushaltes aufgeteilt. Zum Haushalt gehörten Familienangehörige und Nicht-Familienangehörige. Die Arbeiten übernahmen Männer, Frauen und Kinder. Hauswirtschaftliche Tätigkeiten und Arbeiten des bäuerlichen oder handwerklichen Familienbetriebs bildeten eine Einheit. Mit der Industrialisierung entstanden Arbeitsplätze in Fabriken. Es kam zu einer Trennung von privaten Lebensbereichen und der Erwerbsarbeit. Zeitgleich entwickelte sich im 17./18. Jahrhundert das Ideal der bürgerlichen Familie. Die Möglichkeiten zur Umsetzung dieses Ideals hatten vorerst nur Familien des städtischen Bürgertums. Ab dem 19./20. Jahrhundert erreichte dieses idealtypische Fami-

---

36 BMFSFJ 2017, S. 83 ff.
37 Bührmann u.a. 2014, S. 18.

lienmodell auch die Arbeiterklasse. In dieser Zeit entwickelte sellschaftliche Vorstellungen zur Hausarbeit, die damit verbu... Verantwortlichkeiten und sozio-ökonomische Konsequenzen. Die Verantwortlichkeit für die Hausarbeit beinhaltete die Betreuung und Erziehung der Kinder. Mit dem Entstehen der bürgerlichen Familie modernisierten sich die Vorstellung vom Kind und der Kindererziehung. Ausgehend von den Schichten des Bürgertums (in den Städten) wandelten sich die Vorstellungen von „Kinderaufzucht" und der damit verbundenen Rolle der Frau. Das Bild vom Kind änderte sich. Kinder wurden nicht mehr als kleine Erwachsene betrachtet. Mit der Kindererziehung sollten förderliche Rahmenbedingungen für Kinder entstehen. Frauen übernahmen und übernehmen die „Mutterrolle". Diese Mutterrolle war dadurch gekennzeichnet, dass sich Frauen in einer anderen zeitlichen Dimension als bisher in die Kindererziehung einbrachten.[38]

Mit dem Entstehen der bürgerlichen Familie und damit verbundenen gesellschaftlichen Erwartungen steigen die Anforderungen für Frauen. Ansprüche für Arbeiten im Haushalt und im Bereich der Kindererziehung werden ebenso definiert wie die damit verbundenen Zuständigkeiten.[39] Mit der bürgerlichen Gesellschaft, ihren Idealen im Bereich der Kindererziehung und eindeutigen Rollenzuweisungen (Mutterrolle) entstehen geschlechtsspezifische Lebenszusammenhänge. Die Zuständigkeit und Verantwortlichkeit für Haus- und Familienarbeit sind mit der Rolle der Frau als Ehefrau und Mutter verbunden.[40]

Kennzeichnend für Familien- oder Hausarbeit sind alltägliche und widerkehrende Leistungen im Bereich der privaten Lebensführung. Familien- oder Hausarbeit ist einerseits eine Voraussetzung für die Arbeitsmarktintegration und andererseits eine unbezahlte Tätigkeit. Hausarbeit ist Alltagsarbeit und durch das Fehlen gesellschaftlicher Anerkennung (Einkommen) gekennzeichnet. Hausarbeit ist unentgeltliche und private Alltagsarbeit. Diese Alltagsarbeit bildet aber die Voraussetzung für Erwerbsarbeit. Leistungen im hauswirtschaftlichen Bereich und „Beziehungsarbeit" stellen die Basis für die Erbringung von

---

38 Baader u.a. 2014, S. 417.
39 Bock/Duden 1977, S. 118 ff.
40 BMFSFJ 2017, S. 84 ff.

Leistungen im beruflichen Bereich dar. Teil der Beziehungsleistungen ist die Vermittlung und Förderung sozialer Kompetenzen (Kommunikation, Konfliktlösungskompetenzen, …). Diese Leistungen und die damit verbundenen Kompetenzen fördern die (erfolgreiche) Integration in das Erwerbsleben. „Unbezahlte" Arbeit schafft Voraussetzungen für (bezahlte) Erwerbsarbeit.[41]

Hausarbeit ist in erster Linie Reproduktionsarbeit. Ziel ist die Wiederherstellung, Sicherung und Erhaltung. Im Gegensatz zur Erwerbsarbeit steht nicht die Produktivität und deren Steigerung im Vordergrund, sondern die Kontinuität und Stabilisierung. Das Alltägliche ist das eigentliche Merkmal der Hausarbeit. Für die Qualität der Hausarbeit existieren gesellschaftlich anerkannte Standards (Ordnung, Sauberkeit), die sich nicht objektiv messen lassen und in von den subjektiven Zielformulierungen der Familienmitglieder geprägt sind.[42]

Hausarbeit und Erwerbsarbeit erfordern – mit der zunehmenden Digitalisierung der Lebenswelt – entsprechende Qualifikationen. Mit den technischen Möglichkeiten (Digitalisierung) wachsen Anforderungen an das Qualifikationsniveau und Prozesse der Planung und Koordination. Zu den regulierenden Faktoren der Haushaltsführung gehören die Einkommenssituation, das individuelle Anspruchsniveau und die Anforderungen, die mit der Sozialisationsinstanz der Kinder (Kindertageseinrichtung, Schule, …) verbunden sind.

Ausdruck der Qualität der Hausarbeit ist das körperliche und psychische Wohlbefinden der Familienmitglieder. Die Erreichung dieser Zielsetzung ist mit dem Anspruch verbunden, dass ein ausgewogenes Verhältnis zwischen dem Einsatz von Ressourcen (Hausfrau) und dem erreichten Zustand (Wohlbefinden der Familienmitglieder, Sauberkeit und Ordnung) besteht. Die mit der Hausarbeit verbundene Reproduktion ist eine wesentliche Voraussetzung für die Integration in gesellschaftliche Systeme (Bildungssystem, Arbeitsmarktintegration, …).

Damit wird deutlich, dass Hausarbeit vielfältig ist und neben der Funktion der Dienstleistung auch eine psychische Dimension beinhaltet. Nach Ilona Oster ist die „Sorge" ein Merkmal der Hausarbeit. Dies

---

41 Bock/Duden 1977, S. 118 ff.
42 Kontos/Walser 1979, S. 89 ff.

wird auch dadurch deutlich, dass „Erziehung und Kommunikation" einen deutlichen Anteil im Bereich der Familienarbeit einnehmen. Kompetenzen im Bereich der Kommunikation und Organisation bilden eine Voraussetzung für Beziehungsleistungen. Diese Leistungen bilden die Basis des Familienlebens. Damit verbundene Leistungen lassen sich quantitativ erfassen (Statistik zu den Betreuungszeiten von Kindern in unterschiedlichen Lebensphasen). Die Rahmenbedingungen für „Qualität" der Kommunikation entstehen in der Familie. Die Qualität der Kommunikation prägt die „Qualität" sozialer Beziehungen, deren Verbindlichkeit und Unterstützungsniveau. Umgekehrt ist Wohlbefinden ein Ausdruck gelungener Kommunikation und positiv erlebter sozialer Beziehungen.[43]

Hausarbeit ist heterogen, orientiert sich unter anderem an familieninternen „Zeitstrukturen" und erfordert im zunehmenden Maße „Kopfleistungen". Diese kognitiven Leistungen beziehen sich nicht nur auf den Bereich der Haushaltsorganisation, sondern auch auf soziale Kontakte (Kindererziehung, Partnerschaft, Pflege und Stabilisierung sozialer Kontakte im familiären Umfeld, ...).

Hausarbeit ist als komplexes Gebilde mit heterogenen Tätigkeiten zu verstehen. Sie ist einerseits mit einem hohen Grad an Autonomie verbunden und erfordert andererseits ein hohes Maß an Selbstorganisation. Da objektive Kriterien für die Bewertung der geleisteten Arbeit fehlen, ist eine realistische Selbsteinschätzung erschwert. Im Alltag ist der Faktor Zeit wenig relevant, da die Übergänge zwischen Hausarbeit und Phasen der Freizeit nicht eindeutig sind. Maßstab für die Qualität der Leistungen kann das Wohlbefinden der Familienmitglieder sein. Anforderungen in unterschiedlichen Bereichen, der „Druck" (und die Erwartungshaltung der Familienmitglieder) erforderliche Kompetenzen zu erwerben oder weiter zu entwickeln, führen zu physischen und psychischen Belastungen. Insbesondere im Zusammenhang mit wachsenden psychischen Anforderungen steigt das Bedürfnis nach Regeneration.[44]

Die eingeschränkte Anerkennung von Familienarbeit ist das Ergebnis der damit verbundenen gesellschaftlichen Rahmenbedingungen.

---

43 Ostner 1982, S. 10 ff.
44 Götsch/Wehner 2017, S. 7 ff.

Hausarbeit ist Arbeit, die in einem engen Zusammenhang mit privaten (sozialen) Beziehungen steht. Damit ist bereits die klare Trennung zwischen öffentlichen und privaten Lebensbereichen gegeben. Grundlage ist eine freiwillige und damit private Entscheidung für eine Lebensgemeinschaft. Es fehlt die Basis für ein Arbeitsverhältnis, da die Gesellschaft deutlich zwischen Privat- und Erwerbsleben differenziert. Arbeit findet in unterschiedlichen Systemen unter spezifischen Bedingungen statt und wird – aufgrund dieser eindeutigen Zuordnung – unterschiedlich bewertet. Arbeit im eigenen, privaten Haushalt ist keine Erwerbstätigkeit. Die Arbeiten stehen im engen Zusammenhang mit privaten Bindungen (Ehe, Lebensgemeinschaft, Kindererziehung, …) und damit verbundenen Abhängig- oder Verantwortlichkeiten. Gesellschaftlich anerkannt ist Familienarbeit in Teilbereichen, zum Beispiel durch die Berücksichtigung von Erziehungs- und Pflegezeiten in der Rentenversicherung. Fürsorgearbeit gewinnt in den ersten Jahren nach der Geburt eines Kindes oder im Fall Pflege eines Angehörigen einen besonderen Stellenwert.[45]

1.1.3.1 Kindererziehung und Kinderbetreuung

Die Verantwortung für die Hausarbeit und die Erziehung von Kindern übernehmen Frauen. Bei Paarhaushalten mit Kindern erbringen Frauen den überwiegenden Teil an notwendigen Leistungen. Eine Studie aus dem Jahr 2017 zeigt, dass Frauen im Erwerbsalter (18 bis 64 Jahre) täglich durchschnittlich 3,19 Stunden mit Hausarbeit verbringen, während die Männer 2,04 Stunden ihrer Zeit für Hausarbeit verwenden. Bei der Verwendung von Zeit besteht eine geschlechtsspezifische Lücke. Diese geschlechtsspezifische Lücke ist auch bei erwerbstätigen Frauen gegeben, die sich mit 3,01 Stunden täglich deutlich mehr als die Männer (mit 1,53 Stunden) einbringen.[46]

Frauen übernehmen – unabhängig davon, ob sie Vollzeit oder Teilzeitbeschäftigt sind – einen Großteil der Hausarbeit. Wesentlich für die Verteilung der Hausarbeit zwischen Frauen und Männern ist die Wochenarbeitszeit der Frau und die Betreuungsintensität minderjähriger

---

45 BMFSFJ 2011, S. 23 ff.; Vgl. auch BMFSFJ 2006, S. 14 ff.
46 Hobler u.a. 2007, S. 7.

Kinder im Haushalt. Geringe Unterschiede (Zeitverwendung für Tätigkeiten im Haushalt) lassen sich bei alleinerziehenden Müttern und Vätern feststellen. Frauen mit einem höheren Bildungsniveau und einem überdurchschnittlichen Einkommen leisten ebenfalls mehr Hausarbeit. Allerdings erbringen Frauen mit einem höheren Einkommen tendenziell weniger Hausarbeit.[47]

Eine „geschlechtsbezogene" Verteilung der Hausarbeit ist auch bei gut ausgebildeten Frauen mit einem höheren Einkommen messbar. Frauen mit einem niedrigen Nettoeinkommen leisten tendenziell mehr Hausarbeit. Im Gegensatz dazu ist bei Männern kein Zusammenhang zwischen dem Nettoeinkommen und der Verwendung von Zeit für Tätigkeiten im Haushalt zu erkennen.

Den überwiegenden Anteil von Fürsorgearbeiten übernehmen die Frauen. Frauen im Erwerbsalter (18 bis 64 Jahre) verwenden für die tägliche Fürsorgearbeit durchschnittlich 34 Minuten. Männer widmen der Fürsorgearbeit durchschnittlich 14 Minuten. Gemessen an der Hausarbeit ist der Unterschied bei Männern und Frauen im Bereich der Fürsorgearbeit größer als bei der Hausarbeit. Vollzeitbeschäftigte Frauen widmen der Fürsorge für Familienmitglieder etwa 10 Minuten. Frauen mit einer Teilzeitbeschäftigung beschäftigen sich täglich etwa 50 Minuten mit der Sorge um ihre Familienmitglieder. Ursache für die Annahme einer Teilzeitbeschäftigung ist die Betreuung minderjähriger Kinder oder die Pflege von Angehörigen. Der überwiegende Teil der Fürsorgearbeit in Paarhaushalten widmet sich Kindern bis zum 6. Lebensjahr. Die geschlechtsbezogene „Fürsorgelücke" ist bei einem niedrigen Nettoeinkommen kleiner. Frauen mit einer Teilzeitbeschäftigung leisten überproportional viel Fürsorgearbeit.[48]

---

47 BMFSFJ 2011, S. 23 ff.
48 Vgl. Hobler u.a. 2007, S. 7 ff.; Vgl. auch BMFSFJ 2011, S. 39 ff.

I. Die doppelte Rolle der Frau

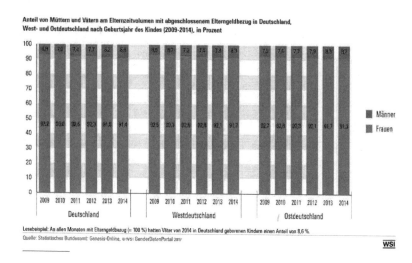

Abbildung 1. Anteil von Müttern und Vätern am Elternzeitvolumen mit abgeschlossenem Elterngeldbezug in Deutschlang. Quelle: WSI (2007).[49]

Im Bereich der Haus- und Fürsorgearbeit sind deutliche Geschlechterlücken erkennbar. Voll- und teilzeitbeschäftigte Frauen widmen der Hausarbeit – im Vergleich zu den Männern einen größeren Anteil ihrer Zeit. Frauen übernehmen den überwiegenden Teil der Fürsorgearbeit. Der Umfang der Fürsorgearbeit ist abhängig vom Umfang der Erwerbsarbeit.

1.2.3.2 Pflege von Angehörigen

Ein wichtiger Teil der Sorgearbeit innerhalb der Familie ist die Pflege von nahen Angehörigen. Der Großteil der von Pflegebedürftigkeit betroffenen Menschen möchte weiterhin zu Hause wohnen und in seiner Umgebung versorgt werden. Etwa 7 % der Gesamtbevölkerung übernehmen regelmäßig die Pflege von Angehörigen. Arbeiten im Bereich der Pflege von nahen Angehörigen erbringen überwiegend Frauen. Im Rahmen der häuslichen Pflege beträgt der Anteil der Frauen etwa

---

49 https://www.boeckler.de/pdf/p_wsi_report_35_2017.pdf (Zugriff am 20.09.2019)

60 %. Der Anteil der Frauen, die im Bereich der häuslichen Pflege tätig sind, ist damit deutlich größer als der Anteil der Männer. Frauen bringen in diesem Kontext auch mehr Zeit ein. Etwa 3 % der Frauen pflegen nahe Angehörige in einem Umfang von mindestens 2 Stunden pro Tag. Bei Personen, die Pflegetätigkeiten zeitweise übernehmen, ist der Frauenanteil mit etwa 60 % ebenfalls deutlich höher als die Beteiligung der Männer. Mit dem zeitlichen Aufwand für die pflegerischen Tätigkeiten steigt auch der Anteil der Frauen, die diese unbezahlte Tätigkeit ausführen.

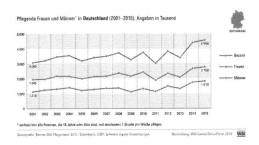

Abbildung 2. Pflegende Frauen und Männer 2001–2015. Quelle: WSI (2018).[50]

Im Rahmen der häuslichen (und unentgeltlichen) Pflege versorgen Frauen überwiegend Angehörige der eigenen Familie. Frauen versorgen ihre Männer. Töchter und Schwiegertöchter die pflegebedürftigen Eltern oder Schwiegereltern. Statistische Erhebungen zeigen, dass Erwerbspersonen – und damit auch erwerbstätige Frauen – immer häufiger Tätigkeiten im pflegerischen Bereich übernehmen.[51]

1.2 Weibliche Lebens- und Erwerbsbiografien

Mit der Industrialisierung und dem Entstehen der bürgerlichen Gesellschaft vollzieht sich eine Trennung von Haus- und Erwerbsarbeit.

---

50 https://www.boeckler.de/106388.htm (Zugriff am 20.07.2019)
51 BMFSFJ 2011, S. 23 ff.; Vgl. auch DGB-Index 2018, S. 3.; Vgl. auch Degele 2003, S. 175 ff.

Hausarbeit vollzieht sich im privaten Bereich und ist durch reproduktive Arbeiten gekennzeichnet. Die bürgerliche Gesellschaft definiert Standards (Sauberkeit, Ordnung) für die Ausführung der Arbeiten im häuslichen Bereich. Haus- oder Familienarbeit leistet keinen Beitrag zur materiellen Absicherung der Familie. Hausarbeit ist damit „Arbeit", die ökonomisch nicht verwertbar ist. Tätigkeiten in Haushalt, Familie, Kindererziehung und die Pflege sozialer Kontakte haben keine ökonomische Relevanz. Zudem ist Hausarbeit ein Teil der „Alltagsroutine". Dieser Begriff bringt zum Ausdruck, dass es sich um immer wiederkehrende Aufgaben handelt. Der Ausdruck „Routine" assoziiert zudem, dass eine Regelung der damit verbundenen Zuständigkeiten besteht. Aufgrund der (gesellschaftlich anerkannten) geschlechtshierarchischen Arbeitsteilung übernehmen Frauen die Verantwortung für Familienarbeit. Es entstehen „ungleiche" Voraussetzung für die Teilhabe am Leben in unterschiedlichen gesellschaftlichen Bereichen (Systemen) wie zum Beispiel dem Erwerbsleben.

1.2.1 Weibliche Erwerbsbiografien

Ziel dieses Abschnitts ist die Darstellung geschlechtsspezifischer Ungleichheit im Rahmen der Erwerbstätigkeit. (Die Themen Bildung und Arbeitsmarktintegration werden nur im Ansatz berücksichtigt. Eine ausführliche Auseinandersetzung mit dem Thema Frauen und Arbeitsmarkt- mit Berücksichtigung einer „geschlechts-spezifischen" Perspektive – findet in den folgenden Kapiteln statt.) Wie ein Bericht der Bundesagentur für Arbeit – aus dem Jahr 2018 – zur Arbeitssituation von Frauen und Männern auf dem Arbeitsmarkt deutlich macht, ist eine Ungleichheit zwischen den Geschlechtern gegeben: Es sind wesentlich mehr Männer als Frauen erwerbstätig. Im Bereich der Teilzeitbeschäftigung und im Niedriglohnbereich sind Frauen überproportional vertreten. Das durchschnittliche Bruttoeinkommen der Männer ist deutlich höher als das der Frauen. Weniger Frauen als Männer befinden sich in einem sozialversicherungspflichtigen Beschäftigungsverhältnis. Frauen sind mit geringeren Anteilen – bei vergleichbarer beruflicher Qualifikation – in Führungspositionen vertreten.[52]

---

[52] Bundesagentur für Arbeit 2019, S. 4.; Vgl. auch BMFSFJ 2011, S. 23 ff.

1.2.1.1 Weibliche „Normalbiografien"

Die „weibliche Normalbiografie" unterscheidet sich grundlegend von der „männlichen Normalbiografie", die durch Vollbeschäftigung und Kontinuität gekennzeichnet ist. „Weibliche Normalbiografien" unterteilen sich in Abschnitte. Erwerbes- und Familienarbeit gliedern sich in Phasen, die durch arbeitsintensive und zeitlich begrenzte Belastungen durch Familienarbeit (Erziehungs-.und Pflegeleistungen) gekennzeichnet sind. Die Integration in das Berufs- und Familiensystem ist mit gesellschaftlichen Erwartungen (Rolle), den Anforderungen des jeweiligen Systems und individuellen Vorstellungen zur eigenen Lebens- und Berufsbiografie verbunden. Frauen werden – im Unterschied zu den Männern – für beide Systeme sozialisiert. Die Sozialisationsforschung geht davon aus, dass Frauen doppelt sozialisiert und doppelt qualifiziert werden. Zudem findet bei Frauen eine zweifache Orientierung statt. Sie berücksichtigen in ihrer Lebensplanung die Verantwortung für die Familienarbeit und stimmen diese mit Erwerbsarbeit ab. Ziel dieser Doppelsozialisation[53] ist die Vereinbarkeit von Berufs- und Familienarbeit, die durch „Übergänge" und „Wechselpunkte" gekennzeichnet ist. In diesem Zusammenhang zeigt sich, „dass Übergänge und Wechselpunkte geschlechtsspezifisch Unterschiedliches bedeuten, aber dass sie dennoch weder natürlich noch zufällig, sondern kritisch kontrolliert und beeinflusst werden durch kulturelle Diktate und strukturelle Restriktionen."[54] Von der Allgemeinheit anerkannte Vorstellungen und Rollenerwartungen bilden das kulturelle Diktat.

Der Übergang von der schulischen in die berufliche Ausbildung ist mit einer Phase der beruflichen Orientierung und Berufswahl verbunden. Grundlegend für die Wahl „frauenspezifischer Berufe" ist die familiennahe Sozialisation von Mädchen sowie eine geschlechtsspezifische Lenkung über den Arbeitsmarkt (Arbeitsamt) und das Berufssystem. „Mädchen (wie Jungen) landen in geschlechtsspezifischen Arbeitsmarktsegmenten und söhnen sich mit dem Resultat über erklärende Rückgriffe auf jene Segmente ihrer Sozialisation aus, die mit dem Ergebnis korrespondieren."[55] Seit einigen Jahren existieren Konzepte, die

---

53 Vgl. Becker-Schmidt 2003, S. 6.
54 Krüger/Born 1990, S. 57.
55 Krüger/Born 1990, S. 58.

neue Rahmenbedingungen (Girls Day) für eine Berufsorientierung bieten, die sich nicht an Stereotypen orientiert.

Arbeitszeitstrukturen erwerbstätiger Frauen lassen sich (zu einem deutlichen Anteil) nicht mit der Erziehung von Kleinstkindern vereinbaren. Deshalb entscheiden sich Frauen mit der Geburt des ersten Kindes für eine Phase der Nicht-Erwerbstätigkeit. Für den „Wiedereinstieg" in eine berufliche Tätigkeit akzeptieren Frauen den Wechsel des Arbeitsplatzes, eine weniger qualifizierte Tätigkeit (oder eine Beschäftigung unter ihrem Qualifikationsniveau) und eine Teilzeitbeschäftigung.

Grundlegend für die Biografiemuster von Frauen sind die Verantwortung für die Kindererziehung und die Pflege von nahen Angehörigen. Knotenpunkte im Erwerbslebensverlauf stellen die Berufswahl, der Berufseinstieg, die Berufstätigkeit (in Abstimmung mit der Familienarbeit) und der Berufsausstieg dar. Bei der Berufswahl belegen Statistiken (Arbeitsagentur, Destatis) ein geschlechtsspezifisches Berufswahlverhalten. Der Beginn einer beruflichen Tätigkeit ist mit unterschiedlichen (geschlechtsspezifischen) Erwartungen – in Hinblick auf die Möglichkeiten sich in der Organisation weiter zu entwickeln, oder die Einkommenssituation – verbunden. Die Verantwortung für die Erziehung von Kleinkindern oder die Pflege naher Angehöriger bedingt – für einen deutliche Anteil berufstätiger Frauen – einen Wechsel von Vollzeit in Teilzeit. (Nur ein geringer Anteil von Müttern mit Kleinstkindern arbeitet Vollzeit.)[56]

Das ökonomische Wachstum und der demografische Wandel führen zu einem steigenden Bedarf an Arbeitskräften und insbesondere an Fachkräften bis zum Jahr 2030. Die Zuwanderung kann den bereits bestehenden Fachkräftemangel nur im Ansatz beheben. Aufgrund dieser Entwicklungen existiert ein Bedarf und ein Interesse daran, „weibliches Erwerbspotenzial" mehr als bisher zu berücksichtigen. Ein besonderes Potential besteht in der Steigerung des Arbeitszeitvolumens von Frauen.

---

56 Vgl. BMFSFJ 2011, S. 23 ff.

1. Die doppelte Vergesellschaftung der Frau

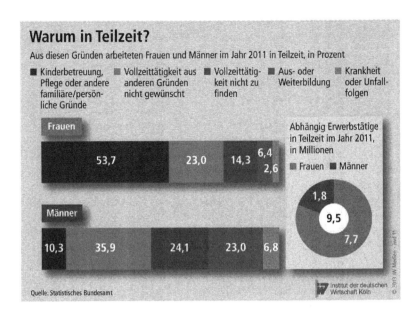

Abbildung 3. „Warum in Teilzeit?" Quelle: Institut der deutschen Wirtschaft (2011).[57]

Seit den 70er Jahren steigt das Interesse und damit die Beteiligung von Frauen an Bildung im Sinne von schulischer und beruflicher Bildung und die Beteiligung am Erwerbsleben. Dieses Interesse an Teilhabe (Bildung, Arbeitsmarktintegration) besteht nicht nur bei jüngeren Frauen, sondern in allen biografischen Abschnitten (Ehe, Familie, ...). Im Jahr 2017 hat sich die Quote der erwerbstätigen Frauen im Alter zwischen 15 und 65 Jahren auf 71,5 % erhöht. (Im Jahr 2001 lag der Anteil der erwerbstätigen Frauen bei 62 %.) Einerseits gibt es einen deutlichen Anstieg von Frauen, die einer Erwerbstätigkeit nachgehen, und andererseits ist diese Quote bei Frauen aller Altersgruppen geringer als bei den Männern. Deutliche Abweichungen zeigen sich bei der Altersgruppe der 30- bis 40-jährigen Frauen. Ein gravierender Bruch ergibt sich für Frauen meist mit der Phase der Familiengründung. Mit der Geburt eines Kindes erhöht sich die Wahrscheinlichkeit, dass

---

57 https://www.iwd.de/artikel/der-kleine-unterschied-macht-keinen-unterschied-106622/ (Zugriff am 20.07.2019)

I. Die doppelte Rolle der Frau

Frauen ihre Erwerbstätigkeit (mit und ohne zeitliche Befristung) aufgeben oder deren Umfang reduzieren.

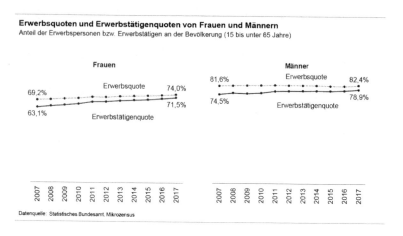

Abbildung 4. Erwerbsquoten und Erwerbstätigenquoten von Frauen und Männern. Quelle: Agentur für Arbeit (2019).[58]

Trotz der niedrigeren Erwerbstätigenquote verfügen mehr Frauen als Männer über hochqualifizierte Bildungsabschlüsse. Im Jahr 2011 konnten 35 % der Frauen einen hohen Bildungsabschluss vorweisen, während der Anteil der Männer bei Hochschul- oder vergleichbaren Bildungsabschlüssen bei 29 % lag. Frauen erhalten – für vergleichbare Tätigkeiten – im Durchschnitt ein geringeres Einkommen als Männer. Das durchschnittliche Bruttoarbeitsentgelt sozialversicherungspflichtig Beschäftigter betrug im Jahr 2017 3.209,00 €. Damit lag das durchschnittliche Bruttoarbeitsentgelt der Frauen mit 2.920,00 € deutlich unter dem durchschnittlichen Bruttoarbeitsentgelt der Männer mit 3.372,00 €. Im „Normalarbeitsverhältnis" verdienen Frauen etwa 13 % weniger als Männer. In Führungspositionen ist der Unterschied deutlicher: Frauen in Führungspositionen verdienen rund 30 % weniger als männliche Kollegen. Zudem entspricht die Einkommenssituation der

---

58 https://statistik.arbeitsagentur.de/Statischer-Content/Arbeitsmarktberichte/Personengruppen /generische-Publikationen/Frauen-Maenner-Arbeitsmarkt.pdf (Zugriff am 08.10.2019)

Frauen nicht immer dem erreichten Bildungsniveau und den übernommenen Funktionen.[59]

Handlungsspielräume für die berufliche Bildung und die Arbeitsmarktintegration stehen im engen Zusammenhang mit der Verantwortung für „Familienarbeit" und insbesondere für Tätigkeiten im hauswirtschaftlichen Bereich. Weiterhin besteht eine geschlechtsspezifische Ungleichheit. Mit dieser Feststellung ergibt sich die Frage nach den Ursachen dieser Ungleichheit. Eine mögliche Ursache der Benachteiligung von Frauen ist die auf dem Arbeitsmarkt dominierende „männliche Berufsbiografie". Die eindeutige berufliche Orientierung (ohne Brüche durch Erziehungs- oder Pflegezeiten) und die angenommene Flexibilität (räumlich und zeitlich) waren prägend für Organisationsstrukturen in Betrieben und Einrichtungen. Mit dem zunehmenden Bedarf an qualifizieren Arbeitskräften verändern sich strukturelle Rahmenbedingungen in Betrieben kontinuierlich. Mit der Notwendigkeit, qualifiziertes Personal zu gewinnen, berücksichtigen Betriebe zunehmend „frauenspezifische" Veränderungen im Lebenslauf (Kinder, ...) und den damit verbundenen „Alltag" (Flexibilität im Bereich der Arbeitszeiten, Heimarbeitsplätze, ...).

Infolgedessen zeigt sich auch, dass die Verantwortung für die Vereinbarkeit von Berufs- und Privatleben weiterhin als die Aufgabe von Frauen betrachtet wird. Der Begriff der „geschlechtshierarchischen Arbeitsteilung" macht deutlich, dass Frauen die Verantwortung für Familienarbeit übernehmen und dass „weibliche" Erwerbsarbeit immer eine Kombination aus beruflicher Tätigkeit und Familienarbeit ist. Aufgrund dieser „doppelten" Verantwortlichkeit und damit verbundenen Bedarfssituationen entscheiden sich Frauen für unterschiedliche Formen der Erwerbstätigkeit. Frauenspezifische Formen der Erwerbstätigkeit weichen vom Normalarbeits-verhältnis ab und sind mit mehr Risiken und familienspezifischen Rahmenbedingungen verbunden, die sich – aktuell und zukünftig – nachteilig auf die Einkommenssituation (Teilzeitbeschäftigung, ...) auswirken.[60]

---

59 Agentur für Arbeit 2019, S. 13.
60 Vgl. BMFSFJ 2011, S. 23 ff.

I. Die doppelte Rolle der Frau

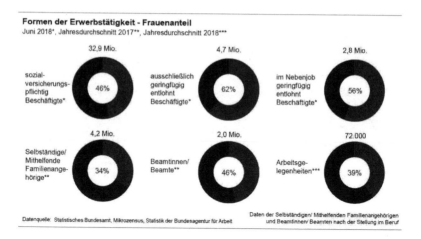

Abbildung 5. Formen der Erwerbstätigkeit-Frauenanteil 2018. Quelle: Agentur für Arbeit (2019).[61]

Über ein sozialversicherungspflichtiges Beschäftigungsverhältnis verfügen etwa 75 % der Beschäftigten. Der Frauenanteil ist mit 46 % niedriger als der Anteil der Männer. Vergleichbar ist die Situation bei den Beamtinnen und Beamten. Der Frauenanteil bei den Selbständigen beträgt nur 1/3. Mehr als die Hälfte der geringfügig Beschäftigten sind Frauen. Ein deutlicher Anteil (40 %) ist im Rahmen von Arbeitsgelegenheiten tätig, die der Heranführung an den Arbeitsmarkt und dem Erhalt der Beschäftigungsfähigkeit dienen.

Werden Frauen ganz konkret nach ihren Wünschen und Bedürfnissen befragt, dann sprechen sie sich für eine klare Trennung von Berufs- und Familienarbeit aus. Berufliche Aus- und Weiterbildung hat eindeutig das Ziel einer Arbeitsmarktintegration (auch wenn die damit verbundene Qualifikation eine Nähe zur Familienarbeit aufweist). Vergleichbare Anforderungen durch Berufs- und Familienarbeit (Erzieherinnen, Kindpflegerinnen, ...) empfinden Frauen in der Phase der Nichterwerbstätigkeit – aufgrund der Betreuung und Erziehung von

---

61 https://statistik.arbeitsagentur.de/Statischer-Content/Arbeitsmarktberichte/Personengruppen /generische-Publikationen/Frauen-Maenner-Arbeitsmarkt.pdf (Zugriff am 08.10.2019)

Kindern – als negativ. Berufsarbeit, die einen Gegensatz zur Familienarbeit darstellt, bietet Abwechslung und hat eine „Entspannungsfunktion" inne. Trotz der Doppelbelastung stellt eine berufliche Tätigkeit, in Bereichen, die sich grundsätzlich von der Familienarbeit unterscheiden, einen Mehrwert (Abwechslung, Entspannung) dar. „Zu resümieren ist, dass für Frauen heute die Erwerbsarbeit von zentraler lebensgeschichtlicher Bedeutung ist, die Orientierung auf Familie, vor allem auf Kinder, aber hierüber nicht abgeschaltet, sondern überlagert wird."[62]

1.2.1.2 Frauenspezifische Berufswahl

Die Frauenforschung Ende der 70er Jahre zeigt deutlich, dass Erwerbsarbeit von Frauen durch die Verantwortung für Familienarbeit gekennzeichnet ist. Mit der zunehmenden Erwerbstätigkeit von Frauen entwickelten sich typische Frauenberufe (Einzelhandel, ...). Typische Frauenberufe waren und sind mit einem tendenziell geringeren Einkommen und begrenzten Möglichkeiten für die berufliche Entwicklung geprägt.

Die Verantwortung für Haus- oder Familienarbeit beeinflusst Bildungsverläufe und die Berufswahl von Frauen. Mit der Verantwortung für den privaten Reproduktionsbereich ergeben sich andere Rahmenbedingungen für Berufswahlentscheidungen und die Planung der eigenen Erwerbsbiografie. Gleichzeitig entwickeln Frauen mit ihrer Arbeit und der Sorge um das physische und psychische Wohlbefinden der Familienmitglieder besondere Fähigkeiten. Wesentlich für die Beziehungsarbeit in der Familie sind intuitiv-gefühlsbestimmte Verhaltensweisen (Erziehung der Kinder, ...).

Aufgrund ihrer Lebensbiografie (Sozialisation, ...) verfügen Frauen über besondere Erfahrungen und Wissen in Hinblick auf reproduktionsspezifische Leistungen (Beziehungsleistungen) und emotionale Kompetenzen. Zur emotionalen Kompetenz gehören vor allem die Fähigkeiten, das emotionale Befinden der eigenen Person und der Menschen im sozialen Umfeld einschätzen zu können, Empathie für andere Menschen zu empfinden, zufriedenstellende (verlässliche und un-

---

62 Krüger/ Born 1990, S. 61.

terstützende) soziale Beziehungen eingehen zu können und das Vorhandensein von positiven Bewältigungsmechanismen in als belastend empfundenen Situationen oder Lebenslagen.[63]

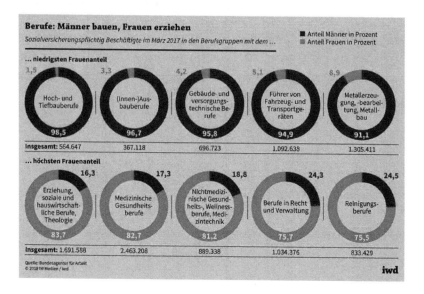

Abbildung 6. Typisch Mann, typisch Frau. Quelle: Institut der deutschen Wirtschaft (2018).[64]

Vorhandenes Sachwissen und Kompetenzen im sozialen und emotionalen Bereich schaffen andere Voraussetzungen für die Berufswahl. Ein bereits vorhandenes reproduktionsspezifisches Leistungsspektrum beeinflusst Interessen und Verhaltensmuster in allen Lebensbereichen. Das Interesse von Frauen an reproduktionsbezogenen Tätigkeiten kommt durch die Berufswahl zum Ausdruck. Das Institut der deutschen Wirtschaft begründet seine Aussage, wonach Frauen und Männer bei der Berufswahl immer noch klassischen Rollenmustern folgen, mit einer Statistik zu Berufswahlentscheidungen. Männliche Jugendliche bevorzugen weiterhin eine Ausbildung in einem technischen Beruf,

---

63 Vgl. Petermann/Wiedebusch 2016, S. 13 ff.
64 https://www.iwd.de/artikel/berufswahl-typisch-mann-typisch-frau-380726/ (Zugriff am 14.07.2019)

während der Anteil der Frauen in Berufen des Erziehungs- und Gesundheitssektors bei über 80 % liegt.

Vergleichbar ist die Situation bei den Studierenden: Bei geisteswissenschaftlichen oder medizinischen Studiengängen überwiegt der Anteil der Frauen (2/3) deutlich. Grundlegend anders ist die Situation an den technischen Hochschulen. Hier liegt der Anteil der Frauen bei etwa 25 %. Ausgewogen ist das Verhältnis der Geschlechter bei den Rechts-, Sozial und Wirtschaftswissenschaften.

Kennzeichnend für die Berufe mit dem höchsten Frauenanteil sind die Einkommenssituation und die Rahmenbedingungen für eine berufliche Weiterentwicklung. Im Sozial- und Gesundheitssektor ist der Frauenanteil hoch, das Gehaltsniveau tendenziell niedrig und die Möglichkeiten zur Weiterbildung und zu den damit verbundenen Aufstiegschancen begrenzt. Aufgrund dieser „ungleichen" Ausgangssituation ergeben sich – zwischen Frauen und Männern – deutliche Abweichungen zwischen den durchschnittlichen Einkommen und den Berufsbiografien.[65]

1.2.2 Frauen als besondere Arbeitnehmer

Familienarbeit oder Hausarbeit ist Teil weiblicher Lebens- und Berufsbiografien. Diese gesellschaftlich verankerte geschlechtshierarchische Arbeitsteilung beeinflusst Handlungsspielräume und die Lebensplanung von Mädchen und Frauen. Aufgrund ihrer familiennahen Sozialisation verfügen Frauen über besondere Erfahrungen und Wissen in Hinblick auf reproduktionsspezifische Leistungen (Haushalt, Erziehung, Pflege) und emotionale Kompetenzen.[66]

Allerdings entstehen diese Fähigkeiten in einer „Abhängigkeit" von ökonomischer Sicherung und der Erwartung von Anpassungsleistun-

---

65 BMFSFJ 2011, S. 23 ff.
66 Vgl. von Salisch 2002: *Nach Salisch gehören zur emotionalen Kompetenz vor allem die Fähigkeiten das emotionale Befinden der eigenen Person und der Mitmenschen einschätzen zu können, Empathie für andere Menschen zu empfinden, zufriedenstellende (verlässliche und unterstützende) soziale Beziehungen eingehen zu können und das Vorhandensein von positiven Bewältigungsmechanismen in als belastend empfundenen Situationen oder Lebenslagen.*; Vgl. auch Institut der deutschen Wirtschaft 2018

gen. Anpassungsleistungen sichern zudem die emotionale Stabilität der Familie. Diese „eingrenzenden" Rahmenbedingungen ökonomischer, sozialer und emotionaler Abhängig- oder Verantwortlichkeiten bilden Voraussetzungen für die Entwicklung der eigenen Persönlichkeit sowie Möglichkeits- und Handlungsspielräume. Wesentlich für die Ausprägung bestimmter Verhaltensmuster sind neben dem Geschlecht die Zugehörigkeit zu einem bestimmten Milieu. Die Verantwortung für Beziehungsarbeit impliziert, dass das physische Wohlbefinden der Familienmitglieder Vorrang gegenüber eigenen Wünschen und Bedürfnissen hat. Persönliche Verhaltensmuster orientieren sich an den Bedürfnissen von Menschen, zu denen eine emotionale Nähe besteht, und werden von diesen auch geprägt. Abhängigkeiten und das Bedürfnis nach Anerkennung beeinflussen die Entwicklung des eigenen Selbstwertgefühls, die Bewältigung von Ängsten oder die Entwicklung einer (eigenen) personalen Identität. Hausarbeit als alltäglich wiederkehrende Reproduktion bedingt – in einem sehr eingeschränkten Umfang – Handlungsspielräume und die Möglichkeit zur Weiterentwicklung oder -qualifizierung. Beziehungsleistungen, die Frauen und Mütter erbringen, sind – entsprechend der gesellschaftlich definierten Rollenerwartungen – zu einem deutlichen Anteil Anpassungsleistungen. Diese Verhaltensweisen bestimmen die Lebenswelt im privaten und beruflichen Bereich. Im beruflichen Kontext verhalten sich Frauen infolgedessen anders als Männer. Die wahrgenommene und akzeptierte Verantwortung für Familienarbeit beeinflusst Entscheidungen zum Verlauf der Berufsbiografie, wie zum Beispiel das Interesse am Erwerb weiterer beruflicher Qualifikationen oder die Bereitschaft, betriebliche Funktionen mit einem höheren Maß an „Verantwortung" zu übernehmen.[67]

Frauen verfügen durch ihre Sozialisation und die Verantwortung für Haus- oder Familienarbeit über ein anderes Leistungsspektrum und über eine andere Leistungsfähigkeit. Dieses Leistungsspektrum bezieht sich auf unterschiedliche Arbeitsbereiche und Anforderungen. Frauen eignen sich mit der Verantwortung für Haus- oder Familienarbeit ein reproduktionsbezogenes Leistungsverhalten an. Reproduktionsbezogene Tätigkeiten verfügen über ein vielfältiges Leistungsspektrum (Orga-

---

67 Vgl. Böhm 2012, S. 27 ff.; Vgl. Krüger/ Born 1990, S. 53 ff

nisation, Kommunikation, ...). Wesentlich für die Beziehungsleistungen (Kommunikation und Erziehung) sind gefühlsbestimmte Verhaltensweisen. Die Fähigkeit, andere Perspektiven zu übernehmen, sich in Situationen einzufühlen, zuzuhören und zur Lösung von Konflikten beizutragen, entwickelt sich auf der Basis gefühlsbestimmter Verhaltensmuster. Dadurch erworbene soziale Kompetenzen (Konfliktlösungskompetenz, ...) werden von Frauen in andere Lebensbereiche eingebracht. Die Fähigkeit Netzwerke (Familie, Freunde, ...) mit Unterstützungs-potential zu organisieren und zu erhalten bringen Frauen auch in andere Organisationsstrukturen ein. Besonders Fähigkeiten im Zusammenhang mit der Reproduktion schaffen gute Voraussetzungen für Arbeiten, die ein geringes Qualifikationsniveau erfordern. Soziale Kompetenzen stellen die Basis für eine Integration in das Berufsleben dar. Nicht-berufliche Fähigkeiten und Kompetenzen qualifizieren so Frauen „indirekt" für berufliches Handeln.

Weibliches Leistungsverhalten unterscheidet sich vom männlichen Leistungsverhalten. Wesentliche Faktoren für die Motivation für die Erbringung von Leistungen bestehen in der Zuneigung und der Anerkennung. Tendenziell erbringen Mädchen bessere Schulleistungen als Jungen. Motivierend für Mädchen ist die Anerkennung und Wertschätzung durch Eltern, Lehrer oder Mitschüler. Männer orientieren sich an Zielsetzungen und materiellen Vorteilen. Frauen verfolgen ebenfalls Ziele und streben nach materiellen Vorteilen. Frauen achten aber mehr als Männer darauf, sich von anderen zu unterscheiden und soziale Aufmerksamkeit erhalten.[68]

Zudem gehen Betriebe davon aus, dass Frauen, die grundsätzlich für die Familienarbeit zuständig sind, mit ihrer Arbeit ein zusätzliches Einkommen erwirtschaften und der Mann mit seinem Einkommen die Existenz der Familie sichert. Damit eröffnet sich die Gelegenheit, die Arbeitszeit der weiblichen Mitarbeiterinnen konjunkturellen Schwankungen anzupassen. Frauen in Teilzeit stellen für Betriebe ein Potential an Arbeitskräften dar, das eine Flexibilisierung von Arbeitszeit und damit verbundenen Lohnkosten bietet.

---

68 Vgl. Ecarius u.a. 2011, S. 101 ff.; Prokop 1977, S. 64 ff.

Frauen mit beruflichen Erfahrungen und entsprechenden Qualifikationen bringen besonderen Fähigkeiten ebenfalls in den beruflichen Alltag ein. In den Bereichen der Organisation und Kommunikation entsteht dadurch ein „Mehrwert". Nach Phasen der Unterbrechung der Erwerbsbiografie durch Familienarbeit formulieren Frauen – im Vergleich zu männlichen Kollegen mit einer vergleichbaren Qualifikation – andere Erwartungen im Hinblick auf die Einkommenssituation oder die berufliche Weiterentwicklung.

Durch Brüche in der Berufsbiografie (Kindererziehungszeiten, Pflege von Angehörigen, ...) entstehen den Betrieben direkte (Fehlzeiten, ...) und indirekte Kosten (Einarbeitung, ...). Aufgrund vorhandener oder erwartbarer Brüche bestehen für Betriebe „Aushandlungsspielräume".

Familiennahe (Anpassungs-)Leistungen eröffnen den Betrieben eine Flexibilität im Bereich der Arbeitszeit, der Arbeitsbereiche (Arbeitsbereich und damit verbundene Anforderungen stimmen nicht immer mit dem vorhandenen Qualifikationsniveau überein) und des Entgelts. Frauen verfügen – mehr als Männer – über die Fähigkeit und die Bereitschaft, sich in ein System (wieder) zu integrieren. Diese frauenspezifische Anpassungsbereitschaft nutzen Betriebe, um die vorhandenen Arbeitskräfte dem Bedarf des Unternehmens anzupassen.[69]

Vergleichbar ist die Situation in haushalts- und familiennahen Berufen. Frauen mit qualifizierten Abschlüssen im Sozial- und Gesundheitswesen erhalten – im Vergleich zu andern Beschäftigungsbereichen – ein relativ niedriges Entgelt und eingeschränkte Perspektiven zur Übernahme einer Leitungsfunktion.[70]

Familienarbeit oder Hausarbeit ist Teil weiblicher Lebens- und Berufsbiografien. Diese gesellschaftlich verankerte geschlechtshierarchische Arbeitsteilung beeinträchtigt Handlungsspielräume und beeinflusst die Lebensplanung von Frauen. Neben einer ungleichen Verteilung und Absicherung von Risiken (Familien- und Erwerbsarbeit) entstehen weitere Herausforderungen durch einen sich wandelnden Arbeitsmarkt.

---

69 BMFSFJ 2011, S. 20.
70 BMFSFJ 2017, S. 83 ff.

Arbeitnehmer orientierten sich in den vergangenen Jahrzehnten häufig am „männlichen Normalarbeitsverhältnis" mit einer damit verbundenen zeitlichen und geografischen Flexibilität. Der demografische Wandel und der Bedarf an Fachkräften führen dazu, dass Betriebe strukturelle Gegebenheiten (flexible Arbeitszeiten, ...) zunehmend auf die Bedürfnisse von Frauen (mit Verantwortung für Familienarbeit) abstimmen.

1.3 Zwischenfazit

Die Lebensbedingungen von Frauen und Männern unterscheiden sich. Mit der industriellen Revolution entstand eine Form der Arbeitsteilung, die die Rollenverteilung in der modernen Gesellschaft prägt. Sozialisationsprozesse und damit verbundene Rollenerwartungen sind abhängig vom Geschlecht. Die Ungleichheit von Mann und Frau ist ein Merkmal der modernen Gesellschaft. Die Ungleichheit und die damit verbundene Benachteiligung von Frauen besteht in vielen gesellschaftlichen Systemen (Bildung, Arbeitswelt, Politik, Wirtschaft, ...).[71]

Aufgrund der (gesellschaftlich anerkannten) geschlechtshierarchischen Arbeitsteilung übernehmen Frauen die Verantwortung für Familienarbeit. Es entstehen „ungleiche" Voraussetzung für die Teilhabe am Leben in unterschiedlichen gesellschaftlichen Systemen (z.B. Erwerbsleben). Es entstehen auch „ungleiche" Voraussetzungen für die persönliche Lebensplanung (Lebens- und Berufsbiografie). Gesellschaftliche Entwicklungen ermöglichen eine Vielfalt an Lebensformen. Frauen entscheiden sich – und dies zeigen Studien seit den 8oer Jahren – zu einem größeren Anteil für individualisierte Lebensformen. In diesem Kontext verlieren familienzentrierte Lebensformen an Bedeutung. Vermutlich steht diese Vielfalt an Lebensformen in einem engen Zusammenhang zu dem sich verändernden Erwerbsleben, den steigenden Anforderungen an die Flexibilität und der neuen sozialen Unsicherheit. Der Wandel des Erwerbslebens ist mit neuen und weiteren Risiken verbunden. Eine Ungleichheit ist bei der Absicherung von Risiken gegeben, die mit der Familien- oder Erwerbsarbeit verbunden

---

71 Vgl. Geißler 2014; Vgl. auch Becker-Schmidt 2003, S. 8.

sind. Diese geschlechts-spezifische Ungleichheit bei der Verteilung und Absicherung von Risiken beeinflusst den Handlungsspielraum und die Lebensplanung von Frauen.[72]

Die Sozialisationsforschung geht auch davon aus, dass Sozialisation zwischen unterschiedlichen „Polen" stattfindet. Auf der einen Seite existiert die Notwendigkeit (in Verbindung mit einem gesellschaftlichen Druck) sich in Systeme der Gesellschaft zu integrieren und diese Prozesse sind idealtypisch mit einer Identifikation mit vorgegebenen Normen und Rollen verbunden und andererseits eröffnen sich für den Einzelnen Möglichkeiten der Individualisierung. Vergesellschaftung ist auch Vereinheitlichung. Mit der Übernahme gesellschaftlich definierter Normen und Rollen entspricht der Einzelne „gesellschaftlichen Erwartungen" und trägt zur Sicherung und Stabilisierung bei. Individuierung verhält sich zur Vergesellschaftung scheinbar gegensätzlich. In der modernen Gesellschaft verfügen Menschen, im Rahmen sozialer Erwartungen, über vielfältige Entscheidungsmöglichkeiten. Vergesellschaftung geht einher mit der Übernahme und Verinnerlichung von Normen und Rollenmustern. Der einzelne Mensch ist daran interessiert sich Handlungsspielräume zu schaffen und zu nutzen. Mit der Einbindung in strukturelle Rahmenbedingungen entwickelt das Individuum individuelle Muster (angepasst, resilient, ...).[73]

Die doppelte Vergesellschaftung der Frauen ist verbunden mit der eigenverantwortlichen Übernahme von Funktionen in unterschiedlichen Bereichen. Trotz einer sich ändernden Gesellschaft (Vielfalt der Lebensformen, Flexibilisierung des Arbeitsmarktes) bleiben Frauen für die Reproduktionsarbeit im privaten Bereich (weiterhin) verantwortlich.[74]

Bei der Erwerbsneigung und der Erwerbsbeteiligung von Frauen ist in den vergangenen 10 Jahren ein deutlicher Anstieg zu verzeichnen. Gestiegen ist weiterhin das Niveau der Bildungsabschlüsse und der damit verbundenen beruflichen Qualifikation. Konstant bleibt die Verantwortung für familienbezogene Reproduktionsarbeit und eine damit verbundene Doppelbelastung. Konkret zeigt sich diese Doppelbelas-

---

72 Vgl. Böhm 2012, S. 27.
73 Vgl. Bührmann u.a. 2014, S. 16 ff.
74 Vgl. Böhm 2012, S. 27 ff.

tung bei Frauen mit einer Teilzeitbeschäftigung. Diese Beschäftigungsform schafft die Grundlage für die Vereinbarkeit von Berufs- und Familienarbeit. Gemessen an der gesamten Arbeitszeit (für Familien- und Erwerbsarbeit) erhalten die Frauen nur für 43 % der Gesamtarbeitszeit ein Entgelt. (Infolgedessen ist der überwiegende Anteil der Arbeitszeit mit 57 % (an der Gesamtarbeitszeit) unbezahlt.[75]

Mit dem demografischen Wandel und dem Bedarf an qualifizierten Arbeitskräften steigt das Interesse das vorhandene Potential an (weiblichen) Arbeitskräften mehr als bisher zu nutzen. Voraussetzung ist die Verringerung der bestehenden Ungleichheit zwischen Frauen und Männern. Ansätze und Maßnahmen zur Reduzierung geschlechtsspezifischer Ungleichheit sind vorhanden. Mehr als bisher nimmt die Öffentlichkeit Ungleichheiten wahr. Geschlechtsspezifische Unterschiede haben sich in den vergangenen Jahren im Bildungswesen und im Erwerbsleben reduziert.[76]

Verfestigt haben sich ungleiche Lebensbedingungen im Bereich der Familien- und Hausarbeit. Frauen übernehmen weiterhin die Verantwortung für Familienarbeit (Haushaltsorganisation, Erziehung, Pflege). Die damit verbundene Benachteiligung von Frauen (im beruflichen Bereich) ist teilweise auf die gegebene Rollenverteilung zurückzuführen. Gesellschaften in der Moderne thematisieren diese Ungleichheit und entwickeln Strategien (Sozial- und Arbeitsmarktpolitik, ...) um beiden Geschlechtern „vergleichbare" Teilhabechancen zu eröffnen.[77]

2. Frauen in der Arbeitswelt 4.0

Mit der Arbeitswelt 4.0 und der damit verbundenen Digitalisierung verändert sich die Lebens- und Arbeitswelt von Frauen grundlegend. Die Digitalisierung automatisiert Tätigkeiten im Bereich der Familienarbeit (Kommunikation, Haushalt, Energie, ...) und der Erwerbsarbeit. Im Bereich der Erwerbsarbeit erhöht sich generell die Produktivität

---

75 Vgl. Hobler 2007
76 Agentur für Arbeit 2019, S. 4.
77 Vgl. BMFSFJ 2017, S. 83 ff.

von Arbeitsprozessen und es verändern sich die Anforderungen an Arbeitnehmer. Von diesen strukturellen Veränderungen des Arbeitsmarktes sind Frauen in bestimmten Branchen und Berufsfeldern (typische Frauenberufe) besonders betroffen. Bei typischen Frauenberufen (Verwaltungsbereich, Sachbearbeitung) ist teilweise eine negative Entwicklung in Verbindung mit dem Abbau von Arbeitsplätzen zu erwarten.

Positive Perspektiven bestehen bei Berufen im pädagogischen und pflegerischen Bereich. Diese Berufe sind in Bereichen wie z.b. Kommunikation oder Dokumentation von der Digitalisierung betroffen. In diesen Arbeitsfeldern ist der Aspekt der „Beziehung" von besonderer Bedeutung. Die Beziehung ist für die „Qualität" der erbrachten Leistung ausschlaggebend.

Zugleich verfügen Frauen – im Vergleich zu Männern – über eine geringere digitale Kompetenz. Besondere frauenspezifische Kompetenzen bringen Sie im Bereich der Selbstorganisation und der Selbstaktualisierung ein.[78]

Die Digitalisierung von Arbeit ist kennzeichnend für die Arbeitswelt 4.0. „Die Digitalisierung im engeren Sinne bezeichnet die Umwandlung analoger Informationen (zum Beispiel Print-, Video- oder Tonaufnahmen) in computerkompatible Formate."[79] Der Betriff der digitalen Transformation wird in Verbindung mit neuen Geschäftsmodellen, der Weiterentwicklung von Prozessen und der Einführung von Wertschöpfungsketten verwendet. „Die Auseinandersetzung des produzierenden Gewerbes in Deutschland mit der digitalen Transformation konzentriert sich vielfach auf das Thema Industrie 4.0. Aus den meisten Studien geht hervor, dass der Begriff „Industrie 4.0" aus der Geschichte und der Entwicklung der industriellen Revolutionen resultiert, die bislang drei Stufen kennt."[80] Die erste Stufe der industriellen Revolution ist gekennzeichnet durch die Erfindung der Dampfmaschine und die Mechanisierung der Produktion. Im 18. Jahrhundert entstanden erste große Produktionsanlagen, die menschliche Arbeitskraft ersetzten und gleichzeitig den Wohlstand der gesamten Gesellschaft

---

78 Vgl. Bundesinstitut für Berufsbildung 2019, S. 39 ff.
79 Preißing 2019, S. 5.
80 Preißing, Dagmar 2019, S. 5.

förderten. Bezeichnend für die zweite industrielle Revolution zu Beginn des 20. Jahrhunderts ist Massenproduktion.[81] Seit den 70er Jahren und im Zuge der dritten industriellen Revolution findet eine zunehmende Automatisierung einfacher Tätigkeiten statt. Die Digitalisierung der Arbeitswelt wird auch als dritte industrielle Revolution bezeichnet. Wie bei der zweiten industriellen Revolution verändern sich Produktionsprozesse grundlegend und es kommt zu einem Produktivitätsschub. Mit der fortschreitenden Automatisierung der Produktion ändert sich auch das Arbeits- und Berufsleben der Menschen. Digitalisierung in Verbindung mit Internet-technologien bildet die Basis für die vierte industrielle Revolution. Die Industrie 4.0 verändert Arbeitsprozesse innerhalb der Unternehmen (vertikale Integration – Integration vor- und nachgelagerter Wertschöpfungsketten und teilweise Verschmelzung unterschiedlicher Unternehmen). Mit der horizontalen Integration findet eine Umstrukturierung von Produktionsprozessen im Unternehmen statt. Eine Vernetzung mit Lieferanten senkt die Kosten der Lagerhaltung und optimiert die Kosten des Materialeinkaufs. Digitalisierung optimiert Wertschöpfungsketten, senkt die Kosten und erhöht die Produktivität. Menschliche Arbeitsleistung – im Bereich der Produktion – wird ersetzt und das Unternehmen entwickelt sich zu einer „Smart Factory". Die Digitalisierung verändert Arbeit quantitativ (Bedarf an Arbeitskräften) und qualitativ (Anforderungen an Kompetenzen und Qualifikationen der Beschäftigten).[82]

Mit der Arbeitswelt 4.0 ergeben sich Veränderungen für die wesentlichen Faktoren der Arbeitswelt: den Menschen, die Organisation und die Technik. Grundlegende strukturelle Entwicklungen im Bereich der Arbeitsorganisationen beeinflussen auch die Machtverhältnisse zwischen den Geschlechtern, die damit verbundene Definition von Geschlechterrollen und die daraus resultierende Arbeitsteilung. Die Digitalisierung könnte die bestehende geschlechtshierarchische Arbeitsteilung und Strukturierung des Arbeitsmarktes auflösen. Diese Perspektiven sind aber in erster Linie davon abhängig, wie sich Arbeit und Beschäftigung insgesamt entwickeln.[83]

---

81 Vgl. Preißing, Dagmar 2019, S. 1 ff.
82 Vgl. Bundesministerium für Bildung und Forschung 2016, S. 14 ff.
83 Vgl. Patscha u.a 2003, S. 5 ff.; Vgl. Daheim 2019, S. 10 ff.

Der Zukunft von Arbeit und Beschäftigung widmet sich die internationale Delphi-Studie. In diesem Zusammenhang entstanden drei mögliche Szenarien, die die Perspektiven von Arbeit und Arbeitslosigkeit in Verbindung mit möglichen Maßnahmen der Sozial- und Wirtschaftspolitik beschreiben. In Verbindung mit allen drei Szenarien empfehlen die Verfasser der Delphi-Studie die Einführung eines bedingungslosen Grundeinkommens. Diese Empfehlung basiert auf der Annahme, dass sich mit der Digitalisierung die Produktivität von Arbeitsprozessen steigert und sich der Bedarf an menschlicher Arbeitskraft reduziert. Offen ist, ob dieser Verlust an Arbeitsvolumen vollständig durch das Wachstum einzelner Branchen oder neue Berufsfelder kompensiert wird. Für die damit verbundene „technologische Arbeitslosigkeit" entwickelten Zukunftsforscher unterschiedliche Szenarien.[84]

Für die Zukunft der Arbeit in Deutschland formuliert das Bundesministerium für Bildung und Forschung das Leitbild eines innovativen Deutschlands. Die Digitalisierung verändert die Arbeitsorganisation grundlegend. Bereits heute nehmen etwa 2/3 der Arbeitnehmerinnen und Arbeitnehmer wahr, dass ihr Arbeitsbereich von der Automatisierung betroffen ist. Das Leitbild eines innovativen Deutschlands fördert eine Forschungs- und Innovationspolitik, die das Innovationspotenzial von Frauen und Männern gleichermaßen berücksichtigt.[85]

Aus der Sicht der Betriebsräte ergeben sich mit der Digitalisierung für Arbeitnehmer Chancen und Risiken. Die Digitalisierung verändert die Art und Weise der Erbringung menschlicher Arbeitsleistungen, die Zusammensetzung der Branchen und die Perspektive für einzelne Berufe. Für Arbeitnehmer in allen Berufsfeldern ergeben sich neue Anforderungen (digitale Kompetenzen, ...) und neue Berufsbilder.[86]

Frauen verfügen als besondere Arbeitnehmer über besondere Kompetenzen. Welchen Stellenwert erhalten diese Kompetenzen mit der Digitalisierung der Arbeitswelt?

---

84 Ebd.
85 Vgl. Bundesministerium für Bildung und Forschung 2016, S. 14 ff.
86 Vgl. Ahlers 2018

2.1 Zukunft der Arbeit

„Die Erfindung der Dampfmaschine, die Entwicklung der Fließbandproduktion und die Einführung des Computers sind grundlegende Merkmale der industriellen Revolution. Heute steht die Welt vor neuen Herausforderungen: Menschen, Maschinen und Roboter (Technik) sind miteinander vernetzt. Für Unternehmen bedeutet die Veränderung – eine Herausforderung und Chance zugleich. Die Chancen und Risiken der Digitalisierung für die deutsche Wirtschaft können nur begrenzt prognostiziert werden, weil die digitale Transformation einen langfristigen Prozess darstellt."[87]

Der Zukunft der Arbeit widmet sich die internationale Delphi-Studie. Es handelt sich dabei um eine mehrjährige und internationale Studie zur Zukunft von Arbeit und Technologie des Millennium Project. Im Rahmen dieser Studie wurden drei mögliche Szenarien formuliert. Neben einer umfangreichen Literaturrecherche wurden etwa 300 Experten aus den Bereichen Technik, Politik, Gesellschaft und Wirtschaft befragt. Grundlegend für alle drei Szenarien ist die Annahme, dass sich der technische Wandel schneller vollzieht als bisher angenommen. Im Zuge der Digitalisierung verändert sich Arbeit. Viele Arbeitsbereiche (Berufsgruppen) verschwinden mit den Möglichkeiten der Automatisierung. Gleichzeitig entsteht neue „Arbeit", die mit anderen Fähigkeiten und Voraussetzungen verbunden ist. Die Umverteilung von Arbeit und Arbeitslosigkeit eröffnet Chancen und Risiken und erfordert grundlegende Reformen der Sozial- und Wirtschaftssysteme.

Das erste Szenario beschreibt eine Entwicklung, die mit Herausforderungen verbunden ist und trotzdem vielen Menschen neue Perspektiven eröffnet. Neue technische Möglichkeiten ersetzen die menschliche Arbeitskraft. Es kommt zu keiner Massenarbeitslosigkeit, weil mit den Neuerungen ein Wachstum verbunden ist und ein Bedarf an Arbeitskräften in neuen Arbeitsfeldern (Biologie, …) entsteht. Von sechs Milliarden Menschen, die dem Arbeitsmarkt zur Verfügung stehen, befinden sich vier Milliarden in einem Beschäftigungsverhältnis, eine Milliarde Menschen ist im Bereich der Schattenwirtschaft tätig und eine weitere Million Menschen ist von Arbeitslosigkeit betroffen.

---

87 Preißing 2019, S. 33.

Ein zweites Szenario schildert eine negative Entwicklung. Neue Technologien führen zum Abbau vieler Arbeitsplätze. Es kommt zu einer Massenarbeitslosigkeit. Von sechs Milliarden Menschen im erwerbsfähigen Alter befindet sich nur zwei Milliarden in einem Beschäftigungsverhältnis (angestellt oder selbständig). Von Arbeitslosigkeit betroffen sind zwei Milliarden Menschen. Zu den Problemgruppen gehören Jugendliche und junge Erwachsene. Die gesellschaftliche Grundstimmung ist durch Orientierungslosigkeit und Zukunftsangst geprägt. Notwendige Reformen der Sozial- und Wirtschaftssysteme haben nicht stattgefunden oder wurden nicht zielgerichtet durchgeführt.

Szenario 3 stellt eine positive Entwicklung dar. Arbeit wird weitgehend von Maschinen übernommen. Maschinen ersetzen menschliche Arbeit. Die Digitalisierung befreit die Menschen von der Notwendigkeit einer Erwerbsarbeit. Es entsteht das Leitbild der Selbstaktualisierung. In Verbindung mit dem Verlust von Arbeit zur Sicherung der eigenen Existenz kommt es zur Einführung des (bedingungslosen) Grund-einkommens.

In allen Szenarien dient das Grundeinkommen – in Zukunft – der Absicherung der eigenen Existenz und sozialer Risiken. Mit dem bedingungslosen Grundeinkommen (für alle) verändert sich auch die Bedeutung des Übergangs in den Ruhestand.[88]

---

88 Vgl. Bundesministerium für Bildung und Forschung 2016, S. 14 ff.; Vgl. auch Daheim 2019, S. 8 ff.

2. Frauen in der Arbeitswelt 4.0

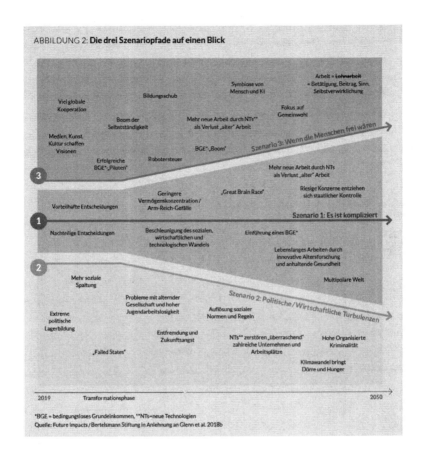

Abbildung 7. Drei Szenarien. Quelle: Bertelsmann Stiftung (2019).[89]

Die Autoren der Studie formulieren Handlungsoptionen für die Wirtschaft, die Politik, die Wissenschaft (und Technologie), die Kultur und das Bildungssystem. Das sinnstiftende Element der Arbeit relativiert sich mit der Umverteilung von Arbeit und der Einführung einer Grundsicherung. Menschen sollten eine positive Haltung zu den technischen Möglichkeiten entwickeln und Freiräume zur „Selbstaktualisierung" nutzen. Freiräume schaffen andere Rahmenbedingungen für

---

89 https://www.bertelsmann-stiftung.de/fileadmin/files/BSt/Publikationen/GrauePublikationen/ Arbeit_2050_Drei_Szenarien.pdf. (Zugriff am 20.09.2019)

das Lernen und gleichzeitig erfordern die gewandelten Lebens- und Arbeitsbedingungen andere Fähigkeiten. Die Vermittlung von Kompetenzen (Selbständigkeit, Kritikfähigkeit, ...) gewinnt einen anderen Stellenwert. Mit einer sich ändernden Arbeitswelt ist auch die Frage verbunden, wie Arbeitnehmer in Zukunft ihre Rechte (gemeinsam) definieren und geltend machen.

Technische Neuerungen verändern und prägen die Arbeitswelt in den kommenden Jahrzehnten. Technologische Entwicklungen betreffen alle Bereiche (Systeme) gesellschaftlichen Lebens. Mit welchem Tempo sich die Arbeitswelt ändern wird, noch nicht absehbar. Absehbar ist die unterschiedliche (geschlechtsspezifische) Betroffenheit von Frauen und Männern.[90]

2.1.1 Leitlinien für die Zukunft der Arbeit

Wesentliche Faktoren für den Wirtschaftsstandort Deutschland sind der Export, die Innovationskraft und die sozialen Sicherungssysteme. Um den Wirtschafts- und Arbeitsstandort Deutschland zu sichern und um Organisationen bei der Nutzung des innovativen Potentials der Digitalisierung zu unterstützen, hat das Bundesministerium mehrere Programme initiiert.

Zur Zielgruppe des Dachprogramms „Innovationen für die Produktion, Dienstleistung und Arbeit von morgen" des Bundesministeriums für Bildung und Forschung gehören Organisationen, Unternehmen und Forschungseinrichtungen. Dieses Dachprogramm stellt eine Weiterführung der Programme zur „Forschung für die Produktion von morgen" und den „Innovationen mit Dienstleistungen" dar. Ziel dieser Programme ist es, den technischen Fortschritt mit sozialen Aspekten zu verknüpfen. Das Programm zur „Zukunft der Arbeit" ist ein wesentliches Element des Dachprogramms und fördert die Schaffung von Arbeitsplätzen in Deutschland. Gelichzeitig entstehen neue Strukturen für die Erbringung von Leistungen.

Die Programmlinie „Zukunft der Arbeit" ergänzt das Dachprogramm als weitere Säule. Den Schwerpunkt dieses Programms stellt die Verknüpfung von technischen Neuerungen und sozialen Aspekten dar. Im

---

90 Vgl. Daheim 2019, S. 8 ff.

Zuge der Digitalisierung der Arbeitswelt sollen (zukunftsfähige) Arbeitsplätze in Deutschland erhalten werden, die neu zu definierenden sozialen Standards entsprechen.

Die Digitalisierung verändert die Arbeitswelt grundlegend. Aktuell nehmen etwa 2/3 der Arbeitnehmerinnen und Arbeitnehmer wahr, dass ihr Arbeitsbereich von der Automatisierung betroffen ist. Die Auswirkungen im Bereich der Produktion und der Erbringung von Dienstleistungen erleben alle. Digitalisierung ersetzt menschliche Arbeitskraft und verändert Arbeitsprozesse. Produktionsprozesse ändern sich und damit ändern sich die Arbeitsbedingungen. Die Anforderungen an Mitarbeiter befinden sich im Wandel. Das Wissen für eine berufliche Tätigkeit wird in Zukunft nicht nur über Bildung und Ausbildung vermittelt. Wissen in Form von Kompetenzen eigenen sich Arbeitnehmer in Verbindung mit Arbeitsprozessen an. Die Aneignung von Informationen und Kompetenzen und eine damit verbundene Weiterentwicklung bilden Voraussetzungen für das erforderliche Qualifikationsniveau. Die Flexibilität von Arbeit nimmt durch neue Arbeitszeitmodelle und -formen (Cloud Computing, ...) weiterhin zu. Die zunehmende Flexibilisierung von Arbeitszeiten und Arbeitsformen schafft einerseits gute Voraussetzungen für ein effektives Kapazitätsmanagement. Andererseits verändern sich mit der zunehmenden Flexibilisierung von Arbeit die Anforderungen für Arbeitsnehmer. Ein ausgewogenes Verhältnis zwischen Phasen der Arbeit und Phasen der Regeneration ist relevant für die Gesundheit und Leistungsfähigkeit der Arbeitnehmer.[91]

In Zukunft ist ein Bedarf an qualifizierten Arbeitskräften gegeben. Der Anteil der erwerbstätigen Arbeitnehmer bleibt relativ stabil. Zu erwarten ist ein sinkender Anteil von unter 20-jährigen Arbeitnehmer. Mit der demografischen Bevölkerungs-entwicklung steigt der Anteil der älteren Beschäftigten. Eine Steigerung ist auch beim Anteil der erwerbstätigen Frauen zu erwarten. Immer mehr Frauen – und insbesondere junge Frauen mit einem Migrationshintergrund – verfügen über ein hohes Bildungsniveau.[92]

---

91 Vgl. Bundesministerium für Bildung und Forschung 2016, S. 14 ff.
92 Vgl. Amlinger u.a. 2017

Der Erhalt der Beschäftigungsfähigkeit von Arbeitnehmern sichert den Wirtschaftsstandort Deutschland. Gesundheit ist eine Ressource für Betriebe und Voraussetzung für die Arbeits- und Innovationsfähigkeit von Arbeitnehmerinnen und Arbeitnehmern. Gesundheitsförderliche Maßnahmen fördern und sichern die Beschäftigungsfähigkeit von Arbeitnehmer. Zu den Zielgruppen gehören nicht nur ältere Arbeitnehmer (50+), sondern auch von einer Doppelbelastung betroffene Frauen. In diesem Zusammenhang entstehen neue Präventionskonzepte für Frauen mit einer Doppelbelastung. Die Gesundheit von Mitarbeiterinnen und Mitarbeitern wird damit als Ressource für den Wirtschaftsstandort Deutschland betrachtet.[93]

Die Programme des Bundesministeriums für Bildung und Forschung fördern Innovationen für Deutschland. Innovative Produkte und Dienstleistungen stärken den Wirtschaftsstandort Deutschland. In diesem Zusammenhang bedarf es einer gesellschaftlichen Neuorientierung. Diese strategische Neuausrichtung und damit verbundene Investitionen beziehen sich auf fünf Kernelemente. Das erste Kernelement beinhaltet prioritäre Zukunftsaufgaben für Wertschöpfung und Lebensqualität. Um Wohlstand und Lebensqualität für den Wirtschaftsstandort Deutschland zu sichern, definieren Experten Zukunftsaufgaben für die Bereiche Wirtschaft, Nachhaltigkeit, Arbeitswelt, Gesundheit, Mobilität und Sicherheit.

Das Leitbild eines innovativen Deutschlands förderte eine Forschungs- und Innovationspolitik, die das Innovationspotenzial von Frauen und Männern gleichermaßen nutzt und Menschen, unabhängig von der Zugehörigkeit zu einem Geschlecht, Teilhabe in der Arbeitswelt ermöglicht. Die Chance zur Teilhabe im Bereich der Arbeitswelt ist für Arbeitnehmerinnen und Arbeitnehmer dann gegeben, wenn sie über notwenige Kompetenzen verfügen, Arbeitsprozesse gesundheitsrelevante Faktoren (Phasen der Regeneration, …) berücksichtigen und Beschäftigungsverhältnisse ein Mindestmaß an sozialer Sicherheit bieten. Positive Rahmenbedingungen für Arbeitnehmer sichern das Qualifikationsniveau, die Motivation der Betroffenen und sind damit grundlegend für die Erbringung innovativer Leistungen. Technische Neuerungen bewirken einen Wandel der Organisationen. Diese Verände-

---

93 Vgl. Bundesministerium für Gesundheit 2011, S. 10 ff.

rungen betreffen Arbeitsprozesse, die Anforderungen an die Kompetenzen einzelner Mitarbeiterinnen und Mitarbeiter und damit auch den Bereich der Personalentwicklung. Inwieweit betroffene Mitarbeiter diesen Wandel mitgestalten ist auch von der Unternehmenskultur und den rechtlichen Rahmenbedingungen abhängig.[94]

2.1.2 Zukünftige Arbeitsbedingungen für Arbeitnehmer

Das Wirtschafts- und Sozialwissenschaftliche Institut der Hans-Böckler-Stiftung befragte, im Rahmen einer Studie, Betriebsräte dazu, welche Erwartungen sie mit dem Wandel von der Industrie- zur Dienstleistungsgesellschaft verbinden. Wie verändern sich die Anforderungen für Arbeitnehmer? Welche Möglichkeiten der Mitgestaltung bestehen für Arbeitnehmer?[95]

Aus der Sicht der Betriebsräte birgt die Digitalisierung der Arbeitswelt Chancen und Risiken. Grundsätzlich befürworten die Betriebsräte den digitalen Wandel. Die Wettbewerbsfähigkeit des Wirtschaftsstandortes Deutschland ist in Zukunft nur dann gegeben, wenn Unternehmen in Zukunftstechnologien investieren.[96] Eine Befragung von Betriebsräten ergab, dass sie aufgrund der Intensivierung des internationalen Wettbewerbs mit steigenden Anforderungen für Arbeitnehmer und Unternehmen rechnen. Die befragten Betriebsräte erwarten grundlegende Veränderungen im Bereich der Arbeitsorganisation, die mit neuen Anforderungen an die Mitarbeiter verbunden sind.[97]

Etwa 40 % der befragten Betriebsräte unterstützen die Digitalisierung von Prozessen in ihrem Unternehmen grundsätzlich, da sie sich neben dem Erhalt der Wettbewerbsfähigkeit auch positive Entwicklungen für die Arbeitsbedingungen der Beschäftigten erwarten.

Konkret gehen die (befragten) Betriebsräte davon aus, dass sich der Arbeitsdruck für Beschäftigte erhöht. Veränderungen im Bereich der Arbeitsorganisation führen dazu, dass sich Mitarbeiter – mehr als bisher – selbst organisieren und ihre Arbeitsleistung mit zeitlicher Flexi-

---

94 Vgl. Bundesministerium für Bildung und Forschung 2016, S. 14 ff.
95 Vgl. Ahlers 2018
96 Bitkom Research 2019, S. 26 ff.
97 Vgl. Ahlers 2018

bilität in das Unternehmen einbringen. Dieses Mehr an Zeitsouveränität eröffnet einerseits die Gelegenheit, Berufs- und Familienarbeit besser aufeinander abzustimmen und bringt andererseits eine Belastung, die durch Aushandlungsprozesse (Partner, Arbeitgeber, Kollegen, …) bedingt ist.[98] Etwa 40 % der Betriebsräte betrachten die wachsende Zeitsouveränität, in Verbindung mit der Möglichkeit mehr Eigenverantwortung zu übernehmen, als positive Entwicklung. Aus der Sicht der Betriebsräte werden die Möglichkeiten von Telearbeit und mobiler Arbeit von den Unternehmen noch nicht ausgeschöpft. Aktuell verfügen nur 12 % der Arbeitnehmerinnen und Arbeitnehmer über ein Homeoffice.

Die Digitalisierung von Arbeit eröffnet den Unternehmen auch Möglichkeiten der Verhaltens- und Leistungskontrolle. Arbeitnehmer und Betriebsräte weisen auf eine zunehmende Arbeitsintensität hin. Die gestiegenen Anforderungen ergeben sich durch eine Ausweitung der Arbeitszeiten (Mehrarbeit) oder mehr Anstrengungen, um die Effektivität der eigenen Leistungen zu steigern. (Eine Ursache für die Ausweitung der Arbeitszeit ist der bestehende Fachkräftemangel und die damit verbundene Situation, dass Betriebe nicht über das notwendige Personal (Anzahl, Qualifikation) verfügen.)[99] In jedem Fall stellt die vermehrte Anstrengung ein gesundheitliches Risiko für Beschäftigte dar. Zunehmender Arbeitsdruck als Folge steigender Arbeitsintensität wirkt sich negativ auf das Wohlbefinden, die Gesundheit und die Beschäftigungsfähigkeit der Arbeitnehmer aus. Den wachsenden Arbeitsdruck betrachten 80 % der Betriebsräte auch als einen Faktor für zunehmende gesundheitliche Beeinträchtigungen für Arbeitnehmer. Für einen deutlichen Anteil der Betriebsräte ermöglicht die Zeitsouveränität mehr Selbstbestimmung. Mehr Zeitsouveränität ist aber mit dem Risiko der Entgrenzung der Arbeitszeit verbunden. Aus diesem Grund befürworten über 50 % der Betriebsräte Regelungen für Tätigkeiten, die Mitarbeiter nicht im „Zeitfenster" der regulären Arbeitszeit ausführen. Etwa 60 % der (befragten) Betriebsräte weisen darauf hin, dass die Notwendigkeit besteht, die Anforderungen der Digitalisierung an Arbeitnehmer beim betrieblichen Gesundheitsschutz mehr als bisher

---

98 Vgl. Jürgens u.a. 2017, S. 110 ff.
99 Vgl. Amlinger 2017; Vgl. Wolter u.a. 2015, S. 25 ff.

zu berücksichtigen. Das Arbeitsschutzgesetz (§ 5) bietet zudem die Option einer ganzheitlichen Gefährdungsbeurteilung. In diesem Zusammenhang fordern die Betriebsräte einen präventiven betrieblichen Gesundheitsschutz.

Für Arbeitnehmer bedeutet Digitalisierung Flexibilisierung des Arbeitsmarktes. Der Arbeitsdruck für Arbeitnehmer erhöht sich zudem durch den Fachkräftemangel. Durch die Arbeitsverdichtung erhöhen sich für die Beschäftigten gesundheitliche Belastungen und gesundheitliche Risiken. Lösungsansätze bestehen – aus der Perspektive der Betriebsräte – darin, notwendiges Personal einzustellen und die Möglichkeiten flexibler Arbeitszeitregelungen mehr als bisher zu nutzen. Für eine sozialverträgliche Gestaltung flexibler Arbeitszeiten bedarf es entsprechender Vorgaben (oder einer Ergänzung bestehender Richtlinien) durch den Arbeits- und Gesundheitsschutz. Insgesamt erhalten – aus der Perspektive der Betriebsräte – die Gesundheitsprävention und die Gefährdungsbeurteilung (§ 5 Arbeitsschutzgesetz) im betrieblichen Gesundheitsmanagement einen höheren Stellenwert.[100]

2.1.3 Genderaspekte der Digitalisierung

Die Arbeitswelt 4.0 verändert Arbeits- und Lebenswelten. Vom Wandel betroffen sind mit der Makroebene – und branchenübergreifenden Veränderungen – einzelne Berufsfelder und damit verbundene Tätigkeiten (Mikroebene). Mit den Veränderungen der Arbeitswelt ist auch die Überlegung verbunden, ob die bestehende geschlechtshierarchische Arbeitsteilung einem Wandel unterliegt und inwieweit Gestaltungsmöglichkeiten für neue Rollendefinitionen bestehen.[101]

Kennzeichnend für den deutschen Arbeitsmarkt heute ist eine geschlechtsspezifische Gliederung. Diese strukturelle Orientierung am Geschlecht zeigt sich in den Arbeitsbedingungen (Teilzeit), der Höhe des Einkommens, den Möglichkeiten zur beruflichen Weiterentwicklung (Qualifizierung und Übernahme von Leitungs-verantwortung) und der Absicherung sozialer Risiken. Wie im ersten Kapitel beschrieben gibt es typische Arbeitsbereiche für Frauen. Statistiken zur Berufs-

---

100 Vgl. Ahlers 2018
101 Vgl. Wolter u.a. 2015, S. 25 ff.

wahl (Arbeitsagentur, Destatis) belegen ein geschlechtsspezifisches Berufswahlverhalten. Die Berufswahl von Frauen wird durch Vorerfahrungen, soziale Kompetenzen und die Perspektive der Vereinbarkeit von Privat- und Berufsleben beeinflusst. Zudem ist der Beginn einer beruflichen Tätigkeit mit unterschiedlichen (geschlechtsspezifischen) Erwartungen – in Hinblick auf die Möglichkeiten, sich in der Organisation weiter zu entwickeln, oder der Einkommenssituation – verbunden.[102]

Sachwissen und Kompetenzen im sozialen und emotionalen Bereich schaffen andere Voraussetzungen für die Berufswahl. Ein bereits vorhandenes reproduktions-spezifisches Leistungsspektrum beeinflusst Interessen und Verhaltensmuster im Arbeitsleben. Die Bereitschaft zur Übernehme reproduktionsbezogener Arbeiten ist damit ein frauenspezifisches Phänomen. Typisch weibliche Berufsfelder befinden sich – neben dem Sozial- und Gesundheitsbereich – in kaufmännischen Berufen und der Verwaltungsebene. Gerade diese „zuarbeitenden" Berufe der Ebene der Sachbearbeitung sind von der Automatisierung von Arbeitsabläufen besonders betroffen.[103]

2.2 Digitalisierung und Beschäftigungseffekte

Die digitale Transformation ist mit Beschäftigungseffekten verbunden. Diese Beschäftigungseffekte sind abhängig von der Branche, dem Qualifikationsniveau der Arbeitskräfte und dem Berufsfeld. Die Entwicklung der Frauenerwerbstätigkeit ist unter anderem vom Qualifikationsniveau und der Zugehörigkeit zu einem Berufsfeld (Branche) abhängig.[104]

Studien verweisen auf unterschiedliche Beschäftigungseffekte: Die BITKOM-Studie des Bundesverbands Telekommunikation und neue Medien und des Fraunhofer Instituts für Arbeitswirtschaft und Organisation (IAO) untersuchten Entwicklungs-potenziale in einzelnen Branchen. Positive Perspektiven zeichnen sich für den Maschinen-

---

102 Vgl. BMFSFJ 2017, S. 83 ff.; Vgl. auch Bundesagentur für Arbeit 2019
103 Vgl. Wolter u.a. 2015, S. 25 ff.
104 Vgl. Bundesministerium für Bildung und Forschung 2016, S. 14 ff.

und Anlagenbau, den Automobilbau, die Elektrotechnik, die chemische Industrie und die Landwirtschaft ab. Zuwächse sind bei der Informations- und Kommunikationstechnologie zu erwarten. Experten rechnen – bis zum Jahr 2015 – mit einem jährlichen Wachstum von 1,7 %. Aus der Sicht der Experten ergeben sich mit einer von der Industrie 4.0 geprägten Produktionslandschaft in erster Linie positive Effekte. Die Digitalisierung schafft Voraussetzungen für kostengünstige, flexible, zeitnahe und qualitativ hochwertige Produktionsprozesse und Produkte. Die Wettbewerbsfähigkeit des Standortes Deutschland wird dadurch gestärkt. Zu den Sekundäraktivitäten der Unternehmen gehören die Tätigkeitsfelder Beschaffung, Personalmanagement, Unternehmensinfrastruktur und Technologieentwicklung. Zu den Aufgaben des Personalmanagements gehören die Weiterbildung, die Einstellung und Freisetzung von Personal. Aus der Sicht der Experten übernehmen die Mitarbeiter wesentliche Funktionen in der Produktion. Arbeit ist für Beschäftigte in Zukunft mit einem höheren Maß an Selbstorganisation verbunden. Die demografische Entwicklung erfordert altersgerechte Modelle der Arbeitszeitgestaltung und andererseits nutzen Betriebe die vorhandene Flexibilität von Arbeitszeitmodellen für eine Abstimmung am Auftragsvolumen. Zukunftsexperten fordern in diesem Zusammenhang neue Arbeitszeit- und Entlohnungsmodelle um einer damit verbundenen sozialen Instabilität entgegen zu wirken. Die vorliegende Studie untersuchte die Auswirkungen der Industrie 4.0 auf Beschäftigungseffekte nicht. Menschliche Arbeit verändert sich aber dahingehend, dass Handlungen von Technologien begleitet und unterstützt werden. Negative Beschäftigungseffekte durch eine gesteigerte Produktivität könnten durch die steigende Nachfrage nach intelligenten Produkten ausgeglichen werden. Intelligente Produktion schafft Voraussetzungen für höherwertige Arbeit.[105]

Das Institut für Arbeitsmarkt- und Berufsforschung untersuchte im Rahmen einer Projektarbeit die Auswirkungen der Digitalisierung auf einzelne Berufsfelder und Qualifikationen. Der IAB-Forschungsbericht zur Industrie 4.0 stellt mögliche Auswirkungen der Digitalisierung für den Arbeitsmarkt und die Wirtschaft dar. In diesem Zusammenhang untersuchten Experten auch, wie sich die Beschäftigungs-

---

105 Vgl. Bitkom Research 2014, S. 17 ff.; Vgl. auch Eichhorst 2014, S. 7 ff.

quote in den einzelnen Branchen verändert. Bereits heute ist erkennbar, dass der Anteil von Arbeitnehmern, die im landwirtschaftlichen Bereich oder dem verarbeitenden Gewerbe tätig sind, sinkt. Parallel nimmt die Anzahl der Beschäftigten im Dienstleistungsbereich zu. Im Rahmen des Projekts wurde untersucht, inwieweit die Digitalisierung diesen Strukturwandel beeinflusst. Mit dem Wandel der Berufsfeldstruktur ändert sich die Berufs- und Qualifikationsstruktur in den einzelnen Branchen und der damit verbundene Bedarf an Arbeitskräften.[106]

Grundsätzlich verändert die Digitalisierung Arbeitsprozesse und die damit verbundene -organisation. Konkret können moderne Techniken alltägliche und immer wiederkehrende Arbeiten übernehmen. In diesem Zusammenhang verändern sich die Anforderungen an Arbeitnehmer. Sie müssen ihr Qualifikationsniveau den sich verändernden Rahmenbedingungen anpassen, um technische Möglichkeiten effektiv zu nutzen. Denkbar ist also, dass mit der Automatisierung sich wiederholende und gleichbleibende Arbeiten entfallen. Mit der Nutzung moderner Technik könnten auch neue Arbeitsbereiche entstehen und dazu beitragen, dass sich der Umfang der Arbeit nur wenig ändert. Zum Beispiel erwerben wir Fahrkarten online oder mit Hilfe einer App. Damit reduziert sich der Bedarf an Personal in den Bahnhöfen. In einem weiteren Schritt könnten Fahrgäste ihr Ticket beim Betreten des Verkehrsmittels entwerten und damit eine wichtige Funktion der Zugbegleiter übernehmen. Diese technischen Möglichkeiten ersetzen Arbeitsplätze im Bereich des Vertriebs, der Verwaltung und bei den Zugbegleitern.[107]

Vergleichbare Entwicklungen finden im Produktionsprozess statt. Kontinuierlich anfallende Tätigkeiten in den Bereichen Einkauf, Produktion und Logistik lassen sich mit Unterstützung von digitaler Technik effektiver gestalten. Programme ermitteln den Bedarf an Material und personellen Ressourcen. Der Einkauf und die Produktion werden optimal aufeinander abgestimmt und dadurch reduzieren sich die Kosten der Lagerhaltung.[108]

---

106 Vgl. Wolter u.a. 2015, S. 25 ff.
107 Vgl. Jürgens u.a. 2017, S. 110 ff.; Vgl. auch Ahlers u.a. 2018, S. 27 ff.
108 Vgl. Wolter u.a. 2015, S. 25 ff.

Charakteristika des Begriffs Industrie 4.0

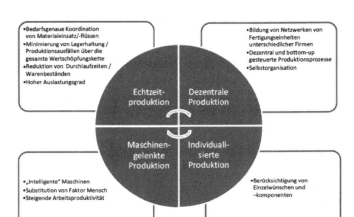

Abbildung 8. Industrie 4.0 und die Folgen für Arbeitsmarkt und Wirtschaft. Szenario-Rechnungen im Rahmen der BIBB-IAB-Qualifikations- und Berufsfeldprojektionen. Quelle: Institut für Arbeitsmarkt- und Berufsforschung (2015).[109]

Die obige Abbildung macht deutlich, dass Digitalisierung den Einsatz von Ressourcen verändert, Prozesse effektiver gestaltet, einfache Tätigkeiten automatisiert. Das Ausmaß der Betroffenheit ist abhängig von der Branche. Seit den 90er Jahren beobachten Experten einen grundlegenden Strukturwandel. Veränderungen ergeben sich nicht nur innerhalb der einzelnen Branchen, sondern auch bei den Anforderungen an einzelne Berufe. Ein deutlicher Rückgang ist bei Berufen im Metall- und Baubereich sowie bei allen Berufen, die im Bereich der Verarbeitung, Instandsetzung, Steuerung und Wartung angesiedelt sind, gegeben. Eine positive Entwicklung ist bei Berufen im IT-Bereich, bei den Naturwissenschaften und den Dienstleistungen absehbar. Konkret ist in der Gastronomie, bei der Reinigung und Entsorgung, dem rechts- und wirtschaftswissenschaftlichen Bereich, Berufsgruppen im Bereich

---

109 http://doku.iab.de/forschungsbericht/2015/fb0815.pdf (Zugriff am 05.09.2019)

der Medien und der Kunst, Lehrberufen sowie bei Gesundheits- und Sozialberufen ein Zuwachs zu verzeichnen.

Innerhalb einzelner Berufsfelder und Berufsgruppen verändern sich die Tätigkeiten der Mitarbeiterinnen und Mitarbeiter. Einfache und immer wiederkehrende Tätigkeiten werden zunehmend automatisiert. Dagegen nehmen Arbeiten, die nicht der täglichen Routine entsprechen, tendenziell zu. Allerdings ist eine umfassende Rationalisierung der Routine-Arbeiten derzeit nicht absehbar. Untersuchungen des Instituts für Arbeitsmarkt- und Berufsforschung gehen davon aus, dass etwa 50 % der Routinetätigkeiten ersetzt werden können. Mit der Zunahme von Tätigkeiten, die nicht der täglichen Routine entsprechen, entstehen komplexe Arbeitsprozesse, die nur mit einem entsprechenden Qualifikationsniveau bearbeitet werden können. In der Folge entsteht ein zunehmender Bedarf an Berufen mit einem höheren Qualifikationsniveau und einer entsprechenden Bezahlung. Einerseits steigen die Lohnkosten für qualifizierte Arbeitnehmer und andererseits erhöht die Digitalisierung die Produktivität (von Arbeitsprozessen) und bewirkt (indirekt) eine Reduzierung von Kosten.[110]

Positive Tendenzen ergeben sich (zukünftig) für Berufsfelder und Berufe mit einem geringen Routine-Anteil. Positive Prognosen bestehen für Berufe im IT-Bereich, naturwissenschaftlichen Berufen und Berufsgruppen im der Baubranche. Diese Berufsgruppen verfügen über einen niedrigen Routine-Anteil. Mit dem zunehmenden Bedarf an hochqualifizierten Arbeitnehmern steigt das Lohnniveau.[111]

2.2.1 Strukturwandel in Frauen- und Männerberufen

Vom digitalen Wandel betroffen sind die Faktoren Technik, Mensch und Organisation. Innerhalb der Organisation eines Unternehmens ändern sich mit den Tätigkeiten die Anforderungen an Mitarbeiter und das damit verbundene Qualifikationsniveau. Abhängig von der Branche entstehen neue Berufsgruppen.

Die Berufsfeldstruktur verändert sich mit der Digitalisierung. Die Digitalisierung führt zu quantitativen Beschäftigungseffekten. Branchen

---

110 Vgl. Dengler/Matthes 2015, S. 10 ff.
111 Wolter u.a. 2015, S. 8 ff.

mit einem geringen Routineanteil sind weniger betroffen. Bereits heute zeichnen sich positive Effekte für Arbeitnehmer mit einem hohen Qualifikationsniveau ab.[112]

Abbildung 9. Substituierbarkeitspotenziale von Berufen. Nur wenige Berufsbilder halten mit der Digitalisierung Schritt. Quelle: Institut für Arbeitsmarkt- und Berufsforschung (2018).[113]

„Alle Studien sind sich einig, dass ein hohes Qualifikationsniveau vor Automatisierung schützt: Je höher die kreativen, situativen, analytischen und interaktiven Anteile einer Tätigkeit sind, desto weniger sind

---

112 Vgl. Ahlers u.a. 2018, S. 27 ff.
113 http://doku.iab.de/kurzber/2018/kb0418.pdf. (Zugriff am 08.09.2019)

sie – trotz der Fortschritte in der künstlichen Intelligenz – durch Computer und andere technologische Entwicklungen substituierbar. ...Die Studien stufen unterschiedliche Berufe als automatisierungs-gefährdet ein: Fertigungs- und Logistikberufe, Maschinenbetreuung und -wartung oder auch Büroberufe auf Sachbearbeitungsebene werden in mehreren Studien genannt."[114]

Eine Analyse des deutschen Arbeitsmarktes durch die Direktbank unterstützt diese Aussage. Ziel der Studie war es, die Folgen der Automatisierung für unterschiedliche Funktionsklassen zu untersuchen. Aufgrund dieser Studie gehören zu den am meisten betroffenen Berufen Bürokräfte und verwandte Berufe, Hilfsarbeitskräfte, Anlagen- und Maschinenbediener (sowie Montageberufe), Berufe in den Bereichen Dienstleistung und Verkauf sowie Facharbeiter in der Land- und Forstwirtschaft oder dem Fischereiwesen.

Betrachtet man die Tätigkeitsbereiche einzelner Berufe, dann ist bei den folgenden fünf Berufen die Voraussetzung für die weitgehende Automatisierung gegeben: Büro- und Sekretariatskräfte, Hilfskräfte für Brief- und Paketdienste, Arbeitskräfte im Bereich der Lagerwirtschaft und dem Verkauf, Helferberufe im Bereich der Reinigung und Servicekräfte der Gastronomie.[115]

Vergleichbare Entwicklungen prognostiziert die BITKOM-Studie. Die BITKOM-Studie des Bundesverband Informationswirtschaft, Telekommunikation und neue Medien e.V. untersucht u. a. die Auswirkungen der Digitalisierung auf Geschäftsprozesse und betriebliche Abläufe. Weitgehend automatisiert ist die Buchhaltung. Große Unternehmen haben in den vergangenen Jahren in die Digitalisierung von Prozessen im Verwaltungsbereich investiert. Die Effekte der Digitalisierung bewerten größere Unternehmen – auf einer Skala von 1 bis 10 – mit 6,3. Insgesamt beurteilen größere Unternehmen die mit der Digitalisierung verbundenen Effekte positiver als kleinere und mittlere Betriebe.[116]

---

114 Ahlers u.a. 2018, S. 29.
115 Vgl. Preißing 2019, S. 13 ff.
116 Bitkom Research 2019, S. 26 ff.

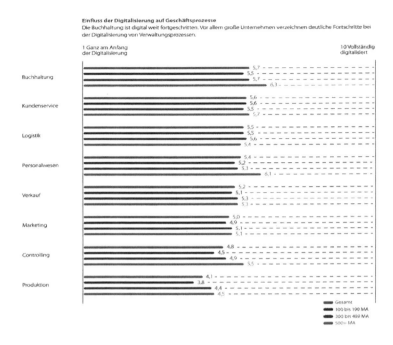

Abbildung 10. Einfluss der Digitalisierung auf Geschäftsprozesse. Quelle: Bitkom Research.[117]

Die Automatisierbarkeit und das damit verbundene Substituierbarkeitspotential ist abhängig von der Branche und einzelnen Berufen. Generell sinkt das Substituierbarkeitspotential mit einem steigenden Anforderungs- und Qualifikationsniveau an die Mitarbeiter. Unterschiedliche Perspektiven zeigen sich in einzelnen Branchen: Berufe und Berufsgruppen im Bereich der industriellen Produktion verfügen über eine hohes Substituierbarkeitspotential, während für Sozial- und Gesundheitsberufe keine negativen Beschäftigungseffekte zu erwarten sind.[118]

---

117 https://downloads.studie-digitalisierung.de/2019/de/Trendstudie_TCS_2019_Bericht_DE.pdf. (Zugriff am 08.09.2019)
118 Vgl. Dengler/Matthes 2015, S. 10 ff.

2.2.2 Strukturwandel der frauenspezifischen Berufsstruktur

In diesem Zusammenhang stellt sich die Frage, inwieweit typische Frauenberufe und typische Männerberufe betroffen sind. Diese Frage lässt sich nicht eindeutig beantworten, da die Entwicklung der Beschäftigungszahlen – für Frauen und Männer – von der Beschäftigungsbranche abhängig ist.

Biografiemuster von Frauen unterscheiden sich von der männlichen Normalbiografie, weil Frauen die Verantwortung für Familienarbeit übernehmen. Kennzeichnend für weibliche Erwerbslebensverläufe ist die frauenspezifische Berufswahl (Kauffrau für Büromanagement, Verkäuferin, …)[119], die Abweichung vom Normalarbeitsverhältnis durch Unterbrechungen der Erwerbstätigkeit oder die Reduzierung der Arbeitszeit auf eine Teilzeitbeschäftigung. Beim Berufseinstieg verfügen Frauen über eine andere Erwartungshaltung in Hinblick auf die Möglichkeiten, sich in der Organisation weiter zu entwickeln.[120] Frauen erhalten durchschnittlich ein geringeres Einkommen als männliche Kollegen. Das durchschnittliche Bruttoarbeitsentgelt sozialversicherungspflichtig Beschäftigter betrug im Jahr 2017 3.209,00 €. Damit lag das durchschnittliche Bruttoarbeitsentgelt der Frauen mit 2.920,00 € deutlich unter dem durchschnittlichen Bruttoarbeitsentgelt der Männer mit 3.372,00 €. Damit verdienen Frauen etwa 13 % weniger als Männer. Gravierende Unterschiede sind bei Führungspositionen gegeben: Frauen mit Leitungsverantwortung verdienen rund 30 % weniger als männliche Kollegen.[121]

Frauen verfügen – im Vergleich zu den Männern – über ein gutes Qualifikations-niveau. Im Jahr 2016 lag der Anteil der Schülerinnen an Gymnasien bei 54,5 %. Etwa 48,5 % der Erstsemester sind ebenfalls weiblich. Damit ist ein deutlicher (gleichwertiger) Frauenanteil bei Abschlüssen mit einem hohen Qualifikationsniveau gegeben. Wie bereits im vorhergehenden Kapitel dargestellt, steigt die Bildungsbeteiligung von Mädchen. Seit Jahrzehnten nimmt das Interesse und damit die Beteiligung von Frauen an Bildung im Sinne von schulischer und berufli-

---

119 BMBF 2015
120 Vgl. BMFSFJ 2011
121 Agentur für Arbeit 2019, S. 13.

cher Bildung sowie die Beteiligung am Erwerbsleben zu. Dieses Interesse an Teilhabe (Bildung, Arbeitsmarktintegration) besteht nicht nur bei jüngeren Frauen, sondern bei Frauen in allen Altersgruppen. Geschlechtsspezifische Ungleichheiten entstehen bei der Berufswahl und beim Verlauf der Berufsbiografie. Seit Jahren steigt der Anteil von Frauen, die einer Erwerbstätigkeit nachgehen. Im Jahr 2017 betrug der Anteil berufstätiger Frauen im Alter zwischen 15 und 65 Jahren 71,5 %. Im Vergleich dazu waren im Jahr 2001 rund 62 % dieser Altersgruppe erwerbstätig. Trotz dieser kontinuierlichen Zuwächse ist der Anteil der Frauen, die einer Erwerbstätigkeit nachgehen noch immer geringer als der Anteil der Männer. Mit Phasen der Kindererziehung oder der Pflege von Angehörigen ändern sich der Umfang der Erwerbstätigkeit und berufliche Perspektiven.[122]

Geschlechtsspezifische Ungleichheit entsteht bereits bei der Berufswahl. Eine Auswertung des Bundesamtes für Statistik zeigt, dass der größte Frauenanteil im sozialen Bereich, der Erziehung, der Hauswirtschaft und der Theologie gegeben ist. Vergleichbar ist die Situation in Gesundheits- und Reinigungsberufen, bei Tätigkeiten im Bereich Recht und Verwaltung sowie in den Verkaufsberufen und der Gastronomie gegeben. Eine Erhebung des Bundesinstituts für Berufsbildung aus dem Jahr 2015 hatte das Ziel, die Nachfrage nach Ausbildungsberufen zu ermitteln. Zu den häufigsten Ausbildungsberufen für junge Frauen gehören die Kauffrau für Büromanagement, Verkäuferin und die Kauffrau im Einzelhandel.[123] In der beruflichen Praxis findet eine „begrenzte" Auseinandersetzung mit technischen Innovationen statt. Es handelt sich dabei gleichzeitig um Branchen, Berufsgruppen und Tätigkeiten, die über ein hohes Potenzial der Substituierbarkeit verfügen. „Dies zeigt, dass sich junge Frauen eher für Dienstleistungsberufe entscheiden und seltener für technische und handwerkliche Ausbildungen. Und dieses Beispiel zeigt auch, dass Frauen zu „digitalen Verlierern" ausgebildet werden, da diese Berufe besonders starken Veränderungen ausgesetzt werden".[124]

---

122 Agentur für Arbeit 2019, S. 7.
123 Bundesministerium für Bildung und Forschung 2015, S. 25.
124 Preißing 2019, S. 26.

2.2.2.1 Frauenberufe mit Substituierbarkeitspotential

Ein deutlicher Anteil von Frauen ist in Berufen mit einem hohen Substituierbarkeitspotential beschäftigt. Das Substituierbarkeitspotential ist einerseits abhängig vom Qualifikationsniveau und andererseits von branchenspezifischen Entwicklungen. Ein deutlicher Frauenanteil ist in Helfer- und Fachkraftberufen gegeben. Das Substituierbarkeitspotential beträgt zwischen 40 und 50 %. Zu Berufsgruppen mit einer absehbaren negativen Entwicklung gehören Büro- und Sekretariatsberufe, Beschäftigungsverhältnisse im Verkauf und der Gastronomie, Berufe der kaufmännischen und technischen Betriebswirtschaft sowie Post- und Zustelldienste.[125]

Der Einzelhandel ist ebenfalls durch einen sehr hohen Frauenanteil geprägt. Untersuchungen zur Entwicklung des Einzelhandels zeigen unterschiedliche Entwicklungen: Geschlossene Warenwirtschaftssysteme, Selbstbedienung und Selbstscan-Kassen ersetzten menschliche Arbeitskraft. Ein Teil der Einzelhandels-unternehmen erhöht durch Personaleinsparungen die Gewinne, während andere Unternehmen die frei werdenden personellen Ressourcen nutzen, um die Präsenz des Personals für die Kunden mit unterschiedlichen Strategien (Präsentation einzelner Waren, Beratungsangebote) zu erhöhen.

Gastronomie und Hotellerie beschäftigen (traditionell) viele Frauen. Grundsätzlich existieren für den Bereich der Gastronomie positive Prognosen. Gleichzeitig eröffnen die ersten Hotels „ohne" Personal. Das erste Hotel ohne persönlichen Kundenkontakt eröffnete im Jahr 2010 in Leipzig. Kunden buchen notwendige Leistungen online und treffen vor Ort auf keine persönlichen Ansprechpartner. Zudem fehlen in dem Hotel Räume, die durch soziale Kontakte oder Kommunikation geprägt sind, wie der Eingangsbereich oder ein Frühstücksraum.[126]

2.2.2.2 Perspektiven in Gesundheits- und Sozialberufen

Zu den typischen Frauenberufen gehören Berufe im Gesundheits- und Sozialwesen. Während ein deutlicher Anteil von typischen Frauenbe-

---

125 Vgl. Dengler/Matthes 2015, S. 10 ff.
126 Vgl. Ahlers u.a. 2018, S. 9 ff.; Vgl. auch Wolter u.a. 2015, S. 10 ff.

rufen (Einzelhandel, ...) von einem hohen Substituierbarkeitspotential betroffen ist, besteht bei Berufen im Bildungs-, Gesundheits- und Sozialwesen weiterhin ein hoher Bedarf an qualifiziertem Personal. Ein deutlicher Frauenanteil ist zudem im Bildungs-, Gesundheits- und Sozialwesen vorhanden. Experten prognostizieren – für die kommenden Jahre – einen Zuwachs an Beschäftigung in allen Bereichen. Der Anteil der Berufsgruppen am gesamten Arbeitsmarkt beträgt etwa 20 %. Mit der demografischen Bevölkerungsentwicklung und der tendenziell steigenden Erwerbstätigkeit der Frauen nimmt der Bedarf in der Pflege und Kinderbetreuung zu. Derzeit liegt der Anteil der weiblichen Beschäftigten in Kindertages- und Pflegeeinrichtungen bei 80 bis 95 %. Kennzeichnend für die Berufe im Sozial-, Gesundheits- und Bildungswesen ist der Personenbezug. Die Tätigkeiten in den einzelnen Berufsfeldern sind von der Digitalisierung (Dokumentation, Online-Learning, ...) betroffen, aber nicht „bedroht". Tätigkeiten mit Personenbezug sind mit Hilfe technischer Innovationen nicht zu ersetzen. Der Bedarf im Bildungs-, Gesundheits- und Sozialsektor nimmt zu. Voraussichtlich verändert sich mit dem Wachstum der Frauenanteil nur gering. Damit stellt sich auch die Frage, ob eine Ausweitung frauenspezifischer Tätigkeiten die bestehende Ungleichheit zwischen den Geschlechtern nicht verfestigt. Das durchschnittliche Einkommen im Bereich der Sozial- und Gesundheitswirtschaft ist niedriger als im technischen Bereich oder dem produzierenden Gewerbe. Es handelt sich dabei um ein strukturelles Problem. Lohnsteigerung in der Privatwirtschaft sind das Ergebnis von Tarifverhandlungen und einer vorangegangenen positiven wirtschaftlichen Entwicklung des Unternehmens. Mitarbeiterinnen und Mitarbeiter werden also über Lohnzuwächse am Unternehmenserfolg beteiligt. Die Finanzierung des Sozial- und Gesundheitswesens erfolgt über soziale Sicherungssysteme. Die Erbringung von Leistungen orientiert sich nicht an wirtschaftlichen Faktoren. Damit ist ein strukturelles Problem gegeben. Kostensätze sind das Ergebnis von Aushandlungsprozessen mit Sozialleistungsträgern.[127] Es ist davon auszugehen, dass diese Berufsfelder mit positiven Beschäftigungseffekten verbunden sind. Die Nachfrage nach personenbezogenen Leistungen nimmt tendenziell zu, so dass sich Beschäf-

---

127 Vgl. Wolter u.a. 2015, S. 10 ff.

tigungs-möglichkeiten für Frauen in frauenspezifischen Berufsfeldern ausweiten.

Ein Zuwachs an Beschäftigung ist im Gesundheitswesen, den Lehrberufen und in den Bereichen Erziehung und Unterricht zu erwarten. In diesen Bereichen ist der Frauenanteil überproportional hoch. Allerdings steigt in diesen Bereichen auch der Einsatz neuer Techniken.

Gerade frauenspezifische Berufe im kaufmännischen Bereich, sowie auf der Helfer- und Fachkraftebene verfügen über ein hohes Potential der Substituierbarkeit. Die damit verbundenen negativen Beschäftigungseffekte „zwingen" Frauen dazu, sich beruflich anders zu orientieren oder ihr Qualifikationsniveau den Bedürfnissen des Marktes anzupassen.[128]

2.3 Frauenerwerbstätigkeit in der Arbeitswelt 4.0

Untersuchungen zu berufsspezifischen Entwicklungen in der Arbeitswelt zeigen, dass typisch weibliche Berufe von der Digitalisierung in einem deutlichen Ausmaß betroffen sind. Damit ergeben sich Chancen und Risiken.

Die Digitalisierung verändert Strukturen und Abläufe in Unternehmen. Mehr als bisher sind Kooperationen in unterschiedlichen Formaten gefordert. Kommunikation und Teamarbeit gewinnen an Bedeutung. Der Bedarf an hochqualifizierter Wissensarbeit nimmt zu. Wissensarbeit ist an Teamarbeit gebunden. In diesem Zusammenhang können Frauen ihre sozialen und integrativen Kompetenzen einbringen. Moderationsprozesse gewinnen an Bedeutung und in Unternehmen entstehen neue Aufgabenbereiche, die von Scrum-Mastern oder Community-Managern übernommen werden. Im Vordergrund stehen soziale Kompetenzen und die Fähigkeit zur „Beziehungsarbeit". Frauen verfügen – aufgrund ihrer geschlechtsspezifischen Sozialisation – über gute Voraussetzungen. Damit könnten Frauen von der Entwicklung zur Wissensgesellschaft profitieren.[129]

---

128 Vgl. Ahlers u.a. 2018, S. 9 ff.
129 Vgl. Preißing 2019, S. 18 ff.

Im Rahmen der BITKOM-Studie wurden Unternehmen befragt, über welche sozialen Kompetenzen ihre Mitarbeiter verfügen sollten. Neben der Kreativität hat die Teamfähigkeit einen hohen Stellenwert. Digitalisierung verändert die Kommunikation und die damit verbundenen Strukturen. Frauen können sich – aufgrund ihrer sozialen und integrativen Fähigkeiten – produktiv in Unternehmensprozesse einbringen.[130]

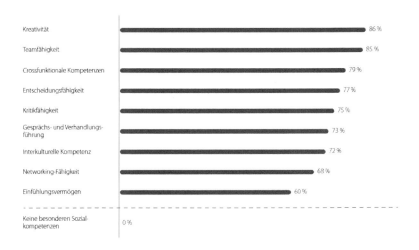

Abbildung 11. Don't panic. Gelassen zur Digitalisierung: Wie sich deutsche Unternehmen in der neuen Zeit orientieren. Quelle: Bitkom Research.[131]

Risiken für Frauen ergeben sich mit der Abweichung vom „Normalarbeitsverhältnis". Unterbrechungen der Erwerbsarbeit durch Kindererziehungszeiten oder die Pflege von Angehörigen führen – zumindest vorübergehend – zu einem vermehrten Aufwand im Bereich der internen Organisation. Die „Planungssicherheit" ist mit der Abweichung vom Normalarbeitsverhältnis (Teilzeit, Unterbrechungen) nur bedingt gegeben. Kostenintensive Fort- und Weiterbildungen erhalten bevorzugt Mitarbeiter in Vollzeit. Dieser Umstand hemmt die Entwicklungs-

---

130 Vgl. Bitkom Research 2019, S. 11 ff.
131 https://downloads.studie-digitalisierung.de/2019/de/Trendstudie_TCS_2019_Bericht_DE.pdf (Zugriff am 08.09.2019)

perspektiven von Frauen in Unternehmen. Zum Erhalt der Beschäftigungsfähigkeit ist mit der Digitalisierung ein kontinuierliches und lebenslanges Lernen verbunden. Gerade Frauen mit einem niedrigen Qualifikationsniveau verfügen über ein hohes Risiko, ihre Beschäftigungsfähigkeit zu verlieren.[132]

Im Bereich der digitalen Kompetenz gibt es Unterschiede zwischen Frauen und Männern. Zu den Nutzern von digitalen Diensten und Produkten gehören überwiegend Männer. Der Digitale Index D21 zeigt deutlich, dass Männer – im Vergleich mit den Frauen – über differenziertere digitale Kompetenzen und Interessen verfügen. Dies könnte ein Grund dafür sein, dass sich Frauen weniger für MINT-Berufe interessieren. Umgekehrt ergibt sich damit für Frauen ein Entwicklungspotential. Das mit den MINT-Berufen verbundene Einkommensniveau und die sozialen Sicherheiten könnten Frauen in Zukunft dazu motivieren, sich für MINT-Berufe zu entscheiden. Der aktuelle D21-Index ermöglicht eine differenzierte Betrachtung geschlechtsspezifischer Kompetenzen und Risiken. Infolgedessen ist der weibliche D21-Index mit Risiken verbunden.[133]

---

132 Vgl. Wolter u.a. 2015, S. 10 ff.
133 Vgl. Initiative D21 e.V. 2018, S. 26 ff.

2. Frauen in der Arbeitswelt 4.0

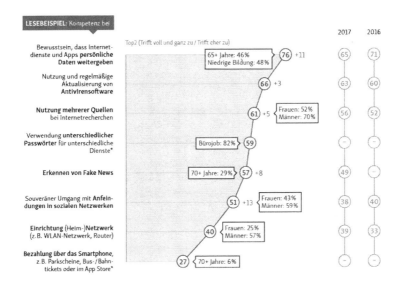

Abbildung 12. D 21 Digital Index. Jährliches Lagebild zur digitalen Gesellschaft. Quelle: Initiative D 21 e.V.[134]

Die Digitalisierung der Arbeit ist – neben strukturellen Veränderungen – mit der Herausforderung verbunden, entsprechende Kompetenzen zu erwerben.

Für Frauen ist die Digitalisierung der Lebens- und Arbeitswelt mit Anpassungs-prozessen verbunden. Die Digitalisierung beeinflusst den Alltag und das Berufsleben. Roboter übernehmen in den kommenden Jahren zunehmend Tätigkeiten im Haushalt. Notwendige Kompetenzen für die Bedienung, Wartung und den Einsatz der neuen technischen Möglichkeiten erwerben überwiegend Frauen. Unabhängig von ihrer beruflichen Tätigkeit sind Frauen auch im Privat- oder Familienleben gefordert, sich digitale Kompetenzen anzueignen.

---

134 https://initiatived21.de/app/uploads/2019/01/d21_index2018_2019.pdf (Zugriff am 20.10.2019)

2.4 Zwischenfazit

Technische Neuerungen prägen die Arbeitswelt der Zukunft. Diese technologischen Entwicklungen betreffen alle Bereiche (Systeme) gesellschaftlichen Lebens. Mit welchem Tempo sich die Arbeitswelt ändert, ist noch nicht absehbar. Zur Sicherung des Wirtschafts- und Arbeitsstandortes Deutschland hat das Bundesministerium für Bildung und Forschung Programme entworfen, die Organisationen, Unternehmen und Forschungseinrichtungen bei der Nutzung und Umsetzung des innovativen Potentials der Digitalisierung zu unterstützen. Das Dachprogramm „Innovationen für die Produktion, Dienstleistung und Arbeit von morgen" hat das Ziel Arbeitsplätze in Deutschland zu sichern und Arbeitsprozesse wirtschaftlich, sozialverträglich und nachhaltig zu gestalten.[135]

Die Arbeitswelt 4.0 erhöht die Produktivität, ersetzt menschliche Arbeitskraft und betrifft den gesamten Arbeitsmarkt. Davon betroffen sind Lebens- und Arbeitsbiografien von Frauen und Männern.[136]

Die Digitalisierung verändert das Anforderungsprofil an Arbeitnehmer. Das Substituierbarkeitspotential ist abhängig von der Branche und einzelnen Berufen. Mit einem steigenden Anforderungs- und Qualifikationsniveau sinkt das Substituierbarkeitspotential. Bei den folgenden Tätigkeitsbereichen ist die Voraussetzung für die weitgehende Automatisierung gegeben: Büro- und Sekretariatskräfte, Hilfskräfte für Brief- und Paketdienste, Arbeitskräfte im Bereich der Lagerwirtschaft und dem Verkauf, Helferberufe im Bereich der Reinigung und Servicekräfte der Gastronomie. Für alle Arbeitnehmer steigt – abhängig von der Beschäftigungsbrache – das Risiko struktureller Arbeitslosigkeit.[137]

Mit der Digitalisierung verändern sich die Arbeitsbedingungen für die Arbeitnehmer grundlegend. Betriebsräte, die im Rahmen einer repräsentativen Befragung interviewt wurden, weisen auf Chancen und Risiken für die Beschäftigten hin. Die (befragten) Betriebsräte erwarten, dass mit dem Wandel der Arbeitsorganisation die Anforderungen an

---

135 Vgl. Bundesministerium für Bildung und Forschung 2016, S. 14 ff.
136 Vgl. Wolter u.a. 2015, S. 10 ff.
137 Ebd.

Mitarbeiterinnen und Mitarbeiter steigen. Konkret erwarten Unternehmen in Zukunft ein höheres Maß an Selbstorganisation und Flexibilität. Ein Mehr an Zeitsouveränität schafft einerseits bessere Voraussetzungen, um berufliche und familiäre Interessen zu verbinden und erhöht andererseits die Anforderungen an die Erbringung von Leistungen (Phasen mit hoher Arbeitsbelastung, unklare Trennung von Arbeits- und Freizeit).[138]

Absehbar ist die unterschiedliche (geschlechtsspezifische) Betroffenheit von Frauen und Männern. Ein deutlicher Anteil von Frauen ist in Berufen mit einem hohen Substituierbarkeitspotential beschäftigt. Zu diesen Berufen gehören Büro- und Sekretariatsberufe, Beschäftigungsverhältnisse im Verkauf und der Gastronomie, Berufe der kaufmännischen und technischen Betriebswirtschaft sowie Post- und Zustelldienste. Negative Entwicklungen zeichnen sich auch für Frauen mit unzureichenden schulischen und beruflichen Qualifikationen ab.[139]

„Die Ist-Situation von Frauen auf dem Arbeitsmarkt lässt sich wie folgt zusammenfassen: Frauen arbeiten häufig in untergeordneten Positionen und in Teilzeit, erhalten ein geringeres Gehalt, konzentrieren sich auf weniger Berufsfelder, die auch oft mit geringeren Entlohnungen und geringerem sozialen Status verbunden sind – und das trotz guter Bildungserfolge. Männer hingegen überwiegen in Führungspositionen, arbeiten häufiger in Vollzeit und verteilen sich auf ein weitaus größeres Berufsspektrum."[140]

Mehr als Männer sind Frauen vom Wandel des Arbeitsmarktes betroffen. Arbeit 4.0 erfordert Anpassungsprozesse an sich verändernde Berufsbilder und gegebenenfalls auch die Flexibilität zum Wechsel der Branche. In jedem Fall sind Frauen gefordert, digitale Kompetenzen zu erwerben. Die damit verbundenen Anpassungsleistungen stellen eine „Zusatzaufgabe" zum täglichen Arbeitspensum von Berufs- und Familienarbeit dar. Diese zunehmenden beruflichen Anforderungen führen zu belastenden Situationen, die die Ressource Gesundheit gefährden und häufig unter der Rubrik „Stress" subsummiert werden.

---

138 Vgl. Ahlers 2018
139 Preißing 2019, S. 29.
140 Preißing 2019, S. 27.

II. Weiblicher Stress?

3. Studien zum Thema Stress

Das Phänomen Stress ist jedem geläufig, jeder kann sich unter ihm etwas vorstellen, jeder hat ihn schon mindestens einmal erlebt. Daher wird seit mehr als 60 Jahren Stress auf seine Ursachen, Wirkungen und Folgen untersucht. Laut Weltgesundheitsorganisation sind die Folgen von Stress die größte Gesundheits-gefahr des 21. Jahrhunderts.
Und obwohl Stress häufig für schädliche Folgen, wie z.B. Depressionen und Herzinfarkt, verantwortlich ist, ist er ebenso ein Synonym für das eigene Selbstbewusstsein. Wer Stress hat, wird gebraucht und ist unentbehrlich. Wer beruflich und familiär Stress hat und dennoch erfolgreich ist, wird gesellschaftlich anerkannt und bekommt häufig Beifall. Frauen, die Karriere machen, vielleicht zusätzlich eine Führungsposition bekleiden, nebenbei erfolgreich Kinder erziehen oder Angehörige pflegen und sich zudem zusätzlich gesellschaftlich engagieren werden häufig als Vorbild einer modernen Frau in Wirtschaft und in Gesellschaft betrachtet.
Doch die Zahlen der unterschiedlichen Stressstudien zeigen deutlich, dass Frauen mit solcher Belastung unter einem hohen Stresslevel stehen. So weist die Techniker Krankenkasse – Studie 2016 auf, dass Frauen mit der Doppelbelastung Arbeit und Kindererziehung bzw. Betreuung eines pflegebedürftigen Menschen mehr gestresst sind als Männer. Die von der TK-Studie festgestellten erhöhten Stresswerte der Frauen sind auf diese Doppelbelastung zwischen Beruf und Familie zurückzuführen.[141] Insgesamt finden 62 % der Befragten, dass das Leben früher weniger gestresst war als heute. Jeder dritte Befragte fühlt sich laut Studie ausgebrannt und jeder vierte Befragte klagte über Despressionen oder Tinnitus. Nicht zuletzt führen lt. Studie der Techniker

---

141 Vgl. TK Studie 2016, S. 22.

II. Weiblicher Stress?

Krankenkasse die hoch gestellten Ansprüche an sich selbst zu einem erhöhten Stress.

Eine weitere Studie des Robert Koch Instituts im Jahr 2015 zur Gesundheit in Deutschland stellte bei Frauen eine prozentual höhere Belastung im Zusammenhang mit chronischem Stress fest als bei Männern. Dieser Befund ist lt. Studie seit vielen Jahren international stabil. Der chronische Stress wird hier auf mangelnde Stressbewältigungsstrategien zurückgeführt.[142]

In den letzten Jahren haben Politiker sowie die Wirtschaft durch die Flexibilisierung der Arbeitszeiten und die Einführung von Home-Office hier eine Entlastung und eine höhere Inklusion der weiblichen Arbeitskräfte in der Wirtschaft erreicht. Weiterhin verspricht die Digitalisierung 4.0 wie oben dargelegt gerade für Frauen durch eine noch stärkere Flexibilisierung der Arbeit eine noch bessere Vereinbarkeit zwischen Beruf und Familie. Wege zur Arbeit werden eingespart, die Zeit kann selbstständig nach familiärem Bedarf eingeteilt werden und Frauen eine vollwertige Teilhabe am Berufsleben ermöglichen.[143]

Doch die aktuelle Studie 2018 zum digitalen Stress in Deutschland von der Hans Böckler Stiftung dämpft diese Erwartung. Frauen arbeiten lt. Studie stärker an digital geprägten Arbeitsplätzen und weisen höheren digitalen Stress auf als Männer.[144] Dieses Ergebnis würde sich mit der Feststellung der TK Studie 2016 decken, wonach die Frauen zusätzlich durch zu hohe Ansprüche an sich selbst stressbelasteter sind, decken. Die Ängste, den Arbeitsplatz zu verlieren oder sich in ein technologisches Umfeld einarbeiten zu müssen, führen zu stärkerem digitalen Stress sowie zu einem stärkeren Konflikt im Bereich Work-Life-Balance und schließlich zu einer emotionalen Erschöpfung.[145]

Und zuletzt zeigen die Ergebnisse der Untersuchung des Wirtschafts- und Sozialwissenschaftliches Instituts der Hans Böckler Stiftung im Jahre 2019 zur Flexibilisierung der Arbeit bei Frauen mit Kindern, dass diese im Homeoffice im Durchschnitt zwar tatsächlich drei Stunden mehr Zeit für die Kinder haben, aber auch eine Stunde länger für

---

142 Vgl. Robert Koch Institut 2015, S. 114.
143 Vgl. Christine Morgenstern 2016, S. 33.
144 Vgl. Gimpel u.a. 2018, S. 30.
145 Ebd. S. 38.

den Arbeitgeber tätig sind als Frauen ohne Home-Office. Diese Belastung macht sich sogar in geschätzter Schlafzeit bemerkbar. So schlafen Frauen mit Home-Office weniger, als Frauen mit festen Arbeitszeiten.[146] Das Ergebnis kann dahingehend interpretiert werden, dass Frauen ihrer beruflichen Tätigkeit häufig in den Abend- bzw. Nachtstunden nachgehen, während die Kinder schlafen.

4. Zwischenfazit

Zusammenfassend lässt sich nun feststellen, dass Frauen häufiger unter chronischem Stress leiden als Männer und vielfach durch eine Doppelbelastung und hohe Ansprüche an sich selbst gestresst sind. Die zunehmende Digitalisierung ermöglicht Frauen zwar eine höhere Vereinbarkeit von Familie und Arbeit, die Belastungen durch die doppelte Rollenfunktion als Mutter und Arbeitnehmerin werden aber keineswegs geringer. Was bedeutet dies nun im Digitalisierungszeitalter 4.0?

Es bedeutet zunächst, dass die Flexibilisierung und die Digitalisierung der Arbeit für Frauen mit einer Doppelbelastung nicht unbedingt zu weniger Stress führen. Während Frauen sich bei festen Arbeitszeiten nur auf die zu erledigende Tätigkeit und erst danach auf die Familie konzentrieren, widmen Frauen im Home-Office mehr Zeit der Familie. Die Kindererziehung und die Pflege der Angehörigen profitieren stark dadurch. Um aber dem Arbeitgeber und den eigenen Ansprüchen gerecht zu werden, arbeiten Frauen im Home-Office mehr. Sie empfinden die Möglichkeit, Familie und Arbeit in Einklang bringen zu können, als ein Zeichen des Entgegenkommens seitens des Arbeitgebers und versuchen im Gegenzug, über das übliche Maß hinaus, Erfolge im Beruf durch Mehrarbeit nachzuweisen.[147] Es entsteht also durch die Verlagerung der Prioritäten ein anderer Stress.

Den Stress per se zu verteufeln wäre dennoch falsch, denn dieser kann in seiner Funktion zu mehr Leistung anspornen, wenn hier der richtige Umgang mit dem Druck gefunden wird. Gerade, wenn die Zeiten für die Familie und für die Arbeit flexibel gestaltet werden können,

---

146 Vgl. Lott 2019, S. 7.
147 Vgl. Wildfeuer 2016, S. 12.

sind Fähigkeiten wie Selbstregulation bei steigendem Druck, eine durchdachte und disziplinierte Arbeitszeiteinteilung und der richtige Umgang mit den Ansprüchen an sich selbst von hoher Bedeutung.

5. Stress

Stress entsteht zum einen aus dem Gefühl, den Anforderungen der Situation mit den eigenen Ressourcen nicht gewachsen zu sein, zum anderen, weil die Zeit als eine knappe Ressource wahrgenommen wird. Durch die knapp bemessene Zeit fühlen sich die Menschen getrieben, setzen sich unter Druck und sind permanent gestresst. Man erledigt also mehr in weniger Zeit. Die Digitalisierung und die Globalisierung scheinen dieses Gefühl zu verstärken und bringen eine soziale Beschleunigung mit sich.[148]

5.1 Gesellschaftliche Sicht zum Thema Stress

Unter sozialer Beschleunigung versteht Rosa „… die Steigerung der Verfallsraten der Verlässlichkeit von Erfahrungen und Erwartungen und als die Verkürzung der als Gegenwart zu bestimmenden Zeiträumen".[149]

Aufgrund des technischen Fortschritts hat sich das „Raum-Zeit-Regime" der Gesellschaft stark verändert. Das betrifft die Wahrnehmung des Raums und der Zeit, aber auch die damit verbundene Organisation. Der Raum verliert in der Digitalisierung zunehmend an Bedeutung, die entferntesten Orte der Erde sowie Menschen am anderen Ende der Welt sind schnell greifbar und nah. Arbeitsprozesse sind nicht verortet, sondern flexibel gestaltbar und von der Zeit und dem Ort komplett unabhängig. Der Raum verkleinert sich weiterhin durch die Transportmöglichkeiten und neue Kommunikationswege. Orte als solche verlieren im Digitalisierungszeitalter und bei zunehmender Mobilität an Bedeutung. Gleichzeitig verlieren aber diese Orte aufgrund de-

---

148 Vgl. Rosa2013, S. 28.
149 Rosa 2013, S. 24.

ren Kurzlebigkeit, also der Verweildauer, an Bedeutung im Sinne der Erfahrungsorte. Menschen verbinden mit vielen Orten keine Emotionen mehr. Weiterhin haben sich die gesellschaftlichen Lebensmodelle (z.b. Patchworkfamilien, gleichgeschlechtliche Paare), Werte, kulturelle Zusammensetzungen, soziale Beziehungen, Wohnformen im Vergleich zu früheren Lebensstilen und Lebensabläufe sowie das Konsumverhalten stark verändert.[150] Die Gesellschaft verändert sich zunehmend selbst. Diese Beschleunigung stellt Rosa beispielsweise in den veränderten Familien- und Berufsstrukturen fest. Während früher die Ehepaare bis zum Tod zusammengeblieben sind, sind heutzutage die Ehen weniger stabil. Wenn ein Beruf über Generationen weitergegeben wurde, so ist das heute unter Umständen anders gelagert wie bei den vorherigen Generationen und man hat eventuell mehrere Berufe in einem Arbeitsleben.[151]

Das Lebenstempo hat sich gesteigert. Die Menschen verrichten mehr Tätigkeiten in weniger Zeit. Durch den technischen Fortschritt fühlen sich die Menschen zu mehr Aktivität (vgl. den zunehmenden Emailverkehr im Vergleich zum früheren schriftlichen Verkehr) und zur Multitasking-Arbeitsform getrieben. Die Zeit, welche aufgrund des technischen Fortschritts im Überfluss vorhanden sein sollte, wird von den Menschen nun paradoxerweise als knappe Ressource angesehen.

Ökonomie befeuert den Wettbewerb und sorgt ebenso für eine Beschleunigung der Gesellschaft. Um wettbewerbsfähig zu bleiben, werden Arbeitskosten durch Zeitersparnis gesenkt, ebenso wie durch eine schnelle Rückzahlung der Kredite, die wiederum zu einem Wettbewerbsvorteil führt. Dieser Wettbewerb setzt sich aber auch in der Gesellschaft fort. Der Nachwuchs muss an die beste Schule gehen, den besten Bildungsabschluss, möglichst mit Auszeichnung in Sport, Kunst oder Musik, erreichen, um im Wettbewerb in Zukunft bessere Chancen zu haben.[152] Soziale Teilhabe wird somit von einer erfolgreichen, kreativen und effektiven Positionierung in verschiedenen Lebensbereichen abhängig.[153]

---

150 Vgl. Fuchs 2018, S. 62.
151 Vgl. Rosa 2013, S. 25.
152 Vgl. Rosa 2013, S. 40.
153 Vgl. King u.a. 2018, S. 229.

II. Weiblicher Stress?

Es reicht nicht mehr, beruflich eine führende Position zu erreichen, diese wird lediglich als Zwischenstation angesehen. Nach oben gibt es keine Grenzen. Der technische und gesellschaftliche Fortschritt bietet zunehmend mehr Optionen und damit setzen Menschen sich häufig selbst unter Druck, da sie die meisten Optionen in der gefühlt knapp gewordenen Zeit mitnehmen wollen. Sie versuchen alle Möglichkeiten in der halben Zeit doppelt so schnell auszuschöpfen,[154] weil das Gefühl, dass die Zeit rasen würde, doch überwiegt, obwohl man weiß, dass es nicht stimmt.[155]

Diese Beschleunigung führt jedoch zur sozialen Entfremdung. Die Nachbarn in unmittelbarer Nähe sind zum Teil fremder als Personen auf einem anderen Kontinent über soziale Medien. Die Fülle an „Freunden" in den sozialen Medien führt dazu, dass die Beziehungen schnelllebig sind, anstatt, dass man mit den anderen Personen durch das ganze Leben zusammengeht.[156]

Die Beschleunigung und die damit zusammenhängende Entfremdung können mit der Zeit zu einer Erschöpfung und Depression führen, da die Menschen in der sozialen Welt sowie in der Welt der Dinge nicht mehr verortet sind.[157] Denn ein permanentes Kämpfen um Selbstoptimierung und Leistungssteigerung in einem nie stillstehenden Wettbewerb[158] führt langfristig zur psychischen Überforderung und gerade bei Frauen, mit dem Wunsch, Familie und Beruf optimal zu koordinieren, zu einem unlösbaren Optimierungsdilemma.[159] Daher wird es zukünftig von großer Bedeutung sein, eigene Bedürfnisse wahrzunehmen und diese gegebenenfalls zu reflektieren; zurückzustecken und sich dem Druck der Gesellschaft und der Wirtschaft notfalls zu widersetzen; nicht jedem Reiz nachzugeben und das eigenständige Denken zu bewahren.[160]

---

154 Vgl. Rosa 2013, S. 40.
155 Vgl. Precht 2018, S. 163.
156 Vgl. Rosa 2013, S. 141.
157 Vgl. Rosa 2013, S. 142.
158 Vgl. King u.a. 2018, S. 232.
159 Vgl. King u.a. 2018, S. 238.
160 Vgl. Precht 2018, S. 169.

5.2 Medizinische Deutung des Begriffes „Stress"

Unter Stress versteht man aus medizinischer Sicht allgemein eine Anspannung, welche sowohl psychischer als auch physischer Art sein kann. Diese Stressreaktion ist biologisch gesehen und vereinfacht dargestellt, ein funktionell überlebens-notwendiges Konstrukt, um einen Menschen möglichst schnell aus einer Gefahrenzone zu bringen.

Hans Selye, ein österreichisch-kanadischer Mediziner, welcher als Pionier der Stressforschung in den 50er Jahren gilt, erklärte aufgrund seiner Forschungsergebnisse an Ratten, dass der Stress die Summe aller Reize auf einen Organismus sei und leitete daraus ein allgemein gültiges Stressmodell ab. Danach gibt es vier Stadien der Stressreaktion. Er geht von einer „schablonenmäßige[n] physische[n] Reaktion" aus.[161]

Zunächst **nimmt** der Mensch **eine Gefahrensituation wahr (1)**, welche in die **Aktivierung aller körperlichen Ressourcen (2)** mündet. Schließlich erfolgt **eine Handlung (3)**, z.B. Flucht oder Gegenwehr und eine abschließende **Erholungsphase (4)**.[162] Das Problem liegt heutzutage nun darin, dass die moderne Welt nicht mehr geeignet ist, den alltäglichen Stress der über Jahrtausende erlernten Reaktionen abzubauen. Die durch den Stress aktivierten Energie-Reserven werden nicht mehr durch körperliche Aktivität wie z.B. Flucht oder aktive Gegenwehr, abgebaut, sondern verbleiben unter Umständen eine lange Zeit im Körper.

Hinzu kommt, dass das von Selye erstellte Stressreaktionsmodell in der Intensität nicht bei allen Menschen automatisch verläuft, sondern stark von der individuellen Stress-Wahrnehmung und der jeweiligen Situation abhängt.[163]

Mit dieser Wechselwirkung (Transaktion zwischen Person und Umwelt) hat sich Richard Lazarus, der amerikanische Stressforscher, ausführlicher beschäftigt. Er teilt die kognitive Bewertung in folgende Bereiche mit unterschiedlichen Funktionen auf:

---

161 Selye 1974, S. 110.
162 Vgl. Linneweh 1996, S. 18.
163 Ebd.

Eine Analyse bzw. eine Abwägung (**Primärbewertung**), ob der aktuellen Stresssituation **eine hohe, mittelmäßig hohe** oder **gar keine Bedeutung** beigemessen wird. Entsprechend der Analyse werden die eigenen Ressourcen bzw. Abwehr- oder Bewältigungsfähigkeiten geprüft, mit denen eine Bewältigung der Stresssituation angestrebt und die Konsequenzen aus dem möglichen Handeln geschätzt werden (**Sekundärbewertung**).[164]

Die ganz individuelle Einschätzung der Situation ist entscheidend, in wieweit eine bestimmte Situation als gefährlich empfunden wird. Grafisch vereinfacht dargestellt:

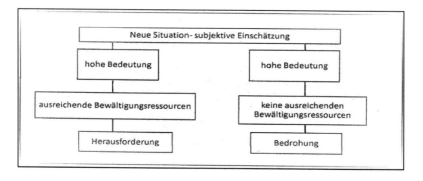

Abbildung 13. Vereinfachte Darstellung der Stressbewertung. Quelle: eigene Darstellung.

Diese Abwehr-Fähigkeiten sind die Summe aus allen subjektiven Erfahrungen im Leben, d.h. aus den bereits erfolgreich oder auch weniger erfolgreich überwundenen Stresssituationen.[165] Das daraus erlernte Abwehr- bzw. Handlungsverhalten wird ständig und unbewusst, sofern es sich in den früheren Stresssituation bewährt hat, in den neuen Stresssituationen zur Neubewertung eingesetzt.[166] Auf dieser Basis wird eine neue Stresssituation also entweder als negative Bedrohung oder eher als eine positive Herausforderung wahrgenommen.[167]

---

164 Vgl. Krohne 2017, S. 11.
165 Vgl. Rensing et al. 2013, S. 15.
166 Vgl. Degener/Hütter 2010, S. 19.
167 Vgl. Linneweh, 1996, S. 20.

Untersuchungen in der Stressforschung bestätigten, dass Stress durch ganz verschiedene Stressoren ausgelöst wird:
- durch physische Stressoren wie Lärm, Hunger, Hitze und Kälte, Strahlung, schwere körperliche Arbeit, Nässe, toxische Stoffe;
- durch organisatorische Stressoren wie Zeitdruck, starre Arbeitszeiten, ständige Unterbrechungen am Arbeitsplatz, eintönige Arbeit, permanent wechselnde und unzureichende Informationen, Fusionen von Unternehmen oder Stellenabbau;
- durch unklare Rollendefinition, welche mit einer Überforderung und/oder Rollenkonflikten einhergeht;
- durch soziale Stressoren wie soziale Ausgrenzung, seltene Kontakte zu Kollegen, Konflikte mit Kunden und Kollegen, Mobbing;[168]
- durch persönliche Stressoren aufgrund von zu hohen Anforderungen an sich selbst, mangelndem Selbstwertgefühl, starkem Selbstzweifel.

Doch was lösen diese Stressoren genau im menschlichen Körper aus? Wie läuft ein Stressprozess neurobiologisch gesehen ab?

5.2.1 Neuronale Ebene

Wie bereits dargestellt, können unterschiedliche Stressoren mannigfache Stresssituationen hervorrufen. Der Stressprozess durchläuft stets die gleichen Ebenen: Zunächst kommen alle Informationen im Neokortex an. Hier werden die ersten Wahrnehmungen gesammelt und als bedrohlich oder weniger bedrohlich eingestuft. Die nun wahrgenommenen Alarm-Signale werden an den Thalamus als „Zwischenstation" weitergeleitet, in welchem die erste Informationsaufbereitung stattfindet. Anschließend wird im limbischen System die Amygdala (der Mandelkern) aktiviert, welche für die Verarbeitung von Stressreaktionen und die Entstehung des emotionalen Verhaltens, wie z.B. Wut, Trauer oder Angst, ausschlaggebend ist.[169]

Damit ist die Verarbeitung der Informationen abgeschlossen, welche möglicherweise so stressrelevant empfunden werden, dass eine Reaktion als erforderlich angesehen wird. Der Hirnstamm, welcher für die

---

168 Vgl. Litzke u.a. 2013, S. 2.
169 Vgl. Rensing 2013, S. 102.

schnelle Aktivierung der Motorik verantwortlich ist, wird schließlich angeregt. Dies geschieht im zentralen noradrenergenen System, dem Locus coeruleus. Hier wird der für die Leistungssteigerung bei einer Gefahr oder für die erhöhte Aufmerksamkeit zuständige Neurotransmitter, Noradrenalin produziert und ausgeschüttet.[170] Das Nebennierenmark schüttet Adrenalin aus. Ferner wird ein weiteres Hormon, Cortisol, produziert. Diese hohe Konzentration der Hormone bewirkt eine gesteigerte Atmung, gesteigerte Blutzuckerwerte im Blut, eine höhere Herzfrequenz.[171] Darüber hinaus werden die Bronchien erweitert, die Schmerz-toleranz erhöht und die Muskulatur mit Nährstoffen versorgt,[172] während die weniger relevanten körperlichen Abläufe, d.h. alles, was bei Flucht oder Kampf hinderlich sein und unnötig Energie verbrauchen könnte, wie z.B. Verdauung oder Blasentätigkeit, heruntergefahren werden.

Diese Reaktionen im Gehirn laufen wie eine Kaskade ab und versetzen den Körper innerhalb von Millisekunden in Alarmbereitschaft. Der Mensch ist am Ende des Prozesses für eine Flucht oder einen Kampf optimal vorbereitet.

Nach dem Kampf oder einer erfolgreichen Flucht zerfällt das Noradrenalin und der Körper beruhigt sich.

Hält eine Stresssituation hingegen weiter an, wird ungebremst Noradrenalin freigesetzt. Das ganze System (limbisches System, präfrontaler Kortex, Amygdala) wird noch stärker aktiviert, bis schließlich auch die sogenannte Hypothalamus-Hypophysen-Nebennierenrinden-Achse angeregt ist. Diese Achse bewirkt eine erhöhte Abgabe der Hormone ins Blut, Cortisol und Corticitropes Releasing Hormon, welche für erhöhten Energienachschub sorgen.

Der Körper ist somit sowohl für kurzandauernde als auch für länger andauernde Stresssituationen optimal vorbereitet. Neue neuronale Verbindungen werden ausgebaut, neue erfolgreiche Bewältigungsstrategien werden dadurch abgespeichert, weniger erfolgreiche dagegen gelöscht. Stress fördert somit auch einen permanenten Lernprozess.[173]

---

170 Vgl. Kaluza 2015, S. 22.
171 Vgl. Kentzler u.a. 2010, S. 17.
172 Vgl. Siegrist 2018, S. 215.
173 Vgl. Kaluza 2015, S. 25.

Worauf unser Körper jedoch nicht gut vorbereitet ist, ist der absolute langanhaltende Dauerstress mit geringen, erfolglosen oder gar fehlenden körperlichen oder psychischen Bewältigungsstrategien. In diesem Fall greift der Dauerstress nicht nur Organe, sondern letztlich auch unser Gehirn an.

5.3 Schädliche Wirkung des Dauerstresses

Die wichtigste Energiequelle für die Zellen in Muskeln und Gehirn in einer Stresssituation ist Zucker, der über die Blutbahnen zu ihnen gelangt, mit Hilfe des Insulin-Hormons, welches als Schlüssel zu den Zellen fungiert. Aufgrund eines permanenten Stresszustandes kann es jedoch mit der Zeit zu einer Insulinresistenz und schließlich zur Glukoseverwertungsstörung kommen. Das Insulin reguliert die Aufnahme des Zuckers in den Zellen. Wenn der normale Insulinspiegel nicht mehr ausreicht, um die Regulierung der Zuckeraufnahme in den Zellen zu gewährleisten, weil die entscheidenden Stellen, die sogenannten Insulinrezeptoren, gestört sind, bleiben die Zellen ohne Energiezufuhr und gleichzeitig ist der Zuckerspiel im Blut extrem erhöht. Die für die Bewältigung einer Stresssituation notwendigen Neurotransmitter, beispielsweise für Gedächtnis, Gehirnkommunikation, Entspannung und Konzentration erreichen die Zellen nicht mehr.[174] Dies führt letztendlich zur Destabilisierung der neuronalen Schaltkreise.[175] Bei lang anhaltendem Stress versucht der Organismus, den Schaden, soweit es geht, zu minimieren, sodass ein stabiler Zustand möglichst bald wieder hergestellt werden kann.[176] Selye sprach von einer „Anpassungsenergie" und davon, dass diese in ihrer Wirkung nicht unbegrenzt vorhanden ist. Nach seiner Überzeugung hinterlässt jede Stresssituation eine „chemische Narbe".[177] Ferner geht er davon aus, dass zudem zwischen „oberflächlicher und tiefsitzende[r] Anpassungsenergie"[178] unterschieden werden muss. Die oberflächliche Anpassungsenergie wird also für

---

174 Vgl. Nold/Wenninger 2014, S. 107.
175 Vgl. Kaluza 2015, S. 25.
176 Vgl. Rensing u.a. 2013, S. 13.
177 Selye 1974, S. 72.
178 Ebd.

die kurzfristigen und akuten Stresssituationen gebraucht. Für die längerdauernden Stresssituationen benötigt der Körper schon mehr Energie und greift die tiefersitzenden Energiereserven, welche eigentlich für das ganze menschliche Leben reichen sollten, an. Bei Dauerstress, also bei einer zeitlichen Phase, welche nicht nur wenige Wochen andauert, sondern über Monate hinweg verläuft, können somit die eisernen Energiereserven aufgebraucht werden. Sind diese leer, greift der Körper das, wie Selye es bildlich darstellt, „schwächste Glied in der Kette" an. Welche Organe oder Fähigkeiten das sein sollen, hängt stark von biologischen (Alter und/oder Geschlecht), genetischen und medizinischen (z.B. Medikamenten-Einnahme) Faktoren ab.[179] Als Beispiel für die schädliche Wirkung von Dauerstress können hier Gedächtnisstörung, Aufmerksamkeitsstörung, Müdigkeit, Tinnitus, Magen-Darmbeschwerden, Lethargie, Kopf- und Rückenschmerzen oder Depression benannt werden.[180]

Der Organismus versucht nun aus dieser für ihn unangenehmen Situation möglichst schnell heraus zu kommen, um den Druck zu minimieren, und wendet je nach subjektiver Ressourceneinschätzung unterschiedliche Schutz- bzw. Coping-Mechanismen an.

6. Coping oder Stressbewältigungsstrategien

Stressbewältigung oder Coping [181] ist die Summe aller kognitiven und verhaltensmäßigen Bewältigungsmaßnahmen, welche eine Stressquelle nicht nur kontrollieren, sondern auch den daraus folgenden emotionalen Zustand regulieren.[182] Sie sollen den Stress möglichst reduzieren oder den Organismus an die neue Situation anpassen.[183]

Unter Bezug auf Lazarus u.a. benennt Heinz Walter Krohne insgesamt zwei verschiedene Coping-Strategien: **das problem-** und **das emotionsbezogene Coping**. Während eine Person bei problembezogenem

---

[179] Vgl. Selye 1974, S. 78.
[180] Vgl. Kaluza 2015, S. 33.
[181] von englisch to cope with, „bewältigen, überwinden"
[182] Vgl. Krohne 2017, S. 80.
[183] Vgl. Krohne 2017, S. 12.

Coping sich aktiv der stressauslösenden Situation zuwendet, z.B. durch das Suchen eines Gesprächs mit einem Kollegen, also einer **realen Suche** nach Lösungen, um den Stress zu reduzieren[184], wird nach Lazarus durch ein emotionsbezogenes Coping eine Stressbewältigung primär durch eine Emotionsregulation erreicht, d.h. es zielt auf die Veränderung des eigenen emotionsbedingten subjektiven Verhalten.[185] Hier wird in erster Linie versucht, durch die Emotionsregulation den Stress zu bewältigen, beispielsweise durch eine Ablenkung oder Verdrängung.

Welche Bewältigungsstrategie gewählt wird, hängt nicht zuletzt davon ab, welche Relevanz und welche zeitliche Dauer eine stressbehaftete Situation hat und – ob diese kurz bevorsteht oder in einer fernen Zukunft liegt. Wobei hier die beiden Bewältigungsstrategien auch genauso parallel angewendet werden können.[186]

Die Differenzierung der Bandbreite des problembezogenen Copings, z.B. Kampf, oder Aggression jeglicher Art, bzw. emotionsbezogener Stressregulation wie die Suche nach instrumenteller Unterstützung, Verdrängung oder Rationalisierung ist groß und letztendlich nicht abschließend.

Linniweh sieht vor allem in Bezug auf die emotionale Reaktion sechs mögliche Abwehrformen:[187]

Verschiebung	Ersatzbefriedigung für den nicht erfüllten Wunsch in einem anderen Bereich: wenn einem eine Karriere im Unternehmen verwehrt wird, engagiert man sich, um die gewünschte Anerkennung doch noch zu bekommen, umso stärker in einem Sportverein.
Rationalisierung	Eine nachträgliche Umwandlung der Absicht oder des Wunsches, so dass das ganz andere Ergebnis für einen annehmbar ist.
Reaktionsbildung	Man verlagert die Energie des nicht erfüllten Wunsches auf den aktuellen, in der Hoffnung, nun die gewünschte Erfüllung zu bekommen.

---

184 Ebd.
185 Vgl. Kohlmann/Eschenbeck 2018, S. 52.
186 Vgl. Krohne 2017, S. 13.

Regression	Versetzen auf eine frühere Entwicklungsphase, welche einem z.B. Entlastung, Leichtigkeit, Fürsorge oder Liebe bedeuten könnte.
Projektion	Verlagerung der eigenen unerfüllten Wünsche auf eine andere Person, welche diese nun erfüllen soll.
Verdrängung	Die unangenehmen Details oder gar die Gesamtsituation verdrängen oder löschen. Die Situation wird später als nicht so schlimm, nur vage oder als komplett vergessen wahrgenommen. So wird die Spannung lediglich in das Unterbewusstsein verlagert.

Wann welche der Abwehrmechanismen angewendet werden, hängt nicht nur von der Persönlichkeit ab, sondern auch von der sozialen Umwelt und von Druck- und Spannungssituationen.[188] Die Abwehrmechanismen dienen der Stressminderung und der Stabilisierung des Organismus. Auf lange Sicht jedoch, wenn die möglichen Stressursachen nicht beseitigt sind, können sie, wie bereits erwähnt, in eine psychische und/oder in eine psychosomatische Symptomatik münden.

7. Reagieren Frauen auf Stress anders als Männer?

Der Stress gehört zum Leben und hat sowohl nützliche als auch schädliche Wirkungen auf den Organismus. Der eigentliche Stressprozess im Körper ist zunächst ein sinnvolles und ausgeklügeltes Instrument zur Bewältigung der Herausforderungen im Alltag. Er fördert einen Lernprozess, welcher am Ende die bewährten Bewältigungsstrategien abspeichert. Auf lange Sicht kann er aber auch die notwendigen Prozesse im Organismus stören oder sogar zerstören und nicht nur zu psychischen Erkrankungen, wie der oben exemplarisch genannten Depression führen, sondern auch zu einer messbaren Organschädigung, wie beispielsweise Krebs oder einer kardiovaskulären Störung.[189]

---

187 Vgl. Linneweh 1996, S. 55.
188 Vgl. Linneweh 1996, S. 57.
189 Rensing u.a. 2013, S. 119.

Doch in wieweit der Körper den Stress als Belastung wahrnimmt, hängt allein von der persönlichen Einschätzung der Stresssituation und den Bewältigungsressourcen ab. Die gleichen Stressoren haben auf die eine oder andere Person also unterschiedliche Auswirkungen.

Allgemein wird vermutet, dass die Häufigkeit der Depressions- und Angststörungs-diagnosen auf geschlechterunterschiedlichen Stressreaktionen beruht. Typischer-weise berichten Frauen über größere negative Reaktionen auf psychologische Stressfaktoren als Männer.[190] Reagieren Frauen also anders auf Stress? Diese These wurde wissenschaftlich bis heute nicht allgemeingültig bewiesen.

Zwar wurden in der Vergangenheit zahlreiche Studien veröffentlicht, in welchen die geschlechtlichen Unterschiede bei Bewältigungsstrategien untersucht wurden. Die Evaluierung dieser ist wegen ihrer Komplexität enorm schwierig, zumal hier beispielsweise unterschiedliche Begriffe für die Stressbewältigung verwendet werden oder ein und dasselbe Verhalten unterschiedlich definiert wurde.

Taylor u.a. haben zwischen 1985 und 2000 insgesamt 200 Studien auf geschlechtsspezifische Verhaltensmuster untersucht. Ihrer Ansicht nach sind die Stressreaktionen der Frauen von einer tend-and-befriend"- Strategie gekennzeichnet, die zur Pflege des eigenen Nachwuchses unter stressigen Bedingungen sowohl die Verbindung mit sozialen Gruppen sucht, insbesondere Frauennetzwerken, als auch zur Entwicklung solcher Gruppen beiträgt. Dies Verhalten sei geeignet, Ressourcen und Aufgaben zu teilen, dadurch die eigene Verletzlichkeit zu verringern, und könnte sich durchaus gemäß den Prinzipien der natürlichen Auslese entwickelt haben. Die Aspekte dieser spezifisch weiblichen Stressreaktionen könnten auf einem biogenetisch gesteuerten Verhaltenssystem aufgebaut sein, das von hormonellen und endogenen Mechanismen abhängig sein könnte.[191]

Tamres u.a. haben in einer Meta-Analyse[192] von der University of Pittsburgh School of Nursing im Jahr 2002 zahlreiche Studien zusammengefasst und im Ergebnis herausgefunden, dass Frauen zunächst häufi-

---

190 Vgl. Kelly u.a. 2008, S. 87.
191 Vgl. Taylor u.a. 2000, S. 421 ff.
192 Zusammenfassung von vorhandenen Studien mit quantitativen und statistischen Mitteln zu Meta-Daten

ger als Männer zu den meisten Bewältigungsstrategien greifen. Weiterhin haben sie festgestellt, dass die größte diesbezügliche Differenz bei Geschlechtern im verbalen Kontakt mit anderen (Suche nach emotionaler Unterstützung) und mit sich selbst (Grübeln, positive Selbstgespräche) bestand. Und schließlich berichteten Frauen über eine höhere Resignationstendenz. Diese Differenz ist studienübergreifend festzustellen. In den meisten Studien haben Frauen die Stressursache als solche viel schlimmer empfunden als Männer.[193]

In einer Studie von Khashabi über geschlechterspezifische Stresswahrnehmung und Stressbewältigung am Arbeitsplatz im Jahr 1996 wurden 120 Personen, davon 60 Frauen, in unterschiedlichsten Betrieben untersucht. Dabei wurden signifikante Unterschiede bei den Stressfaktoren, welche die persönliche Befindlichkeit und Probleme in der Familie (Kinder) betreffen, festgestellt. Sie waren signifikant stärker als bei den Männern. Insgesamt zeigte sich im Ergebnis, dass Frauen aufgrund ihrer verschiedenen gesellschaftlichen Rollen sowie in Bezug auf ihre persönlichen Bedürfnisse und in Bezug auf ihr Selbstvertrauen deutlich mehr gestresst sind, als Männer. Bei den Bewältigungsstrategien tendieren Frauen zunächst zur Distanzierung und Resignation, verbunden mit negativer Emotion wie Aggression, also einem emotionsorientierten Coping, bevor sie schließlich im nächsten Schritt im Sinne von problemorientiertem Coping aktiv werden.[194]

Eine weitere Studie, „Krankheitsverarbeitung, perioperativer Stress und Lebensqualitäten von Tumor Patientinnen und ihren Angehörigen" in vier Berliner Kliniken zeigte bei 384 Patienten, davon 162 Frauen, welche auf geschlechts-spezifische Bewältigungsstrategien gerade bei einem so starken Stressor wie einer lebensbedrohlichen Erkrankung untersucht wurden, dass Frauen im Ergebnis in höherem Maße emotionsorientierte Bewältigungsstrategien einsetzten als Männer. Ebenso wurde bei Frauen eine höhere Neigung zu Depressivität als bei Männern festgestellt.[195]

Nur wenige Jahre später wurden in einer weiteren Studie von M. Kelly und ihren Kollegen vom Butler Hospital in Providence 32 Frauen

---

193 Vgl. Tamres u.a. 2002, S. 26.
194 Vgl. Khashabi 1996, S. 189.
195 Vgl. Kendel u.a. 2004, S. 52.

und 30 Männer durch eine Evaluation der geschlechtsbezogenen Unterschiede bei der Reaktivität zu sozialen Stressherausforderungen untersucht. Die Teilnehmer haben einen standardisierten psychologischen Stresstest (Trier Social Stress Test) abgeschlossen, in welchem verschiedene physiologische (z.B. Cortisol, Reaktion, Herzschlag) und psycho-logische (z.B. Depressionen, Reizung, Wut oder Angst) Messwerte beurteilt wurden.

Das Ergebnis zeigte, dass Frauen mit größerer Wahrscheinlichkeit als Männer über ein höheres Maß an negativen Auswirkungen und Angst bei Herausforderungen durch sozialen Stress berichten. Im Gegensatz zu dieser Wahrnehmung unterschieden sie sich aber im Bereich des autonomen Erregungsmechanismus und der Cortisol-Reaktivität nicht signifikant.[196] Diese Ergebnisse wurden in weiteren Studien bestätigt, welche ebenso keine signifikanten geschlechtsspezifischen Unterschiede im Emotionserlebnis oder in der Fähigkeit, emotionsrelevante Reize im Gedächtnis abzuspeichern, gefunden haben.[197]

Unterschiede konnten jedoch bei der Regulation von Stress festgestellt werden. Frauen würden sich deutlich gestresster als Männer fühlen, wenn sie während einer Aufgabe ihre negativen Gefühle bewusst unterdrücken bzw. unter Kontrolle bringen sollten.[198]

Diese Ergebnisse stimmen nach der Auslegung von Kelly u.a. mit den vorangehenden Studien überein und unterstützen ihrer Ansicht nach ferner die Auffassung, dass Frauen, im Durchschnitt, eher dazu neigen würden, stressige Ereignisse im Leben stressiger zu empfinden wie die Männer. Diese grundlegenden Geschlechterunterschiede bei der Wahrnehmung von und der Antwort auf Stress könnten eine Anfälligkeit der Frauen für die nachfolgende Entwicklung von Depressionen und Angstzuständen darstellen, speziell in Situationen bei chronischem Stress.[199]

---

196 Vgl. Kelly 2008, S. 96.
197 Vgl. Schnienle 2007, S. 157.
198 Vgl. Derntl 2018, S. 137.
199 Vgl. Kelly 2008, S. 96 ff.

8. Zwischenfazit

Insgesamt lässt sich feststellen, dass die Studien über die geschlechtsspezifische Stresswahrnehmung und Stressbewältigung sehr kontrovers sind und bei der Frage nach Lösungen, wie Frauen bei der Stressbewältigung gestärkt werden können, keine eindeutige Basis bieten. Die Analyse der Studien zeigten, dass die neurobiologischen und hormonellen Einflüsse zwar plausibel erscheinen, aber nicht endgültig bewiesen sind. Häufig wurde keine Unterscheidung der Art der Stressoren vorgenommen, aber die Reaktionen auf Stress können je nach Art der Stressoren unterschiedlich sein: beispielsweise bei vorhersehbarem oder bei chronischem Stress. Die neuroendokrine Basis der Stressantworten könnten sowohl mit dem weiblichen Zyklus als auch mit Ereignissen wie Pubertät, Schwangerschaft, Stillen und Menopause variieren, zumindest gibt es diesbezügliche Hinweise bei weiblichen Rhesus-Affen.

Außerdem ist die Biologie weniger Schicksal als zentrale Tendenz, die aber mit sozialen, kulturellen, kognitiven und emotionalen Faktoren interagiert und damit zu einer erheblichen Flexibilität des menschlichen Verhaltens führt.[200]

Die Studien geben dennoch zahlreiche Hinweise darauf, dass Frauen

- einerseits unter stressigen Bedingungen die Verbindung mit sozialen Gruppen, insbesondere Frauennetzwerken, suchen;
- anderseits eher dazu neigen, stressige Ereignisse im Leben als stressiger zu empfinden als Männer;
- aber über ein höheres Maß an negativen Auswirkungen und Angst bei Herausforderungen durch sozialen Stress berichten;
- in Bezug auf gesellschaftliche Rollen sowie auf persönliche Bedürfnisse und in Bezug auf Selbstvertrauen deutlich mehr gestresst sind, als Männer;
- und bei der Regulation von Stress sich deutlich gestresster als Männer fühlen.

In einer tiefenpsychologischen Untersuchung des Rheingold Instituts 2016–2017 im Auftrag der Protecter & Gamble Company wurden über

---

[200] Vgl. Taylor u.a. 2000, S. 422.

1000 Frauen zu ihrer Lebenssituation befragt. Rund 69 Prozent gaben an, sich gedrängt zu fühlen, die Mutterrolle zu übernehmen und immer 120 Prozent geben zu müssen. 72 Prozent wollen alles perfekt machen und fast jede zweite Frau wird ständig von schlechtem Gewissen geplagt, das soziale Umfeld (Familie, Freunde oder Partner) zu vernachlässigen. Die Familie, welche häufig als Ruhepol oder Rückzugsort (92 Prozent) betrachtet wird, wird von Frauen gleichzeitig als Arbeitsort betrachtet (69 Prozent). Fast jede zweite Frau vernachlässigt im Alltag ihre Bedürfnisse.[201]

Sie fühlen sich in Bezug auf ihr gesundheitliches Wohlbefinden im Zusammenhang mit psychosozialen Arbeitsbelastungen stärker beeinträchtigt als Männer, obwohl es statistisch keine signifikanten Geschlechterunterschiede in Gratifikationserfahrungen gibt.[202]

Der Grund für die subjektive Wahrnehmung einer Stresssituation und für Erschöpfungszustände könnte also der Druck der eigenen und fremden Erwartungen sein und die Angst, diesen nicht gerecht zu werden. Vor allem Frauen, welche neben der Familie noch arbeiten, haben sehr häufig den Anspruch, beide Betätigungsfelder perfekt zu organisieren, die an sie gestellten Aufgaben in beiden Bereichen zu vollster Zufriedenheit zu erledigen.

Noch zu Beginn des 20. Jahrhunderts wurde erwartet, dass die Frauen ihre Karriere oder einen Vollzeitjob zu Gunsten der Familie opfern. Heutzutage ist die Gesellschaft zwar viel liberaler und nicht mehr auf die Mutter und Hausfrau-Rolle der Frau alleine fixiert, weil auch die Familienkonstellationen sich im Laufe der Zeit gewandelt haben (z.B. Patchwork-Familien, gleichgeschlechtliche Paare usw.). Dennoch sind nach wie vor die Frauen diejenigen, welche in der Regel die Doppelbelastung von Familie und Beruf übernehmen.

Nazroo u.a. fanden in einer Studie heraus, dass Frauen in Bezug auf höhere Depressivität sich weder biologisch noch hormonell von den Männern unterscheiden. Stattdessen weisen Frauen in Familien mit einer traditionellen Rollenverteilung eine deutlich stärkere Depressionsvulnerabilität als Männer auf. Sobald aber diese Rollenverteilung

---

201 Vgl. Procter & Gamble 2017
202 Vgl. Siegrist u.a. 2006, S. 526.

nicht mehr vorlag, zeigten die Männer die gleiche Stress-Vulnerabilität wie Frauen.[203]

Schlussendlich ist die neurobiologische und hormonelle Basis der Stressreaktionen in der Gegenwart nicht mehr so wichtig wie zu ihrer urzeitlichen Entstehung. Entscheidend ist heute vielmehr soziales Rollenverhalten, auch wenn es nicht alleine für Stressreaktionen verantwortlich ist.[204]

Aufgrund der oben dargestellten Studienergebnisse es ist offensichtlich, dass Frauen inzwischen mehreren Tätigkeiten nachgehen, welche gleichermaßen viel Energie und Verantwortung abverlangen, was häufig zu höherem Stresslevel führen. Man kann also schlussfolgern, dass der eigene Anspruch an sich selbst und der Wunsch, der Gesellschaft zu beweisen, dass man das Berufliche und das Private mit einander vereinbaren kann, bei mangelndem Selbstwertgefühl und unzureichenden Ressourcen häufig zu einer Überforderung führt.

9. Digitalisierung 4.0. Neue Möglichkeiten – gleiche Bedürfnisse

Das Digitalisierungszeitalter wird ohne Zweifel kommen und damit neue Arbeits- und Lebensformen ermöglichen. Wie bereits zu Anfang ausführlich dargestellt, könnte diese von der Digitalisierung erhoffte Entlastung der Frauen neue Stressfaktoren mit sich bringen. Denn einerseits werden gerade Frauen in dieser Möglichkeit der Arbeitsflexibilität in ihrer Doppelrolle als Mutter und Angestellte festgelegt, weil trotz der erfolgten Gleichstellungsanstrengungen der Gesellschaft und der Politik (in der Arbeitswelt und in der Wirtschaft), die Frauen sich nach wie vor schwerpunktmäßig um die Familie kümmern. Andererseits bietet die Digitalisierung auch Chancen für alle hochqualifizierten Frauen, welche ohne diese Arbeitsweltwandlung unter ihren Potenzialen bleiben würden.

Es gilt die neue Arbeitswelt und die damit verbundenen Chancen nicht sofort abzuwerten, sondern neben den Chancen auch die Risiken rechtzeitig zu erkennen, sich den Herausforderungen zu stellen und

---

203 Vgl. Nazroo u.a. 1998, S. 1083.
204 Ebd.

sich auf die möglichen Stresssituationen möglichst optimal vorzubereiten, indem man Stressfaktoren rechtzeitig erkennt und nach geeigneten Lösungen sucht. Wenn aber die Rahmenbedingungen auf der Arbeitsebene nur bedingt verändert werden können, da die betrieblichen Strukturen über Jahre gewachsen sind und/oder sich möglicherweise nicht so schnell verändern und an die neuen Erfordernissen der digitalen Welt anpassen können, können die Frauen in erster Linie nur ihre Stresswahrnehmung und Stressregulation ändern.

Doch welche psychologischen Modelle sind hier in Bezug auf eine präventive oder stabilisierende Wirkung von Bedeutung?

9.1 Salutogenese

Die Wissenschaft sucht und probiert seit Jahrzehnten verschiedene psychologische Ansätze zur Stressbewältigung aus. Die ersten Impulse sind von dem amerikanischen Soziologen Aaron Antonovsky ausgegangen. Antonovsky beschäftigte sich mit der Frage, weshalb Menschen bei gleicher Stress-Ausgangslage unterschiedlich belastbar und unterschiedlich krank sind. Im Jahre 1979 veröffentlichte er seine Ergebnisse im Buch „Health, Stress and Coping" und stellte darin sein Salutogenese-Konzept vor. Grundlage für das Konzept waren die Ergebnisse einer empirischen Forschungsarbeit aus dem Jahre 1970. Im Rahmen dieser wissenschaftlichen Arbeit untersuchte er neben dem Gesundheitszustand der Frauen von unterschiedlicher Abstammung und Herkunft ebenso ihre emotionale Gesundheit. Diese Frauen erlebten die Zeit zwischen 1914–1923 in Mitteleuropa, geprägt von Kriegen und Entbehrungen, viele von ihnen hatten im zweiten Weltkrieg einen Teil ihrer Lebenszeit in Konzentrationslagern verbracht. Bei seinen Untersuchungen hat Antonovsky jedoch folgendes festgestellt: Viele der Frauen waren zwar gesundheitlich und psychisch belastet Doch eine nicht unerhebliche Anzahl dieser Frauen konnte sich trotz der Erlebnisse des Holocausts durchaus stabil auf eine neue Lebensphase einstellen. Aufgrund dieser Ergebnisse stellte er die zuvor herrschende Meinung der Gesundheitsdefinition mit einer klaren pathogenetische Trennung zwischen Gesundheit und Krankheit in Frage und stellte weiterhin die These auf, dass alle Menschen mehr oder weniger krank bzw. gesund sind. Gesundheit ist für ihn also kein statischer Zustand, sondern ein dynamisches System, welches sich ständig anpasst, je nach Herausforderung. Hier vertritt Antonovsky die gleiche Auffassung wie Lazarus, wonach die Stressoren nicht von vorne herein als nur krankmachend, sondern vielmehr als Stimuli betrachtet werden sollen. Krankheit ist für Antonovsky ferner ein fester Bestandteil des menschlichen Daseins und ein normaler Prozess. Wie gut die Menschen mit den jeweiligen Herausforderungen zu Recht kommen, hängt seiner Meinung nach vom ganz individuellen Kohärenzgefühl ab.

9.2 Das Kohärenzgefühl (Sense of Coherence (SOC))

Antonovsky unterteilt dieses Kohärenzgefühl in drei Bestandteile:

I. Das Gefühl der Verstehbarkeit (sense of comprehensibility)

Der Mensch ist in der Lage, seine Umwelt kognitiv als „geordnete, konsistente, strukturierte Information"[205] zu verarbeiten. Er versteht also, wie und nach welchen Regeln das Zusammenwirken verschiedener Systeme geschieht, und erfährt seine Umwelt daher nicht als ordnungslos und nebelhaft.

II. Das Gefühl der eigenen Handlungsfähigkeit (sense of manageability)

Der Mensch ist grundsätzlich davon überzeugt, dass er die herausfordernde Situation bewältigen kann. Dabei ist es nicht wichtig, ob er tatsächlich über die hierfür erforderlichen Kompetenzen verfügt, sondern allein der Glaube an bzw. die Überzeugung von den eigenen Stärken/Fähigkeiten ist ausreichend, um mit der neuen Situation zurecht zu kommen.

III. Das Gefühl der Sinnhaftigkeit (sense of meaningfulness)

Der Mensch versteht sein Leben als grundsätzlich sinnvoll. Und zwar im emotionalen Sinne, nicht nur im kognitiven Sinne: gemeint ist das „Ausmaß, in dem man das Leben als emotional sinnvoll empfindet:

---

205 Bengel/Lyssenko, 2012, S. 16.

Dass wenigstens einige der vom Leben gestellten Probleme und Anforderungen es wert sind, dass man Energie in sie investiert, dass man sich für sie einsetzt und sich ihnen verpflichtet, dass sie eher willkommene Herausforderungen sind als Lasten, die man gerne los wäre."[206] Ein starkes Kohärenzgefühl versetzt den Menschen in der Lage, viele Herausforderungen erfolgreich und flexibel bewältigen zu können, während die Menschen mit einem schwach ausgeprägten Kohärenzgefühl sich „starr und rigide"[207] verhalten würden. Nach Antonovsky entsteht ein Kohärenzgefühl im Laufe der Kindheit und Jugend, wird von vielfältigen Erfahrungen geprägt und ist im Erwachsenenalter mit 30 Jahren ausgebildet und stabil. Eine nachträgliche Veränderung des Kohärenzgefühls hält Antonovsky für unwahrscheinlich. Diese hält er nur dann für möglich, wenn eine radikale Wendung im Leben eines Individuums vollzogen wird, wie z.B. ein Arbeitsplatz- oder Wohnortwechsel oder eine Veränderung des Familienstandes.[208] Die Stärke eines Kohärenzgefühls hängt von der Balance zwischen den erlebten Erfolgen und Misserfolgen ab. Nur ein ausbalanciertes Kohärenzgefühl ist stark. Ist einer der drei Bereiche schwach ausgeprägt, also nur mit negativen Erfahrungen besetzt, ist das Kohärenzgefühl schwach und die Widerstandsfähigkeit eines Menschen entsprechend klein.

Der Ansatz von Antonovsky erklärt mit seinem Kohärenzmodell die menschliche Widerstandsfähigkeit, begrenzt deren Zunahme jedoch nur auf einige wenige relativ frühe Lebensjahre. Damit wäre aber eine präventive Einflussmöglichkeit bloß in der Kindheit und Jugendzeit möglich.

9.3 Resilienz

Auf der Basis der Salutogenese sind jedoch parallel zur Konzeption des Kohärenzgefühls in den letzten Jahren weitere Konzepte/Erklärungsversuche zur psychischen Krankheitsbewältigung entstanden. Sie set-

---

206 Antonovsky, 1997, Übersetzung durch Alexa Franke, S. 35.
207 Bengel/Lyssenko, 2012, S. 17.
208 Bengel u.a. 2001, S. 31.

zen dort an, wo Antonovsky die Grenzen der nachträglichen Reife/Veränderung des Kohärenzgefühls sieht.

Resilienz ist ein Oberbegriff für verschiedene diesbezügliche Forschungsrichtungen. Die Resilienz bzw. Vulnerabilitätsforschung[209] beschäftigt sich mit „stabile[n] und gesunde[n] Persönlichkeits- und Verhaltensentwicklungen [...], die trotz ungünstiger frühkindlicher Belastungen und Erfahrungen eingetreten sind"[210]. Menschen, wie Frauen mit Konzentrationslagererfahrung, wie vorhin dargestellt, welche trotz dieser belastenden Lebensphase psychisch stabil, oder Kinder, welche in Armut, in Drogenmilieus oder in Gewalt aufwachsen und trotzdem später erfolgreich sind – werden als resiliente Personen bezeichnet.[211]

Der amerikanische Forscher, Richard Davidson konnte jedoch in seinen Forschungen an meditierenden tibetischen Mönchen eine Aktivierung im linken präfrontalen Kortex nachweisen. Diese Aktivierung bedeutet, dass eine konstruktive Umstrukturierung der bisher als stressig erlebten Reize und damit eine Verbesserung der Resilienz noch nach dem dreißigsten Lebensjahr möglich ist.[212]

Resilienz ist nach Bengel/Lyssenko, im Gegensatz zu Antonovskys Kohärenzgefühl, dynamisch und entwickelt sich zeitlebens in permanenter Auseinandersetzung mit der Umwelt. Sie ist nicht starr und kann unterschiedlich stark, je nach Lebensphase und Lebenssituation, ausgeprägt sein. Menschen können außerdem in Bezug auf unterschiedliche Stressoren unterschiedlich resilient sein. Während der eine Stressor gut bewältigt werden kann, können andere Stressoren demselben Menschen wiederum massive Probleme bereiten. Auch eine ganz individuelle Veranlagung spielt eine Rolle. So können Menschen beispielsweise mit einer ausgeprägten Sozialkompetenz in diesem Bereich auf Stressoren adäquat reagieren und im Gegensatz dazu in anderen Bereichen mit anderer intellektueller Leistungsfähigkeit keine geeigneten Bewältigungsstrategien haben.[213]

---

209 Bedeutung: Verwundbarkeit
210 Bengel u.a. 2001, S. 88.
211 Vgl. Blickhan 2015, S. 48.
212 Vgl. Blickhan 2015, S. 53.
213 Vgl. Bengel/Lyssenko 2012, S. 27.

Wie stark Resilienz ausgeprägt ist, hängt nicht zuletzt von dem Vorhandensein der Risiko- und Schutzfaktoren ab. Damit beschäftigt sich die Resilienzforschung bereits seit Jahren.

9.3.1 Stress- und Schutzfaktoren in der Resilienz

Bengel/Lyssenko haben in ihrer Metaanalyse zu Stressfaktoren eine Vielzahl an Studien ausgewertet und unter anderem folgende Stressoren kategorisiert:

Pflege, familiäre Belastung und Weiteres	Eltern von behinderten Eltern, Mütter von Kindern mit Asthma, Pflege von dementen Angehörigen, Pflege von behinderten und psychisch erkrankten Angehörigen, alleinerziehende Mütter, arbeitssuchende Insassinnen eines Frauengefängnisses ...
Unfälle und weitere Traumata	Verkehrsunfälle, verschiedene Traumata, diverse Unfälle...
Tod einer nahestehenden Person	Verlust eines Kindes, Ehepartners, von chronisch kranken und pflegebedürftigen Angehörigen, Verlust durch Suizid...
Chronische körperliche Erkrankungen und Behinderungen	chronische Schmerzen, Diabetes, Multiple Sklerose, Schlaganfall, Krebserkrankung...
Psychische Erkrankungen	Depression, antisoziale Persönlichkeits-störung, Schizophrenie, Substanz-abhängigkeit...
Besonders stressbelastete Berufe	Unternehmer/-innen, Manager/-innen, Professoren/-innen, Anwälte/Anwältinnen, Fachleuchte, die mit misshandelten Kindern arbeiten, Polizisten/-innen, Krankenpfleger/-innen, Lehrkräfte und Mobbing-Opfer...

Doch diese Tabelle könnte ergänzt werden. Lazarus stellte in seiner Forschungsarbeit nämlich fest, dass sich die alltäglichen Ärgernisse viel stärker auf die Gesundheit und die Stimmung auswirken als die „großen" Schicksalsschläge. Der Großteil des Stresses resultiert seiner Meinung nach aus ganz alltäglichen, sich ständig wiederholenden Lebensbedingungen.[214] Die oben aufgeführten Stressoren sind daher zu erweitern:

Alltagsstressoren	Gewichtsprobleme, Verteuerung der Gebrauchsgüter, Hausarbeit, Dinge verlieren oder verlegen, Arbeiten an Haus und Garten, Arbeitsüberlastung, Kriminalität, Aussehen, Eigentum, Investitionen, Steuern…

Die beruflichen Stressoren im Digitalisierungszeitalter werden ebenso zunehmen und zum Teil eine andere Form annehmen:[215]

Stressoren in der digitalen Welt	wachsender Termindruck, Informationsflut, ständige Erreichbarkeit, Abgrenzungs-probleme, Mehrarbeit, Zementierung der klassischen Rollenverteilung, Home-Office als Druckmittel…

Begleitet wird der subjektiv empfundene Stress weiterhin häufig von Leistungsangst und sozialer Angst.

9.3.1.1 Leistungsangst

Angst ist ein evolutionär bedingtes und überlebensnotwendiges Gefühl, wenn eine Situation als bedrohlich eingeschätzt wird. Wie bereits im Eingang der Arbeit dargestellt, entstehen Stress und ebenso auch Angst immer dann, wenn die eigenen Handlungsmöglichkeiten in einer neuen oder unübersichtlichen Situation als unzureichend einge-

---

214 Vgl. Lazarus 1982, S. 48.
215 Vgl. Lechleiter u.a. 2017, S. 40.

stuft werden. Im Mittelpunt steht eine akute Bedrohung des Selbstwertes. Diese Angst kann die Leistung potenziell beeinträchtigen.
Hier soll jedoch nicht die akute Angst betrachtet werden, sondern vielmehr eine unterschwellige Ängstlichkeit bzw. Besorgtheit. Die meist erforschte Ängstlichkeit ist die Leistungsangst.[216] Leistungsangst ist „…die Besorgtheit und Aufgeregtheit angesichts von Leistungsanforderungen, die als selbstwertbedrohlich eingeschätzt werden".[217]
Ängstliche Personen beziehen soziale Bewertungsmöglichkeiten auf sich und sind stückweise mehr mit sich selbst als mit den anstehenden Herausforderungen beschäftigt. Sie haben Angst, einen öffentlichen Misserfolg zu erleben, nehmen eine Selbstabwertung durch das eventuelle Versagen bereits vorweg und fühlen sich für das mögliche oder bereits stattgefundene Versagen allein verantwortlich.[218] Dagegen richten die Nicht-Ängstlichen ihre Energie auf die Lösung des Problems.[219] Diese Feststellung bestätigt die Differenzierung des Copingsverhaltens in Stresssituationen nach Walter Krohne, also die Unterscheidung nach emotional bezogenem und problembezogenem Coping.
Ist eine ängstliche Person erregt, so sinkt gleichzeitig deren Aufmerksamkeit bei gleich ansteigender Flut an Reizen. Am Schluss nimmt die ängstliche Person nur noch einen Teil der Gesamtreize wahr, und zwar mit einer deutlich verringerten Aufmerksamkeit, mit dem Ziel, die eigentliche Aufgabe, möglicherweise mit mehreren Teilaufgaben, lösen zu müssen. Diese Reaktion wird bei den ängstlichen Personen darauf zurückgeführt, dass sie früher bei den Lernaufgaben schlechter abgeschnitten haben, also auf den Misserfolg und eine schlechte öffentliche Bewertung. Aus diesem Grund wenden sie nun die ganze Aufmerksamkeit mehr der öffentlichen Bewertung als der eigentlichen Leistungsaufgabe zu.
Ein weiterer Aspekt ist in diesem Zusammenhang wichtig. Die Ängstlichen machen bei einem Erfolg am allerwenigsten ihre Fähigkeiten verantwortlich. Hingegen sehen sie ihre mangelhaften oder gar fehlen-

---

216 Vgl. Schwarzer 1993, S. 105.
217 Schwarzer ebd.
218 Vgl. Jerusalem 1990, S. 41.
219 Vgl. Schwarzer ebd.

den Fähigkeiten bei einem Misserfolg als Ursache. Erfolg wird von ihnen nämlich eher den „external[en], variabel[en] oder situationsspezifisch[en]" Einflüssen zugeschrieben, d.h. Einflüssen, welche man nicht unter Kontrolle hat oder nicht beeinflussen kann, den Misserfolg aber den „internal[en], stabil[en] und global[en] Einflüssen.[220] Sie sind also für den Misserfolg selbst verantwortlich, für den Erfolg dagegen – die Anderen. Eine Leistungsrückmeldung wird bei ängstlichen Personen als ein sozial bewertender Reiz wahrgenommen. Sie beziehen das leistungsbezogene Feedback auf sich selbst und nicht auf das Ergebnis ihrer Handlung.[221]

9.3.1.2 Soziale Angst

Soziale Angst ist eine erworbene und in das Verhalten integrierte Emotion.[222] Leistungsangst und soziale Angst sind eng miteinander verbunden.[223] Denn in der Regel wird eine Leistung im sozialen Kontext und daher mit öffentlicher Bewertung erbracht.[224] Menschen treten in Beziehung und interagieren miteinander und bekommen aufgrund ihres Handelns eine Reaktion. Menschen mit sozialer Angst sind daher besorgt, sich lächerlich zu machen, als dumm zu gelten und im schlimmsten Fall ihr Ansehen zu verlieren oder der sozialen Rollennormen nicht zu entsprechen.[225] Nach Schwarzer hängt die soziale Angst mit dem Selbstkonzept eines Menschen zusammen. Also mit der „…kognitive[n] Repräsentation der eigenen Person oder [der] Summe der Erfahrungen über sich, [welche] im Laufe des Lebens entwickelt worden ist."[226] Wer sich also nicht zutraut, die anderen Menschen mit dem eigenen Handeln und Verhalten zu beeindrucken und zu begeistern, könnte sich als minderwertig einschätzen und die Situation für sich selbst als selbstwertbedrohlich interpretieren. Wird eine Handlung in einer bewertenden Situation vollzogen, könnte sie daher als eine Umweltanforderung wahrgenommen werden, welche keine

---

220 Schwarzer 1993, S. 108.
221 Vgl. Schwarzer 1993, S. 110.
222 Vgl. Schwarzer 1993, S. 137.
223 Vgl. Jerusalem 1990, S. 41.
224 Vgl. Schwarzer 1993, S. 106.
225 Vgl. Siegrist 2018, S. 215.
226 Schwarzer 1993, S. 68.

körperliche Gefahr, sondern vielmehr eine Bedrohung des Selbst eines Menschen darstellt. In solcher Situation neigen die Menschen dann zu Erröten, Stottern sowie Schweißausbrüchen und zeigen damit die typischen Merkmale einer Stresssituation. Hier spielt nicht die geforderte Leistung eine Rolle, sondern die damit verknüpfte Erwartung und beobachtbare Bewertung von außen.[227] Aufgrund dessen leisten auch diese Menschen weniger, da sie wegen der geringen Erfolgserwartung ihre Aufgabe zugunsten des Selbstbezugs unterbrechen.[228] Dies führt zum verstärkten Stresserleben, der Einstellung, dass eine weitere Anstrengung weniger erfolgversprechend ist, und schließlich zum Absinken der Leistungsmotivation.

9.3.1.3 Positive Emotionen

Als resilienzfördernd sieht die führende Forscherin im Bereich der positiven Emotionen, Barbara Fredrickson, die Fokussierung auf positive Emotionen. Sie stellt in ihrer Forschungsarbeit fest, dass resiliente Menschen eher in der Lage sind, positive Emotionen von negativen zu unterscheiden, sie sind widerstandsfähiger als nicht resiliente Menschen und haben weniger Depressionen[229].

Wird eine neu herausfordernde Situation als machbar wahrgenommen, entsteht stets ein positives Gefühl einer grundsätzlichen Handlungsfähigkeit. Wird dagegen eine Situation als kaum kontrollierbar bzw. bewältigbar eingestuft, entsteht ein negatives Gefühl, wie z.B. Angst, welches zu Unsicherheit und schließlich zu einer Stressreaktion führt.

Erlebt ein Mensch immer wieder positive Gefühle im Zusammenhang mit den erfolgreichen Bewältigungserfahrungen, so wirkt sich das langfristig positiv auf seine Resilienz aus und steigert seine Widerstandsfähigkeit.[230]

Die positiven sowie negativen Gefühle unterscheiden sich auch in ihrer Dauer und Intensität. Negative Gefühle bleiben länger im Gedächtnis und werden viel intensiver wahrgenommen als positive Ge-

---

227 Vgl. Schwarzer 1993 S. 119.
228 Vgl. Jerusalem 1990, S. 43.
229 Vgl. Fredirckson 2011, S. 129.
230 Vgl. Blickhan 2015, S. 57.

fühle. Das liegt daran, dass die Menschen evolutionsbedingt auf das Abrufen der negativen Erfahrungen bzw. Gefühle zum Zwecke des Überlebens angewiesen waren (fight or flight). Daher werden positive Gefühle zwar öfters wahrgenommen, da sie aber häufig mit anderen Eindrücken, Emotionen, Gefühlen verschmelzen, sind sie somit nicht immer differenziert erkennbar.[231]

Fredrickson betont die Bedeutung der positiven Gefühle für das gesamte Wohlbefinden. Entscheidend ist für sie, dass die Häufigkeit der positiven Gefühle die Intensität der negativen Gefühle überwiegt.[232] Fredrickson entwickelt eine einfache mathematische Formel: P/N (positive Gefühle : negative Gefühle). Sinkt der positive Wert, so geraten die Menschen in eine immer negativere Abwärtsspirale. Steigt der Wert dagegen, so erleben die Menschen nicht nur eine starke Positivität, sondern diese Positivität entwickelt sich zu einer Aufwärtsspirale, welche eine weitere positive Grundeinstellung fördert.[233]

Positive Gefühle tragen sowohl bei zur Stärkung des Immunsystems als auch zur positiven Entwicklung von Beziehungen, zur Stärkung der Selbstwirksamkeit und zu Optimismus,[234] welch letztere Eigenschaft mit Führungsqualitäten in Zusammenhang gebracht werden.[235]

9.3.1.4 Optimismus

Stress kann durch negatives Denken erzeugt und verstärkt werden.[236] Daher kommt dem Optimismus eine weitere wichtige Rolle für die Widerstandsfähigkeit eines Menschen zu. Menschen, welche grundsätzlich eine optimistische Grundhaltung haben, zeigen bei Erkrankungen eine höhere Widerstandsfähigkeit und eine größere Genesungswahrscheinlichkeit.[237]

---

231 Vgl. Blickhan 2015, S. 59.
232 Vgl. Fredrickson 2009, S. 30.
233 Vgl. Fredrickson 2009, ff.
234 Vgl. Blickhan 2015, S. 61.
235 Vgl. Schütz/Hoge 2007, S. 85.
236 Vgl. Linneweh 1996, S. 201.
237 Vgl. Schütz/Hoge 2007, S. 58.

Bei Optimismus muss zwischen dem anlagebedingten, d.h. in der Persönlichkeit selbst liegenden und dem erlernten Optimismus unterschieden werden.

Der anlagebedingte Optimismus ist ein stabiler Bestandteil einer Persönlichkeit, welcher sich aus den Situations- und Konsequenz-Erwartungen zusammensetzt. Diese Menschen blicken grundsätzlich optimistisch in die Zukunft und sind weniger ängstlich.[238]

Der Begriff „der erlernte Optimismus" wurde von Seligman geprägt und wird von ihm als ein externaler Erklärungsversuch für Misserfolge definiert. Pessimismus ist nach Seligman im Gegenteil zum Optimismus mehr statisch und internal.[239]

Optimismus wirkt sich einerseits resilienzfördernd aus, andererseits birgt ein fehlgeleiteter Optimismus auch Gefahren. Denn eine starke Selbstüberschätzung in Bezug auf die Handlungsmöglichkeiten sowie die eigenen Fähigkeiten können bei Misserfolg ebenso zu Stress führen. Eine leicht überzogene Selbsteinschätzung wird dagegen als funktionaler Optimismus definiert. Je stärker dieser ausgeprägt ist, desto stressresistenter ist eine Person und das hat eine positive Wirkung bei der Bewältigung einer stressigen Situation oder im Umgang mit einer unheilbaren Erkrankung.[240]

Optimismus und Pessimismus sind nach Lenniweh angelernte Verhaltensweisen[241].

Pessimismus muss aber nicht von Grund auf schlecht sein. Pessimistische Menschen, welche von vorne herein vom Schlechten/ von einem Misserfolg ausgehen, bereiten sich eher auf die Situation vor, haben keine hohen Erfolgserwartungen und sind dann entsprechend vom Misserfolg nicht stark erschüttert. Der Vorteil liegt hier also in der präventiven Vorbereitung und damit in der Minimierung des Misserfolgs.

---

238 Vgl. Blickhan 2015, S. 99.
239 Vgl. Seligman 1991, S. 66 ff.
240 Vgl. Blickhan 2015, S. 100.
241 Vgl. Linniweh 1996, S. 201.

9.3.1.5 Zuversicht

Zuversicht ist nach Blickhan eher mit dem Begriff der Hoffnung eng verbunden und ist ein komplexer kognitiver Prozess der Zielorientierung, der von positiven Gefühlen begleitet wird. Die Ziele werden in erster Linie kognitiv gebildet und „mit einem Gefühl der Anziehung und Motivation" verstärkt.[242] Dabei können zum Ziel unterschiedliche Wege beschritten werden. Entscheidend ist die Abschätzung, welcher Weg der am erfolgversprechendste ist. Ist der optimalste Weg zum Erreichen des Ziels gefunden worden und war die Strategie erfolgreich, entsteht ein positives Gefühl. Zuversicht ist nicht nur eine innere Haltung, sondern mit dem Optimismus eng verbunden. Zuversicht ist zudem ein wichtiges Element aus dem positiven Erleben der eigenen Handlungsfähigkeit und somit der Selbstwirksamkeit. Wer selbstwirksam ist, erlebt sich als kreativ und leistungsfähig. Wer also zuversichtlich ist, der blickt mit optimistischen Erwartungen in die Zukunft.[243]

9.3.1.6 Selbstwirksamkeitserwartung

Albert Bandura, Professor für Psychologie an der Stanford University, prägte die kognitiv-soziale Theorie der Selbstwirksamkeit. Als Selbstwirksamkeitserwartung bzw. Kompetenzerwartung wird die Überzeugung beschrieben, aufgrund des eigenen kompetenten Handels, komplexe Aufgaben ausführen zu können. Nach Bandura entscheidet der Mensch in Abhängigkeit von der wahrgenommen Selbstwirksamkeit, in welche Situationen er sich begibt. Ist seine Erwartung gering, eine anspruchsvolle Aufgabe mit den vorhandenen Kompetenzen lösen zu können, wird er solche Situationen nach Möglichkeit umgehen. Beim Vorhandensein einer hohen Selbstwirksamkeitserwartung hingegen stellt eine komplexe Aufgabe kein Problem dar. Der Mensch begegnet ihr voller Zuversicht, sie erfolgreich lösen zu können. Anders gesagt: die Menschen neigen dazu, Aufgaben zu lösen, welche ihnen Freude und höheren Selbstwert bereiten, und Aufgaben zu meiden, welche eine Selbstbestrafung bedeuten könnten.[244]

---

242 Vgl. Blickhan 2015, S. 150.
243 Vgl. Blickhan 2015, S. 147.
244 Vgl. Bandura 1976, S. 136.

Im Ergebnis ist für die Motivation und Anstrengungsbereitschaft eines Menschen und dafür, wie lange man trotz aller Widrigkeiten bei der Aufgabenbewältigung bleibt, der Grad der wahrgenommenen Selbstwirksamkeit entscheidend.[245]

Menschen mit hoher Selbstwirksamkeitserwartung gehen öfter schwierige Aufgaben an, deren Erfolge führen anschließend zur Erhöhung bzw. Bekräftigung der Selbstwirksamkeit. Solche Menschen weisen eine niedrigere Anfälligkeit für Angststörungen oder Depressionen und eine höhere Frustrationstoleranz auf.[246] In der Stresstheorie von Lazarus spielen primäre sowie sekundäre Einschätzungen eine Rolle: danach ist ein subjektiv als schwach eingeschätztes Bewältigungspotenzial mit Verlustangst oder geringer Herausforderungskognition verbunden. Das heißt, dass Menschen mit niedrigem Selbstwirksamkeitsgefühl sich stärker gestresst, bedroht oder herausgefordert fühlen.[247] „Mit abnehmender Selbstwirksamkeit kommt es durchgängig zu vermehrtem negativen Stresserleben."[248]

9.3.1.7 Selbstwertgefühl

Das Selbstwertgefühl ist das Ergebnis der permanenten Selbstbewertungsprozesse. Diese Bewertungsprozesse finden in unterschiedlichen Bereichen statt: in einzelnen Lebensbereichen oder auf das gesamte Bild der eigenen Persönlichkeit. Das Selbstwertgefühl ist die Summe aller erlebten Ereignisse, in welchen der Mensch sich im Kontakt mit anderen Personen selbst beobachtet oder eine Rückmeldung von den anderen erhält. Jedes neue Verhalten wird also mit den vorhandenen Erfahrungen abgeglichen.[249]

Menschen mit Selbstwertproblemen sind besonders selbstaufmerksam und projizieren schließlich ihre Aufmerksamkeit auf diejenigen Bereiche der eigenen Persönlichkeit, in denen sie eine geringe Selbstachtung besitzen. Sie haben im Laufe der Jahre von sich selbst ein bestimmtes Selbstkonzept bzw. ein Bild der eigenen Persönlichkeit entwickelt.

---

245 Vgl. Schwarzer 1993, S. 175.
246 Vgl. Blickhan 2015, S. 96.
247 Vgl. Jerusalem 1990, S. 38.
248 Jerusalem 1990, S. 38.
249 Vgl. Blickhan 2015, S. 219.

Schwarzer versteht unter diesem Selbstkonzept ein hierarchisches System von „selbstgerichteten Kognitionen", an deren Spitze zunächst eine globale Selbstbewertung steht. Diese ist insgesamt stabil. Sie speist sich aber aus den tieferstehenden und den aus verschiedensten Lebensbereichen stammenden Selbstbewertungselementen. Diese unteren Stufen sind dagegen weniger zeitstabil und insgesamt im Laufe der Zeit, d.h. nach Gewinnung neuer Lebenserfahrungen, veränderbar.[250]

Menschen mit einem geringen Selbstwertgefühl sind stressanfälliger, da sie permanent mit dem Abgleichen des eigenen Verhaltens beschäftigt sind und mit der Bewertung, was das für ihr vorhandenes Selbstkonzept bedeutet. Soziale Angst stellt für sie beispielsweise eine Selbstwertbedrohung dar.[251] Sobald das Ergebnis der Analyse das Absinken des Selbstwertgefühls bedeutet, werden Wege zur Stabilisierung des Zustands gesucht, z.B. indem man versucht, möglichst wenig die Aufmerksamkeit auf sich zu lenken, oder ein zögerliches und vorsichtiges Verhalten an den Tag zu legen. Das Ergebnis ist ein eingeschränkter Handlungsspielraum und eine Verfestigung des Vermeidungsverhaltens und stellt ein Risiko für Depressionen dar.[252]

Ein hohes Selbstwertgefühl kann mit einem ichbezogenen und selbstsüchtigen Verhalten in einer wechselseitigen Beziehung stehen. Menschen mit überzogenem Selbstwertgefühl sind für eine kritische Rückmeldung kaum erreichbar und verhindern dadurch eine persönliche Weiterentwicklung.

Zwar zeigen die Studien, dass ein stabiles mittleres Selbstwertgefühl nicht unbedingt eine schützende Wirkung hat. Anderseits zeigen die Studien auch, dass der niedrige Selbstwert durchaus als Risikofaktor für psychische Erkrankungen in Frage kommt. Bei Personen mit einem niedrigen Selbstwertgefühl kann daher eine Strategie der Stärkung des Selbstwertgefühls als präventive Maßnahme verstanden werden.[253]

---

250 Vgl. Schwarzer 1993, S. 68.
251 Vgl. Schwarzer 1993, S. 104.
252 Vgl. Blickhan 2015, S. 221, zit. nach Zeigler-Hill 2013
253 Vgl. Bengel/Lyssenko 2012, S. 61.

9.3.1.8 Kontrollüberzeugungen

Unter Stress stehende Menschen haben häufig das Empfinden, die Situation nicht beherrschen bzw. nicht kontrollieren zu können. Der Begriff und das Konstrukt der Kontrollüberzeugung ist auf den Psychologen Rotter, welcher die soziale Lerntheorie geprägt hat, zurückzuführen. Kontrollüberzeugung bedeutet das Ausmaß, in dem man glaubt, über sein Leben bestimmen zu können. Zu charakterisieren wären an dieser Stelle, eine innere (internale) und eine äußere (externale) Kontroll-überzeugung. Menschen mit internaler Kontrollüberzeugung gehen davon aus, dass das positive oder negative Resultat ihrer Handlung ihrem Handeln oder Verhalten entspringt, während eine externale Kontrollüberzeugung eine von außen, also von dem eigenen Verhalten vollkommen unabhängige, nicht zu ändernde, Beeinflussung unterstellt.[254]

Die externale Kontrollüberzeugung wird wiederum in zwei weitere Typen der Kontrollüberzeugungen unterteilt: eine sozial-externaler Kontrollüberzeugung, d.h. der Einfluss und die Kontrolle werden durch andere Personen ausgeübt, und eine fatalistisch-externale Kontrollüberzeugung, z.B. durch das Schicksal oder den Zufall.

Bengel und Lyssenko untersuchten eine Vielzahl verschiedener Studien der letzten 20 Jahre zu diesem Thema auf Relevanz in Bezug zu Resilienz und kommen zu dem Ergebnis, dass aufgrund der inkonsistenten Studienergebnisse, eine internale Kontrollüberzeugung als Schutzfaktor nur dann gelten könnte, wenn zugleich externale Kontrollüberzeugungen gemessen werden können, um eine eindeutig nachweisbare Wirkung bestätigen zu können. Bei sozial-externaler Kontrollüberzeugung dagegen, gehen sie von einem deutlichen Risikofaktor für die Entwicklung von psychischen Erkrankungen aus. Eine Ausnahme bildet hier eine fatalistisch-externale Kontrollüberzeugung, beispielsweise bei der Kontrollzuschreibung an höhere Mächte. Hier ist eine resiliente Wirkung in Studien feststellbar.[255]

Seligman beschreibt die Wirkung des Kontrollgefühls sehr plastisch anhand von Tierversuchen an Ratten. Die eine Gruppe der Tiere be-

---

254 Vgl. Bengel/Lyssenko 2012, 61.
255 Vgl. Bengel/Lyssenko 2012, S. 60.

kam über mehrere Sitzungen beim Berühren eines Futter-Hebels innerhalb einer bestimmten Zeit einen Signalton und einen dreimaligen elektrischen Schlag. Eine zweite Gruppe der Ratten bekam ebenso einen elektrischen Schlag und ein Signal, jedoch ganz zufällig über die gesamte Zeit verteilt. Die Tiere der ersten Gruppe zeigten innerhalb kürzester Zeit während des Hebeldrückens Furcht. Außerhalb des Signals blieben sie ruhig. Die zweite Gruppe stellte nach und nach gar alle Versuche ein, den Hebel zu drücken, und lag während der ganzen Sitzungen zusammengekauert in der Ecke. Diese Gruppe der Tiere entwickelte Magengeschwüre. Wenn also keine Vorhersage und daher auch keine Kontrolle möglich ist, führt ein unvorhersagbarer Schock zu Magengeschwüren, oder anders gesagt-, die Hilflosigkeit wird viel stressiger erlebt als eine quantitativ gleich unangenehme Kontrollbedingung.[256] Dabei ist es ohne Bedeutung, ob man eine tatsächliche Kontrolle über das Geschehen oder nur eine scheinbare Kontrolle hat. Nach Seligman kann auch eine vermeintliche Kontrolle angstreduzierend und damit stressreduzierend wirken.[257] Menschen mit einer internalen Kontrolle sind in ihrem Beruf insgesamt zufriedener.[258]

9.3.1.9 Soziale Unterstützung

Soziale Unterstützung ist wohl der am häufigsten wissenschaftlich untersuchte psychologische Faktor.[259] Es gilt als nachgewiesen, dass soziale Unterstützung eine psychologisch schützende Wirkung entfaltet, und zwar bereits präventiv, also bevor es überhaupt zu einer stressbelasteten Situation kommt. Ebenso wirkt soziale Unterstützung auf kognitiver, emotionaler und körperlicher Ebene gerade bei traumatischen Lebensereignissen sehr positiv. Sie hilft also bei der Stressverarbeitung und federt viele Belastungen ab. Soziale Unterstützung hilft auch bei der Entwicklung von anderen Schutzfaktoren wie z.B. Optimismus, Selbstwirksamkeitserwartung oder internaler Kontrollüberzeugung. Gleichzeitig zeigt sich eine Wechselwirkung. Menschen, welche diese

---

256 Vgl. Seligman 2016, S. 113.
257 Vgl. Seligman 2016, S. 125.
258 Vgl. Schütz/Hoge 2007, S. 85.
259 Vgl. Bengel/Lyssenko 2012, 91.

Eigenschaften in ihrer Persönlichkeit innehaben, bekommen auch mehr an sozialer Unterstützung.[260]

Soziale Unterstützung hängt dennoch sehr stark von einer ganz individuellen nicht zu unterschätzenden Unterstützungswahrnehmung ab. Hier muss zwischen der tatsächlich erhaltenen und der wahrgenommenen Unterstützung unterschieden werden und dabei die Beziehung zwischen den Akteuren sowie die Motivation der Hilfeanbietenden berücksichtigt werden. Weiterhin spielt beim Hilfeempfang eine große Rolle, in welcher Form die Hilfestellung erfolgt: als Information, als Aktion oder als emotionale Unterstützung, und vor allem, von wem diese Hilfe kommt.[261]

Zugleich darf das Geschlecht bei der emotionalen Hilfebewertung nicht unterschätzt werden. Frauen erhalten mehr an Unterstützung, weil sie eher um Hilfe bitten, als Männer. Die positive Wirkung der Hilfe kann sich bei Frauen wiederum nur dann entfalten, wenn diese ohne Bewertung angeboten wird und keine selbstwertbedrohenden Aspekte beinhaltet.[262]

Die Gewährung der sozialen Unterstützung aber hängt von vielen Faktoren ab und ist kein Automatismus. Dunkel-Schetter und Skokan untersuchten in einer Pilot-Studie an der University of California die Hilfsbereitschaft von 161 Frauen.

Eine stressige Situation ist zunächst eine grundsätzliche Voraussetzung für den Hilfeempfang. Andererseits bedeutet die dabei empfundene Hilfsbedürftigkeit auch Stress für den Hilfesuchenden.[263] Welche Motivation haben nun Menschen, die Hilfe anbieten? Welche Voraussetzungen müssen vorliegen, damit man Hilfe erhält? Als zu untersuchende Variablen wurden in dieser Studie vier Faktoren bestimmt: Stressfaktoren; Empfängerfaktoren; Beziehungsfaktoren; Unterstützerfaktoren.

Unter sozialer Unterstützung/Hilfe („social support") verstehen Dunkel-Shetter und Skokan in ihrer Studie Interaktionen oder einen Austausch zwischen Personen, in denen ein Anbieter versucht, Unterstüt-

---

260 Vgl. Bengel/Lyssenko ebd.
261 Vgl. Schwarzer 1993, S. 53.
262 Vgl. Bengel/Lyssenko 2012, ebd.
263 Vgl. Schwarzer 1993, S. 63.

zung anzubieten, und einem Empfänger geholfen oder genützt wird durch diesen Versuch. Das unterscheidet sich von Konzeptionen von „social support" als Bewusstsein von oder als Annahme über das Vorhandensein von „support" in jemandes sozialen Netzwerk. Support wird von ihnen außerdem verstanden als Interaktion, in der eine Person Informationen, Unterstützung oder emotionalen Beistand anbietet.[264]

Sie konzentrierten sich ganz überwiegend auf die Faktoren, die den Willen, Hilfe anzubieten, und das Ausmaß der angebotenen Hilfe beeinflussen und diskutieren vier Kategorien von Variablen:
1. Stressfaktoren,
2. Faktoren, die den Empfänger betreffen,
3. Faktoren, die die Beziehungsgeschichte zwischen Anbieter und Empfänger betreffen und
4. Faktoren, die den Anbieter betreffen.

Charakteristika des sozialen Netzwerks, Umweltfaktoren und soziokulturelle Faktoren sind ebenfalls wichtig, werden von ihnen aber nicht ausführlich behandelt.[265]

10. Stressfaktoren

Diese Kategorie beinhaltet für Dunkel-Schetter beides, die objektiven Eigenschaften stressiger Situationen und die rein subjektive Einschätzung solcher Situationen sowohl durch die Zielperson als auch durch den Anbieter von Hilfe. Zweideutige Stressoren dürften ihrer Ansicht nach Hilfe mit geringerer Wahrscheinlichkeit hervorrufen als Stressoren, die einen sicheren oder bereits gegenwärtigen Verlust oder Schaden beinhalten, wobei zusätzliche Fragen durch eine unterschiedliche Einschätzung bei Anbieter und Empfänger aufgeworfen würden.

Bezüglich der Rolle der Stressbewertung beim Anbieten von Hilfe berichten Dunkel-Schetter aufgrund einer früheren Studie mit 75 mittelalten Paaren, dass die Teilnehmer mehr Hilfe erhielten, v.a. Informati-

---

264 Vgl. Dunkel-Schetter/Skokan, S. 437.
265 Vgl. Dunkel-Schetter/Skokan, S. 439

onen und emotionale Unterstützung, bei hochstressigen Ereignissen als bei gering stressigen Ereignissen. Ebenso wurden in Situationen, die als bedrohlich für die Gesundheit oder die Selbstachtung der gestressten Person oder einer geliebten Person eingeschätzt wurden, größere Mengen an Hilfe erhalten im Vergleich zu Situationen, die diese Bedrohungen nicht enthielten.[266]

10.1 Empfängerfaktoren

Laut Dunkel-Schetter ist gezeigt worden, dass auf der Empfängerseite drei spezifische Faktoren in Beziehung zum Anbieten von Hilfe stehen: das Leiden/Belastung („distress"), die Bewältigungsstrategie („coping") und die persönlichen Hilfsmittel („ressources"). Erstens sei das Ausmaß der Belastung des Hilfeempfängers in mehreren Studien mit dem Hilfsangebot in Verbindung gebracht worden. Jedoch könne das Ausmaß der Belastung sowohl negative als auch positive Effekte auf die Hilfe haben. Anfangs und bei niedrigen bis mittleren Graden könne die Belastung Hilfe hervorrufen, weil sie das entsprechende Bedürfnis signalisiere. Jedoch scheine eine heftige Belastung über lange Zeit, wie sie bei klinisch depressiven Menschen erlebt werde, die soziale Unterstützung reduzieren und negative Reaktionen hervorzurufen. Ob dies an der Belastung an sich oder an den begleitenden Persönlichkeitsfaktoren liege, sei noch nicht klar.

Der zweite Faktor, der mit dem Hilfsangebot in Verbindung stehe, sei die Art, wie die Zielperson zurechtkommt („copes"). Zum Beispiel habe ein Experiment von Schwarzer und Weiner (1991) herausgefunden, dass die Testpersonen signifikant bereitwilliger waren, Menschen Hilfe anzubieten, die z.B. an Krebs oder AIDS litten, wenn sie als aktiv damit zurechtkommend beschrieben wurden, als wenn das nicht der Fall war. Aktives Zurechtkommen („coping") wurde als spezielles situationsspezifisches Problemlösungsverhalten beschrieben. Z.B. könne sich das Lösen von Problemen auf das Anbieten von Hilfe auswirken durch die Signale oder Hinweise, die sie durch das soziale Netzwerk senden und die sich auf das Ausmaß und die Art der benötigten Hilfe beziehen.

---

266 Vgl. Dunkel-Schetter/Skokan, S. 440.

Das Suchen von Hilfe sei ein anderes spezifisches Verhalten des Zurechtkommens, das mit einem größeren Angebot an Hilfe in Verbindung stehe. Zum Beispiel fanden Dunkel-Schetter und Kollegen in einer Interviewstudie mit Typ II Diabetespatienten und ihren Partnern über die Unterstützung durch den Partner heraus, dass einer der stärksten Indikatoren der erhaltenen Hilfsmenge das Ausmaß war, in dem sie verlangt bzw. angefordert wurde.

Der dritte Faktor, der das Anbieten von Hilfe beeinflusse, seien die persönlichen Hilfsmittel der Zielperson. Untersuchungen hätten in der Vergangenheit gezeigt, dass Menschen mit großen Fähigkeiten und hohem Selbstwertgefühl mehr soziale Unterstützung erhielten. Andere persönliche Ressourcen beinhalteten den Glauben an die Selbstwirksamkeit, die Widerstandsfähigkeit, das Kohärenzgefühl und den grundsätzlichen Optimismus.[267]

Allerdings geben Dunkel-Schetter zu bedenken, dass dies alles psychologische Konstrukte seien beruhend auf Befragungen von Testpersonen bezüglich hypothetischer Situation, die in Bezug auf tatsächliches Verhalten oder real durchgeführte Hilfsleistungen nicht häufig untersucht worden seien.[268]

10.2 Beziehungsebene zwischen Anbieter und Empfänger

Obwohl ebenfalls nicht ausführlich untersucht, ist nach Meinung von Dunkel-Schetter die Charakteristik der Beziehung zwischen potentiellem Hilfsanbieter und – empfänger entscheidend dafür, ob, wann und wie Hilfe angeboten wird, sie hängt ab

- vom Grad der Intimität,
- von der Zufriedenheit mit der Beziehung,
- von den sozialen Normen bezüglich der in einer Beziehung üblichen Hilfen; (z.B. werde die Akzeptanz der Norm, dass wir für von uns Abhängige verantwortlich sind, die Wahrscheinlichkeit von Hilfsangeboten in einer speziellen Beziehung erhöhen) und,

---

267 Vgl. Dunkel-Schetter/Skokan, S. 441.
268 Vgl. Dunkel-Schetter/Skokan, S. 444, S. 441, S. 445 ff.

- von den Normen der Reziprozität, die in auf Austausch basierenden Beziehungen mehr gelten als in gemeinschaftlichen.

Aus den Arbeiten über die Reziprozität folge, dass die Geschichte der bisher erfolgten Hilfeleistungen den Willen beider Parteien verstärken oder abschwächen könne, in Zukunft Hilfe anzubieten. Gefühle der Hilflosigkeit und die Frustration, dass vergangene Bemühungen keinen Erfolg hatten, könnten die Hilfsbereitschaft vermindern. Auch wenn eine Person sich ständig weigere, Hilfe anzunehmen, sollten Hilfsversuche im Lauf der Zeit abnehmen, während in einer Beziehung das Annehmen von Hilfe und ihre Anerkennung eine Zunahme von Hilfsangeboten wahrscheinlich mache.[269]

11. Psychologische Bedürfnisse

Um ein komplettes Bild der Schutz- und Risikofaktoren der Resilienz zu bekommen, ist es ebenso wichtig, auch das Modell der psychischen Grundbedürfnisse in der Psychotherapie zu betrachten, welches als Grundlage in den Therapien verwendet wird. Klaus Grawe hat hierfür ein theoretisches Modell entwickelt, das umfangreich untersucht und belegt wurde. Grawe stellt in seinem Modell fest, dass der Mensch grundsätzlich nach einem Gleichgewicht zwischen seinen Grundbedürfnissen und dem Erleben in der Realität sucht.[270]

Er definierte die vier aus seiner Sicht wichtigsten psychologischen Grundbedürfnisse und insgesamt drei Ebenen, welche für die psychische Gesundheit von großer Bedeutung sind. Werden diese Grundbedürfnisse nicht befriedigt, leidet die psychische sowie die physische Gesundheit. Zwar sind diese Bedürfnisse individuell unterschiedlich, doch allen liegt immer das Streben nach deren Befriedigung zu Grunde.[271] So werden zunächst in der **Bedürfnisebene** (erste Ebene) die Grundvoraussetzungen für das psychische Wohlergehen benannt:

1. Das Bedürfnis nach Bindung;
2. Das Bedürfnis nach Selbstwertschutz bzw. Selbstwerterhöhung;

---

269 Vgl. Dunkel-Schetter/Skokan, S. 442.
270 Vgl. Borg-Laufs, 2012, S. 7.
271 Vgl. Blickhan 2015, S. 127.

3. Das Bedürfnis nach Orientierung und Kontrolle und
4. Das Streben nach Lustgewinn oder Lustvermeidung.

Dabei sind diese Bedürfnisse keineswegs hierarchisch angeordnet, sondern existieren nebeneinander. Die Motivation für ein Handeln ist stets auf sie ausgerichtet. Also immer dann, wenn diese Grundbedürfnisse, oder zumindest eines davon, nicht befriedigt sind, wird versucht dies auf der **Motivationsebene** (zweite Ebene) durch Annäherungsversuche oder die Vermeidung der Verletzungen oder Frustration zu erreichen. Ein unangemessenes Verhalten, z.B. durch ein provokantes, Aufsehen erregendes oder gar aggressives Verhalten könnte der Versuch sein, eins der Grundbedürfnisse zu befriedigen. Borg-Laufs hält diese Art der Annäherungsversuche für günstiger, als die Vermeidungsstrategie, da dann die Betroffenen, um weitere Verletzungen zu vermeiden, in einer resignierten Haltung verharren. Therapeutisch ist es nämlich viel schwerer, die Betroffenen zu motivieren und sie schließlich aus dieser Lage zu holen.[272]

Die **Realisierungsebene**, die letzte und dritte Ebene, betrifft das Verhalten und Erleben. Dabei werden die Ziele mit den tatsächlichen Wahrnehmungen abgeglichen und auf die Wirkung, z.B. der Annäherungsversuche, analysiert. Positive Emotionen entstehen dabei, wenn eine Übereinstimmung zwischen den Zielen und Erlebnissen wahrgenommen werden kann (und damit das Signal, dass z.B. ein Grundbedürfnis aufgrund der erfolgreichen Annäherungsversuche nun befriedigt ist).

11.1 Bindung

„Bindungsbeziehungen sind tiefgehende emotionale Beziehungen an wichtige, nicht ohne Weiteres auswechselbare Bezugspersonen."[273] Die erste Bindungsbeziehung erfahren Menschen nach der Geburt mit der Mutter. Sie sind auf diese Bindung an sie angewiesen, um überhaupt überleben zu können. Sie streben danach, diese Bindung herzustellen und zu erhalten. Das Erleben einer Bindung ist im Kindheitsalter be-

---

272 Vgl. Borg-Laufs, 2012, S. 8.
273 Borg-Laufs, 2012, S. 10.

sonders prägend. Erfahren Kinder in ihrer Entwicklung also, dass die Bindung unsicher oder gar nicht vorhanden ist, können Korrekturen, trotz der abnehmenden Bedeutung dieses Grundbedürfnisses im Erwachsenenleben, nur schwer vorgenommen werden.[274]

11.2 Selbstwertschutz bzw. Selbstwerterhöhung

Die Wichtigkeit des Selbstwertgefühls für die psychische Resilienz wurde bereits ausführlich beschrieben. Es ist also nicht verwunderlich, dass auch Grawe dessen Bedeutung als Grundbedürfnis betont. Psychisch stabile und gesunde Menschen, d.h. solche mit einem gesunden Selbstwertgefühl, beschäftigen sich mehr mit Erlebnissen, bei denen sie sich als überdurchschnittlich erfolgreich gezeigt haben. Menschen mit einem niedrigen Selbstwertgefühl dagegen, sind auf die Misserfolge konzentriert.[275] Eine chronische negative Selbsteinschätzung kann schließlich zu psychischer Belastung oder Depression führen. Die Grundlagen für eine gute Selbsteinschätzung und damit für ein Selbstwertgefühl werden bereits in der Kindheit gelegt. Kritik, Abwertung oder Beschimpfungen durch die Eltern, der für ein Kind wichtigsten Bezugspersonen, unterminieren dieses Grundbedürfnis.[276] Diese Erlebnisse können dazu führen, dass selbstunsichere Personen einerseits ständig auf der Suche sind, von den aktuell wichtigen Personen im privaten sowie im beruflichen Umfeld eine Selbstwertbestätigung einzuholen, anderseits aber ein Vermeidungsverhalten an den Tag legen, um weitere Verletzungen des Selbstwertgefühls zu verhindern.

11.3 Orientierung und Kontrolle

Ebenso wie Bandura mit dem Konzept der Selbstwirksamkeit und Antonovsky mit dem Konzept des Kohärenzgefühls ordnet Grawe Orientierung und Kontrolle in die Reihe der psychologischen Grundbedürf-

---

274 Vgl. Borg-Laufs 2012, S. 12.
275 Vgl. Grawe 2004, S. 258.
276 Vgl. Borg-Laufs 2012, S. 14.

nisse. Auch hier ist die Entwicklung von Orientierung und Kontrolle in der Kindheit entscheidend. Erleben die Kinder eine unklare Erziehungshaltung, keine Regeln und Grenzen, können sie das Handeln der Erziehungsberechtigten und Bezugspersonen nicht nachvollziehen, entwickeln sie das Gefühl, dass die Welt nicht kontrollierbar und man selbst orientierungslos ist. „Die [von Grawe] angeführten Untersuchungen zeigen in großer Eindeutigkeit, dass Verletzungen des Kontrollbedürfnisses Gift für die psychische Gesundheit sind."[277]

„Verletzungen des Kontrollbedürfnisses rufen also nicht nur unmittelbar Angst und Stress hervor, sondern diese unmittelbaren Reaktionen lassen als Ergebnis von Sensibilisierung und Konditionierung Spuren zurück, die später im Leben zur Grundlage der Entwicklung psychischer Störungen werden können".[278] Im späteren Verlauf können diese Erfahrungen also zu Anpassungsstörungen, Angst- und Zwangsstörungen oder Belastungsstörungen führen.[279]

11.4 Lustgewinn und Lustvermeidung

„Lust- und Unlusterfahrungen entstehen nicht durch eine vermeintlich objektive Eigenschaft von Reizen, sondern durch emotional-kognitive Bewertungsprozesse."[280] Die Menschen streben danach, Dinge, die ihnen mehr Freude bereiten, öfter zu tun und unangenehme Aufgaben zu meiden. Wenn das Gleichgewicht zwischen diesen zwei Bereichen nicht mehr gegeben ist und das Gefühl entsteht, überwiegend unangenehme Dinge zu tun, wird das Bedürfnis nach Lustgewinn nicht befriedigt.

---

277 Grawe 2004, S. 249.
278 Grawe 2004, S. 248.
279 Vgl. Borg-Lauf 2012, S. 15.
280 Borg-Lauf 2012, S. 16.

11.5 Zwischenfazit

Werden nun die resilienzrelevanten Faktoren betrachtet, so kann festgestellt werden, dass einige Faktoren, wie z.b. Optimismus oder positive Emotionen, in der Regel in der Persönlichkeit selbst verankert und nur begrenzt erlernbar sind. Andere Faktoren wiederum, wie z.b. das Selbstwertgefühl oder die Bindung werden in der Kindheit gebildet und können später nur schwer korrigiert werden. Einzelne Faktoren, wie z.b. die soziale Unterstützung, können aus zwei unterschiedlichen Perspektiven betrachtet werden, denn sie können als Hilfe und zugleich als zusätzliche psychische Belastung gewertet werden, weil sie als Eingeständnis der eigenen Hilfslosigkeit empfunden werden.

Manche der Faktoren werden einerseits als Schutz- und andererseits als Risikofaktor definiert, je nach Studie. So ist beispielsweise ausgeprägte Selbstüberschätzung eines Optimisten ein Risikofaktor.[281] Hingegen sind Schutzfaktoren wie z.b. positive Gefühle, Zuversicht und Optimismus nicht immer glasklar voneinander trennbar. Das Problem der Definition der Schutz- und Risikofaktoren in der Resilienz liegt in den unterschiedlichen Messmethoden, unterschiedlicher Definition der Begriffe sowie in der Komplexität des Themas und der Studien.[282]

Die Resilienzfaktoren sind daher als ganz individuelle und nicht pauschale Faktoren zu betrachten. Deshalb bietet das Grawe-Model, da in der psychologischen Welt anerkannt und gut belegt, tatsächlich eine erste Handlungsorientierung. Selbst wenn davon ausgegangen wird, dass manche erlernten Verhaltensweisen aufgrund der Nicht-Bedürfnis-Befriedigung in der Kindheit entstehen, so ist es dennoch nicht gänzlich ausgeschlossen, dass eine Verbesserung möglich ist. Schließlich ist dies einer der Hauptbereiche der Psychologie.

12. Grundbedürfnisse in der digitalen Welt

Welche Bedeutung könnten dennoch die oben aufgeführten Resilienzfaktoren und das Modell der psychologischen Grundbedürfnisse in

---

281 Vgl. Schwarzer, 1993, S. 198.
282 Vgl. Bengel/Lyssenko 2012, S. 101.

Bezug auf die Digitalisierung 4.0 haben? Denn die Grundbedürfnisse eines Menschen bleiben zwar die gleichen. Aber die erlernten Verhaltens- und Handlungsweisen, die Arbeitsbedingungen, die Erwartungen der digitalen Welt werden sich in Zukunft verändern.

Betrachtet man die neue digitale Welt, so stellt man fest, dass hier die Entgrenzung der bis dato vorgegebenen Arbeitsrahmenbedingungen im Vordergrund steht. Die Arbeits-Zeit, der Arbeits-Ort und aber auch die Arbeits-Community sind in der digitalen Welt variabel und jederzeit austauschbar.[283] Diese Entgrenzung bereitet dem Menschen gerade an der Scheidelinie zwischen dem privaten Leben und dem Arbeitsleben die größten Schwierigkeiten.[284] Giesen und Kersten sprechen sogar von einem Kollaps.[285] Die Ausstattung mit Tablets oder Notebooks und die Versorgung mit leistungsfähigen Daten ist bei sechs Arbeitnehmern von zehn, mit Smartphones bei 17 % der Beschäftigten bereits vorhanden. Die Nutzung der privaten Geräte für die Arbeit liegt bei 35 % für Notebooks oder für PCs bei 32 %. Die Kommunikation erfolgt bei zwei Drittel der Unternehmen bereits jetzt über soziale Medien. Auffallend ist, dass 57 % der Unternehmen eine permanente Erreichbarkeit der Beschäftigten nicht verlangen, zwei Drittel der Arbeitnehmer jedoch lassen dies gerne zu.[286] Das heißt Im Umkehrschluss, der Arbeitgeber muss dem Arbeitnehmer nur eine möglichst große Flexibilität zukommen lassen, damit dieser sich selbst „ausbeutet" und auf diese Weise die Risiken des psychischen Ausbrennens komplett außer Acht lässt. Der Arbeitgeber muss den Beschäftigten gar nicht mehr kontrollieren, inwieweit die entsprechenden Arbeitsstunden geleistet wurden. Diese Aufgabe übernimmt er selbst, weil er das Vertrauen des Arbeitgebers nicht verlieren möchte.

Ebenso bedeutet die Arbeit mit einem virtuellen Team, möglicherweise mit mehreren Teams in einem virtuellen Raum, die Entgrenzung der Arbeit. Die Zusammensetzung der Teams kann hier sogar global erfolgen, was dazu führen könnte, dass die Teamsitzungen zu flexiblen Zeiten stattfinden müssen. Die schnelle und gut vernetzte digitale Welt

---

283 Vgl. Hardering 2018, S. 265.
284 Vgl. Giesen/Kersten 2018, S. 78.
285 Giesen, ebd.
286 Vgl. Pfisterer u.a. 2013, S. 5 ff.

führt nicht nur dazu, dass Arbeitsprozesse dadurch schneller und präziser formuliert und die Arbeitsaufträge effizienter verteilt werden, sondern dass die bereits getroffenen Entscheidungen genauso schnell verändert oder gar zurückgezogen werden können. Die Arbeitsprozesse werden also nicht nur komprimiert, sondern auch auf eine schnelle Reaktion angelegt.[287]

Das Bedürfnis des Arbeitnehmers nach Orientierung und Kontrolle wird hier unter Umständen nicht befriedigt. Denn die erlernten Verhaltensweisen, die bis dato angewandten Handlungsstrategien sind jetzt möglicherweise nicht ausreichend oder nicht angepasst. Aufgrund der zunehmenden Kurzlebigkeit der Produkte und des globalen Konkurrenzdrucks ändern sich ständig auch Handlungsmaximen und die damit verbundenen Verhaltensstrategien. Und mit diesen sich ständig verändernden Mechanismen der Arbeitswelt wird man umgehen müssen.

Ebenso wird das Bedürfnis nach Bindung in der digitalen Arbeitswelt stark tangiert. Der Mensch, wie bereits mehrfach betont, ist ein soziales und ein bindungs-orientiertes Wesen. Er strebt danach, zu einer Gemeinschaft zu gehören. Wie verhält sich dies denn, wenn es nur virtuelle Teams gibt und diese, mit Ausnahme von einigen wenigen Teamsitzungen im Betrieb, nur über einen Bildschirm wahrnehmbar sind? Wenn die Teammitglieder global vernetzt sind und die Zusammensetzung immer nur von kurzer Dauer ist? Es ist zu erwarten, dass die Bindungswilligkeit eines Arbeitnehmers, seine Loyalität zu einem Unternehmen, seine Solidarität zu den schwächeren Teammitgliedern zunehmend abnimmt, weil er auf seine emotionalen Kosten nicht mehr kommt und diese anderswo befriedigt werden müssen.

Das Digitalisierungszeitalter erfordert zusätzlich eine neue Zusammenarbeit mit Maschinen und Programmen, d.h. die Menschen bewegen sich im Modus des permanenten Synchronisierens. Bereits heute arbeiten Beschäftigte in der Produktion gleichberechtigt und interaktiv neben Robotern und nicht mehr wie früher, neben Kollegen, mit welchen sie auf den letzten Metern vor der Fabrik zusammen gingen, sich zur Mittagszeit in der Kantine getroffen und sich dabei über das All-

---

287 Vgl. Giesen/Kersten 2018, S. 84.

tägliche unterhalten haben. Oder sie begleiteten Schicksale von Kollegen, welche über viele Jahre wahrgenommen wurden, mit denen die Tiefen und die Höhen eines Unternehmens gemeinsam geteilt wurden. Die Beziehungskonstrukte im Digitalisierungszeitalter ändern sich, weil man nicht nur mit Mitmenschen, sondern auch mit Maschinen in einer Arbeits-Beziehung steht. Mit diesen kann man keine Gefühle teilen, Konflikte erleben und bewältigen. Die Arbeit mit Maschinen verlangt eine andere Kommunikation.

Mit dem Grundbedürfnis nach Bindung hängt auch das Grundbedürfnis nach Selbstwertschutz bzw. Selbstwerterhöhung zusammen. Die Entgrenzung der Arbeit führt auch zur Entgrenzung der tariflichen Bindung. Während früher ein komplexer Arbeitsprozess im Betrieb im Team besprochen und aufgeteilt wurde, wird nun möglicherweise der Arbeitsprozess in kleinste Einzelteile gespalten, welche von beliebig vielen und schnell austauschbaren Crowdworkern erledigt werden können. Diese Beliebigkeit der austauschbaren Crowdworker führt dazu, dass zum einen die Unternehmen nicht dazu geneigt sein werden, diese Mitarbeiter wertzuschätzen, was neben der Vergütung für die meisten Arbeitnehmer mit die wichtigste Arbeitsmotivation darstellt. Zum anderen wird auch der Arbeitnehmer auf Dauer sein Grundbedürfnis nach Selbstwerterhöhung weder vom Unternehmen noch von Kollegen erfahren.

13. Work-Life-Balance

Die Grenze zwischen dem privaten und dem beruflichen Leben verschwindet zunehmend. Was ganz häufig übersehen wird: Die permanente Erreichbarkeit und Kommunikation über die sozialen Medien haben längst auch das Familienleben erreicht. Kaum eine Mutter kann sich dem Sog einer WhatsApp-Gruppe für Krabbelgruppe, Kindergarten, Schule, diverser Elterngruppen, Sport-Vereine, Musikkapellen usw. entziehen. Was früher postalisch auf einem Zettel als Information kam oder zumindest über die Kinder mündlich nach Hause gebracht wurde, erfordert heute von den Eltern einen ständigen Standby-Modus. Elternbriefe mit dringenden Nachrichten über z.B. den Masernausbruch in der Schule oder mit der Bitte um eine fristgerechte Einzahlung des

Betrages für eine Klassenfahrt, werden über ein Elternportal der Schule verschickt. Sind mehrere Kinder in mehreren Vereinen, auf unterschiedlichen Schulen, steigt der Druck des permanenten Überblick-Behaltens und damit der allgegenwärtigen Kontrolle. Die neuen Nachrichten kommen in kürzeren Abständen, rund um die Uhr. In der analogen Welt war gesellschaftlich akzeptiert, dass man nicht über mehrere Rollen und nicht überall, nicht zu jeder Zeit verfügen konnte. In der Digitalisierungszeit gelten diese Maßstäbe nicht mehr, da die digitale Verfügbarkeit stillschweigend vorausgesetzt wird. Kinder gründen bereits in der Grundschule eine WhatsApp-Gruppe für ein gemeinsames Referat. Wenn sie keine Smartphones besitzen, werden sie im Klassenverband schon mal ausgegrenzt, da sie dann nicht über gemeinsame Spiele und Diskussionen, welche in den sozialen Medien stattfinden, sprechen können. Die digitale Allzeitverfügbarkeit wird bereits im Kindesalter anerzogen.

Wenn also von der Work-Life-Balance gesprochen wird, so muss man diese vielleicht im Digitalisierungszeitalter neu definieren. Denn der Raum, den eine berufstätige Mutter oder eine pflegende Tochter für ihre Grundbedürfnisse zur Verfügung hat, wird immer kleiner. Was ist eine Arbeit per Definition und wann ist sie zu Ende? Was ist ein Familienleben? Was sind die ganz individuellen Grundbedürfnisse? Die digitale Entgrenzung im Arbeits- und Familienleben führt bei einer Überforderung an den Schnittstellen dazu, dass die Work-Life- Balance nicht die Lösung, sondern einen Teil des Problems darstellt.[288] Denn während in der analogen Welt über die Arbeitsschutzgesetze die Gefährdungen psychischer und physischer Art weitgehend ausgeschlossen werden muss, wird dies im häuslichen Bereich ganz der Selbstfürsorge des Arbeitnehmers überlassen. Wenn also die Arbeitnehmerinnen für sich die Freiheit beanspruchen zu entscheiden, wo und wie sie arbeiten, wie sie ihr Arbeits- und Familienleben gestalten, so haben sie ebenso die Pflicht, im Sinne der Selbstfürsorge die eigenen Fähigkeiten, Möglichkeiten und Grenzen selbstkritisch zu betrachten und somit die eigene Belastung zu steuern. Zwar kann und muss der Arbeitgeber die Grenzen der Belastung eines Arbeitsnehmers am analogen Arbeitsplatz einschätzen und bei Überbelastung und Ge-

---

288 Vgl. Giesen/Kersten 2017, S. 91.

II. Weiblicher Stress?

fährdung der Gesundheit entgegenwirken, im privaten Bereich des Betriebes dagegen sind die Möglichkeiten der Gefährdungsabschätzung für diesen schlicht nicht gegeben. Dennoch wird der Arbeitgeber aus seiner Pflicht, im Rahmen der gesetzlichen Verpflichtung präventiv gegen die Überlastung des Arbeitnehmers vorzugehen, nicht entlassen, sondern zum Entwickeln neuer für die Arbeit 4.0 tauglichen Präventions- sowie Arbeits-schutzprogramme gezwungen werden. Hierbei ist es nicht notwendig, vollkommen neue Programme von Grund auf zu entwickeln, sondern lediglich erforderlich, bereits vorhandene Burn-out-Präventionsprogramme an die Bedürfnisse der digitalen Welt anzupassen.

III. Gesundheitscoaching

14. Präventionsprogramme

Der Fokus dieser Arbeit soll zunächst auf die Präventionsprogramme gerichtet werden, welche verstärkt die individuelle Ebene der Stressprävention bzw. des Selbstmanagements bevorzugen, bevor auf den hierfür benötigten Rahmen in Bezug auf die Anforderungen im Digitalisierungszeitalter 4.0 eingegangen wird:

Zusammenfassung der nachfolgend beschriebenen Beispiele für Burnout-Präventionsprogramme:[289]

Autoren	Fokus	Beschreibung
Linniweh, Heufelder, Flasnoecker	Finden und Halten der Balance in Stress- und Belastungssituationen	Für die ganzheitliche Balance ist das Selbstmanagement zentral. Dazu gehören: — Selbstverantwortung (Körper): Erkennen physischer Stressreaktionen, bewusstes Umgehen mit dem eigenen Körper und ein ökonomischer Einsatz der zur Verfügung stehenden Kräfte — Selbstmotivation (Psyche): subjektives Stresserleben, Einstellung, Stresstoleranz und Gelassenheit — Selbst- und Sinnkompetenz (Geist): Stressursachen erkennen, Möglichkeiten, sich selbst treu bleibend und selbstbestimmt zu leben, Orientierungsmuster, Normen und Wertvorstellungen

III. Gesundheitscoaching

Kaluza	Förderung der psychosozialen Gesundheit	Modul 1: Selbstfürsorge-Wohlbefinden und angenehmes Erleben im Alltag Modul 2: soziales Netzwerk und soziale Unterstützung Modul 3: Selbstwirksamkeit-Vertrauen in die eigenen Stärken Modul 4: Sinnorientierung-Wert-Zielerklärung und positives Zukunftskonzept	
Pattakos/ Frankl	Sinn in der Arbeit	Sieben Prinzipien, die seiner Meinung nach Sinn geben: 1. Wir können unsere Einstellung gegenüber allem frei wählen. 2. Wir können unseren Willen zum Sinn erfüllen, wenn wir uns bewusst für sinnvolle Werte und Ziele engagieren. 3. Wir können in jedem Augenblick unseres Lebens Sinn entdecken 4. Wir können lernen zu erkennen, wie wir nicht gegen uns selbst arbeiten. 5. Wir können uns aus der Distanz betrachten, um Einsichten und neue Perspektiven zu entwickeln, und über uns lachen. 6. Wir können unsere Aufmerksamkeit so lenken, dass wir auch sehr schwierige Situationen bewältigen. 7. Wir können über uns hinauswachsen und die Welt verändern, und sei es nur ein kleines bisschen.	
Blickhan, Seligman	Positives Erleben, positive Eigenschaften im Sinne von Tugenden und Charakterstärken, Resilienzstärkung	— Grundbedürfnisse, Resilienz und Salutogenese — Lebenszufriedenheit und Wohlbefinden steigern — Persönliche Stärken erkennen und gezielt nutzen — Stärkenanalyse und das Flow Konzept — Positive Kommunikationsstrategien — Active Constructive Responding — Strategien zur Selbstunterstützung — Alltagsunterstützung	
Längle, Künz	Existentielle Zugänge zu Burnout Prävention	Vier Säulen der Prävention: 1. Das Können ist die Grundlage von allem 2. Ohne Mögen wird es schwierig 3. Das Dürfen gibt frei 4. Im Sollen liegt der Sinn	

289 Modifizierter Überblick über die häufigsten Burnout-Präventionsprogramme. Quelle: Alfred Längle, Ingeborg Künz, 2016, S. 45.

14.1 Stresspräventionsprogramm nach Kaluza

Kaluza entwickelte ein Gesundheitspräventionsprogramm, welches auf Aufbau der persönlichen Ressourcen abzielt. Exemplarisch können hier Themen wie Selbstwirksamkeit, individuelle Stärken und Stärkung der Sinnhaftigkeit im Leben, persönliche Analyse der Belastungsgrenzen sowie Erholungsquellen genannt werden.

Das Training ist aus vier wesentlichen Modulen aufgebaut:

Das erste Modul, das **Entspannungstraining**, zielt darauf ab, die Teilnehmer zu befähigen, gedanklich abschalten und sich körperlich entspannen zu können. Kaluza verwendet hierzu eine progressive Relaxation-Methode. Diese Methode zielt darauf ab,

- die langfristigen Folgen der Beanspruchung und der Erholung zu auszugleichen (**regeneratives Stressmanagement**),
- die Fähigkeiten zur Erregungskontrolle in akuten Belastungssituationen (**palliatives Stressmanagement**) zu entwickeln und letztendlich
- die Milderung stressverschärfender Bewertungsmuster (**mentales Stressmanagement**) zu erreichen.

Im zweiten Modul werden sinnvolle Denkweisen und Einstellungen gefördert:

- die **Reflexion** stressverschärfender Bewertungsmuster und Einstellungen sowie deren **Umwandlung** in wesentlich stressvermindernde, förderlich ementale Prozesse und Inhalte
- das **Erlernen** der mentalen Stressmanagementmethoden sowie die praktische **Umsetzung** bzw. Anwendung auf eigene stressverschärfende Kognitionen.

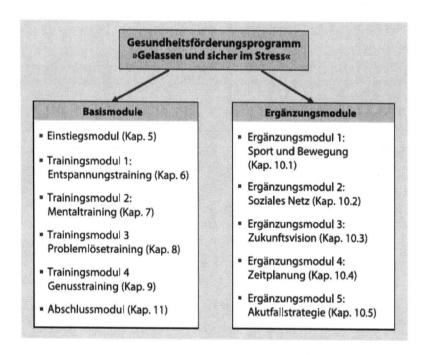

Abbildung 14. Module des Gesundheitsförderungsprogramms: "Gelassen und sicher im Stress" nach Kaluza (2010).

Stresssituationen wahrzunehmen, anzunehmen und zu verändern wird im dritten Modul behandelt: Der Fokus liegt hier auf dem ganz konkreten Umgang mit den Problemen:

- Teilnehmer müssen ihre ganz individuelle und zunächst pauschal formulierten Stresserlebnisse als Verhalten-in Situationen konkretisieren und schließlich verschiedene Bewältigungsmuster entwickeln.
- Die ausgewählten Bewältigungsmuster sind in einzelne Schritte zu gliedern, um diese im Alltag einsetzen zu können.

Das Genusstraining ist der Inhalt des 4. Trainingsmoduls. Hier geht es um eine Beschäftigung mit Möglichkeiten der regenerativen Bewältigung und um die Reflexion der persönlichen Beanspruchungs-Erholungs-Bilanz; außerdem sind die individuellen Belastungsausgleichsmöglichkeiten zu aufzuspüren, um diese schließlich im alltäglichen Erleben zu verankern. Wichtig ist die Einsicht, dass auch die eigene Leistungsfähigkeit begrenzt ist und Erholung benötigt.

Während die ersten vier Module auf eine gezielte Verhaltensänderung hinsteuern, thematisieren die Ergänzungsmodule stärker die Selbstreflexion. Im Vordergrund stehen Sport und Bewegung im Alltag als positive Stressbewältigungsstrategie; hinzu kommt die Analyse des eigenen sozialen Netzwerkes als wichtige Stress- und Problembewältigungsressource; ein Blick in die Zukunft im Sinne der generellen Klärung der persönlichen Ziele und Visionen; sowie Strategien in einem akuten Stressfall und abschließend der Umgang mit der Zeit als begrenzter Ressource.[290]

Fazit: Das Präventionstraining kann nach einer Einführung in Präsenzstunden aufgrund der einfachen und flexiblen Struktur der Übungen ebenso auch individuell in der häuslichen Umgebung sehr gut umgesetzt werden.

14.2 Burn-out Präventionsprogramm nach Blickhan/Seligman

Seit einigen Jahren ist eine neue Ausrichtung der Psychologie in Erscheinung getreten: die positive Psychologie. Die Gründer dieser Bewegung sind der Psychologe Martin Seligman und sein Kollege, Ed Diener. Seiner Ansicht nach soll sich die Psychologie nicht nur auf die negative Linderung einer Symptomatik konzentrieren, sondern vielmehr das Ziel haben, das Wohlbefinden, die Lebenszufriedenheit und die psychische Leistungsfähigkeit zu unterstützen. Zu den Grundlagen der positiven Psychologie zählen unter anderem die griechische Philosophie, die humanistische Psychologie, aber auch andere Konzepte, welche in diese mitintegriert werden, wie z.B: die Ressourcenorientierung nach Grawe, die seelische Gesundheit nach Marie Jahoda, usw...[291] Die Interventionstechniken der positiven Psychologie umfassen Konzepte der kognitiven Verhaltenstherapie, um beispielsweise negative Gedanken oder negatives Verhalten zu erkennen und zu än-

---

290 Vgl. Kaluza 2010, S. 66 ff.
291 Vgl. Blickhan 2015, S. 19.

dern,[292] sowie persönliche Stärken zu entdecken und diese zu festigen und steht somit mit anderen lösungsorientierten Ansätzen im Einklang.[293] Neben der Anwendung in der Psychotherapie konzentriert sich die positive Psychologie auf Präventionsarbeit z.b. bei Depressionen und Burnout. Die Gründer der positiven Psychologie betonen, dass die Neuausrichtung keineswegs mit einer positiven Denkweise gleichzusetzen ist, sondern vielmehr mit wissenschaftlichen Modellen und Theorien untermauert wird.[294]

Dabei fokussieren sich die psychologischen Interventionen auf positive Themen, wobei sie so angelegt sind, dass deren Wirkung auch langfristig messbar ist. Es werden z.B. Fragen der intrinsischen und extrinsischen Ziele, der persönlichen Stärken, von Achtsamkeit und Flow, des Selbstwertgefühls, der positiven Kommunikation oder der Lebensqualität angegangen.

Die Interventionen zielen ebenso auf positive Ergebnisse. Es geht hier nicht in erster Linie um ein Vermeidungsverhalten, sondern um eine Stärkung der Wahrnehmung. Und schließlich fördern psychologische Interventionen in der positiven Psychologie auf der Grundlage der empirischen Forschung das Wohlbefinden. Als Anwendungs-gebiete kommen Familientherapie, Einzeltherapie, Resilienz bei Jugendlichen, positive soziale Identität, Coaching, Online- Interventionen usw. in Frage.[295]

Die Erreichung der Ziele in den Interventionen soll über die Übungen angestrebt werden. Dabei müssen die Teilnehmer beispielsweise eine Woche lang einen positiven Tagesrückblick aufschreiben (also alle positiven Ereignisse und Eindrücke) oder eine der Stärke-Übungen durchführen (diskutiere etwas von einem Standpunkt aus, der deinen Ansichten eigentlich widerspricht) oder eine positive Kindheits-erinnerung aufschreiben.

Fazit: In wiederholt durchgeführten Studien, unter anderem in einer Online-Studie, wurde die positive Wirkung dieser Übungen bestätigt. Die Wirkung der Übungen war auch nach sechs Monaten noch spür-

---

292 Vgl. Blickhan 2015, S. 297.
293 Vgl. Blickhan 2015, S. 303.
294 Vgl. Blickhan 2015, S. 20.
295 Vgl. Blickhan 2015, S. 293 ff.

bar. Das besondere an der Durchführung der Interventionen ist, dass die Teilnehmer die Übungen selbst aussuchen können, z.b. die Übungen, welche ihnen mehr Freude bereiten oder bei denen die Hemmschwelle am niedrigsten ist. Die Teilnehmer bleiben dadurch länger bei der Übung und verspüren dabei eine positive Motivation, – welche schließlich zum Anstieg des Wohlbefindens führt.[296] Der Schwerpunkt liegt auf der Herausarbeitung der persönlichen Ressourcen und weniger auf der Sinnfindung in der Arbeitswelt.

14.3 Burn-out Präventionsprogramm nach Linniweh, Heufelder, Flasnoecker

Im Fokus dieses Präventionsprogramms steht die ganzheitliche Balance, d.h. das Zusammenspiel geistiger, psychischer und körperlicher Kräfte. Dabei sollen die Selbstbestimmung und Selbstverantwortung[297] als Kernkompetenzen wieder aktiviert und gestärkt werden, welchen gerade durch die zunehmende Fremdbestimmtheit hohe Bedeutung zukommt in den Situationen:[298]

– welche aufgrund der unzureichenden Information nicht eingeschätzt werden können;
– welche einen hohen Zeit- und Erwartungsdruck bedeuten und
– für welche noch keine neue Handlungsstrategien gefunden wurden.

---

296 Vgl. Blickhan 2015, S. 304 ff.
297 Vgl. Linniweh/Heufelder/Flasnoecker 2010, S. 61.
298 Ebd.

III. Gesundheitscoaching

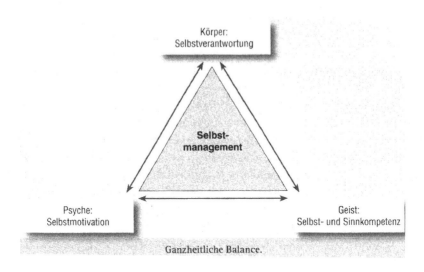

Abbildung 15. Balance statt Burn-out. Quelle: Linniweh u.a. (2010).

Linniweh u.a. nennen drei große Bereiche mit wechselseitiger Beziehung:

1. Körperliche Kompetenz:

Zunächst geht es um das Erkennen und die Wahrnehmung der physischen Stressreaktionen und einen bewussten Umgang mit diesen, denn wenn der Stress lange anhält, verlieren Menschen die eigene körperliche Wahrnehmung. Außerdem müssen die Teilnehmer die zur Verfügung stehende Ressourcen erkennen und deren ökonomischen Einsatz erlernen.

2. Psychische Kompetenz:

Nachdem der Stress eine ganz individuell erlebte Reaktion ist, geht es hier um eine richtige Einstellung, Stresstoleranz und Gelassenheit. Zentral sind dabei die Überprüfung der eigenen Ziele und Einstellungen und die Entwicklung der Fähigkeiten zur Selbstmotivation und zu selbstständigen Entscheidungen in schwierigen und stressigen Situationen.

3. Geistige Kompetenz:

Im Vordergrund steht die bewusste Auseinandersetzung mit den eigenen Wertvorstellungen, Normen, Bedürfnissen, Gefühlen und Orientierungsmustern. Es gilt, die Balance zwischen den Anforderungen der Berufswelt, den Bedürfnissen der Familie und der Partnerschaft, dem sozialen Umfeld und den eigenen Ansprüchen zu finden, um unter den fremdbestimmten Rahmenbedingungen sich selbst treu bleiben zu können.[299]

Um die Balance zwischen dem Arbeits- und Privatleben zu erreichen, haben sie ein ganzheitliches Programm entwickelt und betonen die Bedeutung von leistungsorientierten Verhaltenstherapien. Es ist ihrer Überzeugung nach effektiver, das Selbstmanagement zur Stabilisierung des positiven Verhaltens auszubauen, als den Fokus auf den Abbau der negativen Verhaltens- und Denkweisen zu richten.[300]

Neben den dazugehörigen Checklisten, werden Übungen zur Meditation gezeigt und eingeübt, die Ernährungsgewohnheiten analysiert, die Teilnehmer zum Sport motiviert, das eigene Zeit- und Arbeitsmanagement neu strukturiert und an den Rollenkonflikten in unterschiedlichen Lebensbereichen gearbeitet:

---

299 Vgl. Linniweh, Heufelder, Flasnoecker 2010, S. 62.
300 Vgl. Linneweh, Heufelder, Flasnoecker 2010, S. 212.

	Anamnese	Therapie	Umsetzung
Modul A – Körper	**Medizinische Anamnese** • Neurostressprofil • Hormonprofil • Genprofil • oxidatives Stressprofil **Anamnese der Risikofaktoren** • Lifestyle • familiäre Risiken • Medical Check	**Medizinischer Therapieplan** • Analyse und Interpretation der medizinischen Ergebnisse **Aktive Lebensführung** • Ernährungsplan • körperliches Fitnessprogramm • Entspannungsübungen	**Kontrolle der Laborwerte** • Anpassung des Therapieplans **Aktive Lebensführung** • Überprüfung und Coaching • Überwindung von Widerständen zur Verhaltensänderung
Modul B – Psyche	**Persönlichkeitsanalyse** • Burnout-Test • gefährdete Persönlichkeitstypen • Selbst- und Fremdbestimmung	**Psychische Balance** • Erhöhung der Stresstoleranz • Veränderung stresshafter Einstellungen • Persönlichkeits- und Selbstkompetenz	**Veränderung stresshafter Lebensstile** • Arbeits- und Zeitmanagement • Stress- und Burnout-Prophylaxe • Teamentwicklung mit Partnern und Mitarbeitern
Modul C – Geist	**Life Balance** • Partnerschaft • Freizeit • berufliche Stressursachen	**Führung der eigenen Person** • Lebensprioritäten • familiäre und berufliche Lebensplanung • Work-Life-Balance	**Selbstmanagement** • Training on the job • Beseitigung von Rollenkonflikten • persönliches Wachstum

Abbildung 16. Ganzheitliches Programm für Burnout-Prävention nach Linneweh, Heufelder und Flasnoecker (2010).

Fazit: Das Präventionsprogramm ist mit allen drei Bereichen ziemlich umfangreich, da es sogar eine medizinische Kontrolle des Therapieplans miteinschließt und ist daher am ehesten in einem klinisch geprägten Setting (Kur oder Rehamaßnahme) umsetzbar. In einigen Teilen, wie z.B. der Veränderung stresshafter Lebensstile oder dem Selbstmanagement, ist dieses Programm dem Programm nach Kaluza sehr ähnlich.

14.4 Burn-out Präventionsprogramm nach Pattakos

Pattakos analysierte umfangreiche Arbeiten des Psychologen Viktor Frankl und fasste so die wichtigsten Kriterien zusammen, um ein sinnvolles Leben (und dazu gehört auch eine sinnvolle Arbeit) zu erreichen:

1. *Wir können unsere Einstellung gegenüber allem frei wählen, was uns widerfährt.*

Es geht hier um eine Einstellungsänderung, die man bewusst vornimmt. Dabei wählt man eine positive Einstellung zur Situation, kein reines positives Denken, sondern einen realistischen Optimismus, so dass scheinbar schwierige und zunächst unmögliche Optionen in greifbare und fühlbare Nähe kommen können. Diese Vorstellung wird beispielsweise mit der Übung, „Nenne mir 10 positive Aspekte der aktuell schwierigen Situation", verstärkt. Es geht also um eine Umpolung der negativen Sicht ins Positive. Dadurch sieht man eine nahezu aussichtslose Situation aus einem neuen Blickwinkel.

2. *Wir können unseren Willen zum Sinn erfüllen, wenn wir uns bewusst und authentisch für sinnvolle Werte und Ziele engagieren.*

Der Sinn erhält uns am Leben. Diesen können die Menschen nur selbst finden, da dieser in erster Linie von innen kommt. „Wenn wir uns die Zeit nehmen, unsere Beziehung zu unserem ursprünglichen Selbst zu kultivieren, bekommen alle unsere Erfahrungen einen Sinn".[301] Gibt es einen, so hilft dieser, durch schwierige und schmerzhafte Situationen und Lebensphasen zu kommen. Mit Übungen und Sinnfragen sollen die Werte und Ziele in verschiedenen Lebens- und Arbeitsbereichen hinterfragt werden.

3. *Wir können in jedem Augenblick unseres Lebens Sinn entdecken*

Die Vertiefung des zweiten Prinzips liegt in der Sinnfindung auch in den kleinen Augenblicken im Leben. „Der Mensch ist allein dafür verantwortlich, die Samen des Sinns in seinem Leben zu finden und sein früheres Selbstmitleid…"[302] abzulegen. Das Gefühl der Angst, z.B. den Arbeitsplatz, das Gesicht, geliebte Menschen zu verlieren, nimmt einem die Möglichkeit, in dem was man tut, einen Sinn zu sehen. Indem man beispielsweise die Lebensstationen und Erfahrungen mit Menschen auf einer Lebenslandkarte betrachtet, wird man einen ganz individuellen Sinn erkennen.

---

301 Pattakos 2011, S. 92.
302 Pattakos 2011, S. 113.

4. *Wir können lernen, nicht gegen uns selbst zu arbeiten und unseren eigenen Intentionen nicht zuwider zu handeln.*

Die besten Absichten werden zur Ursache für das eigene Scheitern, in dem man an sich selbst oder andere Personen zu hohen Erwartungen hat und sich das gewünschte Ergebnis (und die Angst, dies nicht zu schaffen) permanent vor Augen hält. „Wenn ein bestimmter Erfolg so inbrünstig herbeigewünscht wird, dass wir die Beziehungen übersehen und vernachlässigen, die integraler Bestandteil auf dem Weg zu diesem Erfolg sind, dann legen wir die ersten Keime des Misserfolgs in unser Tun."[303] Anhand der Analyse der missglückten oder gescheiterten Projekte soll veranschaulicht werden, in welchen Situationen man sich selbst sabotiert hat und wie man dies in Zukunft verändern/verhindern kann.

5. *Wir können uns von uns selbst distanzieren, um Einsichten und neue Perspektiven zu entwickeln, und über uns lachen.*

Selbstdistanzierung erlaubt, die gegenwärtige Situation, die gemachten Fehler aus einer Distanz zu betrachten und so den Stress in den Griff zu bekommen. Die Selbstdistanzierung ist somit ein wichtiger Stressbewältigungsmechanismus. Es geht dabei darum, die Fehler zuzugeben, aber diesen nicht die große Gewichtung beizumessen. Selbstdistanzierung fördert nicht nur die Beziehungen, sondern auch das innere Wachstum.

6. *Wir können unsere Aufmerksamkeit so lenken, dass wir auch sehr schwierige Situationen bewältigen.*

Es geht hier um kreative De-Reflexion bzw. Ablenkung. In Stresssituation soll man sich ablenken, in dem man sich beispielsweise in Gedanken für gewisse Augenblicke an die schönen Urlaubsorte oder an einen stillen und schützenden Ort bringt. Diese Übung hilft, zur Ruhe zu kommen und sich von den Problemen nicht vereinnahmen zu lassen.

7. *Wir können über uns hinauswachsen und die Welt verändern, und sei es nur ein ganz kleines bisschen.*

Man soll sich selbst als Teil eines großen Ganzen sehen. „Mensch sein heißt, sich auf etwas anderes als sich selbst zu beziehen."[304] Es geht um

---

303 Pattakos 2011, S. 138.
304 Pattakos 2011, S. 179.

eine spirituelle Ebene der Sinnfindung, um Selbsttranszendenz und um Selbstlosigkeit. Wenn man das große Ganze im eigenen Tun sieht, dann lenkt man die Aufmerksamkeit von sich selbst weg und kann damit erreichen, dass die inneren Ängste an Bedeutung verlieren.

Fazit: Das Programm ist zwar von den Ansätzen mit dem Modul 4 von Kaluza „Sinnorientierung- Wert-Zielerklärung und positives Zukunftskonzept" vergleichbar, bietet aber keine praktische Umsetzung an und ist daher in der Praxis nicht leicht einsetzbar. Es berücksichtigt zudem keine Analyse der sozialen Ressourcen und keine Analyse der eigenen Ressourcen, sondern zielt schwerpunktmäßig auf die Änderung der inneren Einstellung ab.

14.5 Burn-out Präventionsprogramm nach Längle/Künz

Längle/Künz verknüpfen Burn-out mit der Frustration existentieller Grundbestrebungen des Menschen, z.B. mit dem Mangel lebenswichtiger Bedürfnisse wie Schutz, Angenommensein, Wertschätzung oder Zuwendung.[305] Unter Druck neigt der Mensch mit unbefriedigten Grundbedürfnissen dazu, sich nicht auf die Anforderungen der Situation zu konzentrieren, sondern strebt nach dem Beheben des in der Vergangenheit entstandenem Defizits. Dadurch ist aber nach Längle/Künz die innere Zustimmung zu einem erfüllten Leben nicht mehr möglich, solange der Mensch nach Befriedigung seiner Bedürfnisse sucht.[306]

Um zur inneren Zustimmung zu gelangen, ist also für die Prävention die Schaffung der Voraussetzungen für die Befriedigung der vier Grundbedingungen der Existenz unentbehrlich.[307] Längle/Künz teilen die Grundmotivationen in vier Bereiche:

Der Mensch benötigt, um die innere Zustimmung zu seinem Leben zu haben:

1. Schutz, Raum und Halt, damit er Vertrauen erleben, die Realität nicht nur aushalten, sondern annehmen kann;

---

305 Vgl. Längle/Künz 2016, S. 41.
306 Vgl. Längle/Künz 2016, S. 42.
307 Vgl. Längle/Künz 2016, S. 65.

2. Zeit, Werte, Beziehung und Nähe, um durch Zuwendung und Trauern in eine Verbundenheit mit sich selbst und der Umwelt zu kommen;
3. Beachtung, Gerechtigkeit und Wertschätzung und um eine authentische Haltung zu ermöglichen und
4. Sinn in der Arbeit zu sehen, die man tut, und zwar in einem größeren Zusammenhang.

Begleitet wird die Grundmotiovation ganz häufig von verschiedenen Ängsten, welche die Entfaltung der präventiven Wirkung verhindern können. Diese wären:

1. Die Grundangst

Im Vordergrund steht der Haltverlust in der Welt, diffuse Ängste vor Kontrollverlust, oder Arbeitsplatzverlust, auch im Bereich der menschlichen Beziehung, also die Angst, nicht angenommen zu werden.

2. Die Grundwertangst

Sie zielt stark auf die Beziehungen ab. Das könnte eine Beziehung zum Partner, zum Kind, aber auch die Beziehung zur Arbeit, zur Firma sein, oder das Gefühl und schließlich die Angst entsteht, dadurch dass die Werte nicht mehr gelebt werden können.

3. Die Selbstwertangst

Diese Angst betrifft den Verlust der eigenen Wertschätzung oder des Ansehens im Betrieb; die Angst, den Ansprüchen der Anderen nicht entsprechen zu können, oder dabei Kränkungen und Verletzungen zu erfahren.

4. Die existentielle Angst

Diese betrifft die grundlegende menschliche Sinnsuche: wenn die Arbeit keinen Sinn mehr hat, wenn die Zukunft sinnlos erscheint, kein Vertrauen herrscht und eine Leere und die Absurdität des Lebens verspürt wird.

Diese Ängste sollen, sofern diese nicht chronischer Natur sind, im Coaching bearbeitet werden.

Die Derminanten der Prävention:

Diese sind nach Längle/Künz die Säulen des Könnens, des Wollens/ Mögens, des Dürfens und des Sollens als Voraussetzung zur inneren Zustimmung. Das Präventionsprogramm untersucht all diese Bereiche schablonenhaft auf zwei Ebenen: der organisatorischen Ebene und der individuellen Ebene:

Abbildung 17. Organisatorische und individuelle Determinanten der Prävention nach Länge/Künz. Quelle: eigene Darstellung.

Die Säule des Könnens betrachtet die Fähigkeiten bzw. die Ressourcen des Menschen: was kann ein Mensch grundsätzlich und was kann er unter den aktuellen Arbeitsbedingungen mit seinen Fähigkeiten tatsächlich tun. „Es geht letztendlich in dieser Dimension darum, das eigene Dasein in der aktuellen Arbeitwelt mit ihren Bedingungen gut zu plazieren."[308]

---

308 Längle/Künz 2016, S. 71.

Die Säule des Mögens betrifft die eigene Einstellung zur aktuellen Arbeit, inwieweit diese einem gefällt, inwieweit man sich selbst mag, inwieweit die Arbeit einen berührt. Wie sieht es mit der inneren Beziehung zur Organisation aus?

Die dritte Säule, die des Dürfens, betrachtet das eigene Ich der Person: Inwieweit man „Ja" zu sich selbst sagen kann. Es werden die Fragen der Authentizität und der Freiheit des eigenen Denkens betrachtet. „In diesem Abschnitt geht es also um mich in meinem (Arbeits-) Leben."[309]

Die vierte und letzte Säule betrifft schließlich das Sollen. Hier ist die Sinnfrage der eigenen Motivation und des eigenen Handelns in einem größeren Zusammenhang zu stellen.

Nach Längle kann die innere Zustimmung also nur dann erreicht werden, wenn die vier Säulen der Grundbedingungen erfüllt sind.

Fazit: Das Programm nimmt Bezug auf den Therapieansatz (Existenzanalyse und Logotherapie) von Viktor Frankl und legt seinen Schwerpunkt auf die Sinnfindung in der Arbeit.

14.6 Zwischenfazit

Zusammenfassend ist es wichtig, die eigenen Belastungsgrenzen frühzeitig zu erkennen, und darauf achten, diese Grenzen einzuhalten und nicht ständig darüber hinauszugehen.

Ein weiterer wesentlicher Faktor der Prävention ist die Fähigkeit zur Selbstreflexion sowie ein Ausgleich zu hoher Belastungen – seien diese nun privater oder beruflicher Natur. Um dem Stress eigenständig entgegenwirken zu können, sind Präventionsprogramme zur Stressbewältigung im Sinne der Hilfe zur Selbsthilfe erforderlich.

Der gemeinsame Nenner aller dargestellten Programme ist, trotz unterschiedlicher Schwerpunkte und Ansätze, auf einer Seite das Erlernen der psychischen Selbstregulation und auf der anderen Seite die Sinnfindung im Arbeitsleben. Ein weiterer gemeinsamer Punkt der präventiven Ansätze ist das resourcenorientierte Denken. Dies ent-

---

309 Längle/Künz 2016, S. 103.

spricht auch dem psychologisch-therapeutischen Ansatz, wonach eine auschließlich problemfokusierte Therapie weniger erfolgreich ist.[310] Ferner liegt die Verantworung in allen diesen Programmen für Prävention und damit Burn-out-Vermeidung in erster Linie auf der individuellen Seite. Die dargestellten Präventionsprogramme sind geschlechtsneutral, für ein breites Publikum konzipiert und gehen somit auf die speziellen Bedürfnisse von Frauen mit einer Doppelbelastung nicht ein.

Das Präventionsprogramm nach Kaluza forciert die Balance zwischen den körperlichen und psychischen Bedürfnissen, im Programm nach Längle/Künz liegen dagegen Schwerpunkte auf der Sinnfindung in der Arbeit und dem Erreichen der inneren Zustimmung.

Wenn man die beiden Präventionsprogramme verbindet, so können sie im digitalen Zeitalter 4.0 einen guten Ansatz für eine nachhaltige Stressprävention darstellen. Denn neben der Aktivierung der eigenen Resourcen sollte der Sinnfindung in der Arbeit eine gleich hohe Bedeutung beigemessen werden. Sinn- und Orientierungsbedürfnisse in der Arbeitswelt werden in den kommenden Jahren bei sich schnell verändernden Arbeitsbedingungen verstärkt aufkommen und nach Antworten bzw. Strategien verlangen. Können also die dargestellten Programme den Bedürfnissen der Frauen im Bezug auf Stressregulation gerecht werden? Zum größten Teil! Zwei weiterere Aspekte müssen jedoch berücksichtigt werden: die Veränderung der Kommunikation und Beziehungskonstrukte sowie die Doppelbelastung der Frauen.

Das Verständnis für eine gelungene Kommunikation sowie die Beziehungskonstrukte werden sich im digitalen Zeitalter, wie bereits zuvor ausführlich dargestellt, verändern:

- **Kommunikation in der digitalen Zeit**

Bereits jetzt findet die Kommunikation privat wie beruflich auch mit Hilfe technologischer Mittel statt. Die damit verbundenen Vorteile sind unbestitten: gerade in der Arbeit mit agilen Teams fördern die digitalen Medien Transparenz; virtuelle Kalender ermöglichen eine zeitnahe und zuverlässige Planung und schnelles Handeln. So werden schon mal auf dem Weg ins Büro z.B. Emails auf deren Relevanz über-

---

310 Vgl. Grawe 2000, S. 96.

prüft, um die Zeit effizient zu nutzen.[311] Dieses Agieren wird als flexible Kommunikation gesehen und dabei unterstellt, dass man dadurch schnell und anpassungsfähig wird (mit Hilfe von unterschiedlichen Endgeräten und Kommunikationskanälen, die nach Vorlieben und Anlass individuell gewählt oder gar im Mulittasking-Modus verwendet werden könen[312]), sich neben den Emails und in den wenigen verbleibenden persönlichen Gesprächen aber im gleichen Moment voll auf einen anderen Menschen konzentriert und seine Bedürfnisse ernst nimmt. Die tatsächliche menschliche Kommunikation wird jedoch so auf ein Minimum reduziert. Dabei hat die Kommunikation mehr an Funktionen als nur pure Weiterleitung der Informationen, denn das können Maschinen auch.

Einerseits fördert persönliche Kommunikation Verständnis für einander. Die menschliche Kommunikation ist vielfältig, geprägt durch verschiedene Kulturen, Nationalitäten und Mentalitäten. Sie ist bereits von Natur aus mehrdeutig.[313] Die Vielfalt der Wörter und deren Verwendung, die dazugehörige Mimik und deren Bedeutungen sind daher individuell stark ausgeprägt. In der zwischenmenschlichen Interaktion kann man den Sinn des gesprochenen Wortes erfassen, mit der begleitenden Mimik und Gestik, ihn analysieren oder diesen im Dialog klären, allein schon mit der Frage: „Wie meinst du das?". In der medialen Welt ist in der Regel eine smarte und schnelle Kommunikation von Bedeutung, da sonst eine Flut an Aufträgen und Anfragen nicht ohne Verzögerung bearbeitet werden können. Wie bereits Schulz von Thun in seinem Vier-Seiten-Kommunikationsmodell beschrieben hat, kann eine Botschaft auf vier unterschiedlichen Ebenen aufgenommen und so allzu leicht falsch interpretiert werden. Die zunehmende Erwartung einer schnellen Kommunikation aufgrund der neuen digitalen Medien erhöht auch die Erwartung, eine Antwort sofort zu erhalten. Auch hier kann ein Schweigen zu Missverständnissen führen, weil man, nach Paul Watzlawick nicht nicht kommunizieren kann.

Andererseits dient die Kommunikation auch der Beziehungspflege. Ein beiläufiges Gespräch auf dem Flur, eine schnelle Face to Face-

---

311 Vgl. Roth 2014, S. 28.
312 Vgl. Roth 2014, S. 25.
313 Vgl. Tannen 1992, S. 143.

Nachfrage von Büro zu Büro fördert die Zusammenarbeit, das Verständnis für das Handeln und die Motive des anderen. Es erleichtert dadurch die Toleranz gegenüber den Fehlern der anderen, fördert Solidarität und Hilfsbereitschaft und schließlich die gegenseitige Akzeptanz. Menschen können als soziale Wesen eine Beziehung nur über eine Kommunikation herstellen. Und diese braucht Zeit, um zu wachsen.

In der Vorstellung von Arbeit 4.0 ist Zeit, gerade für die Pflege dauerhafter Beziehungen, nicht vorgesehen. Der Mensch agiert schnell, in verschiedenen Teams, orts- und zeitunabhängig und trifft sich hin und wieder zu den Teamssitzungen. Dort werden jedoch in der Regel nur die sachbezogenen Themen besprochen. Lediglich kurze persönliche Gespräche in den Pausen sind bereits jetzt die Realität. Kaum ein Mitarbeiter wird in diesen kurzen Gesprächen seine persönliche Lebenswelt offenbaren und nach Gemeinsamkeiten mit den anderen suchen.

Der einzig häufig genutzte Weg der Kommunikation hierfür wird also vielfach über Medien gehen. Und da die Menschen im Gegensatz zu moderner Assistenztechnik wie Alexa nicht fehlerfrei sind, werden auch Emails oder Kurznachrichten nicht immer in einer absolut korrekten Form verfasst. Die dabei entstehenden Missverständnisse lösen stets Emotionen aus, wie Erstaunen, Wut, Trauer oder Stress. Daher muss der von neuen Medien geprägten Welt auch mehr Bedeutung beigemessen werden und sie in den Präventionsprogrammen einen Platz finden.

Außerdem ist die Betonung und die Auseinandersetzung mit der Doppelrolle der Frauen als Mutter und Arbeitnehmerin aus präventiver Sicht notwendig.

- **Die Doppelbelastung der Frauen**

Frauen sind zwar in Bezug auf Stresswahrnehmung, wie bereits ausführlich dargestellt, hormonell nicht anders beschaffen als Männer. Trotzdem neigen sie dazu, stressige Ereignisse im Leben als stressiger zu empfinden, Angst bei Herausforderungen durch sozialen Stress zu haben und auf gesellschaftliche Rollen sowie auf persönliche Bedürfnisse und in Bezug auf Selbstvertrauen deutlich mehr Stress zu empfinden. Auch diesen Hinweisen muss Rechnung getragen und ihnen ein Platz in einem Präventionsprogramm eingeräumt werden. Die

Auseinandersetzung mit dem eigenen Rollenverständnis geschieht in der Regel erst dann, wenn die Familie neben dem beruflichen Teil gleichberechtigt Ansprüche stellt. Das Scheitern an eigenen Perfektionsansprüchen in den beiden „Welten" und die gesellschaftliche Erwartung von exzellenten Leistungen führt zum Stress und damit zum Burnout.[314] Daher ist eine gezielte Analyse der eigenen Doppel-Rolle gerade bei Frauen zur langfristigen Stressregulierung und damit Stressreduzierung als Präventionsprogramm erforderlich.

Insgesamt ergibt sich in der Verschmelzung der Präventionsprogramme nach Kaluza und Längle/Künz sowie aufgrund der oben dargelegten Gründe für eine Ergänzung der Präventionsprogramme folgender neuer Weg für Frauen mit einer Doppelbelastung in dem Digitalisierungszeitalter 4.0:

Basismodule	Ergänzungsmodule
Einstiegsmodul	Ergänzungsmodul 1: Sport und Bewegung
Trainingsmodul 1: Entspannungstraining	Ergänzungsmodul 2: Soziales Netz
Trainingsmodul 2: Mentaltraining	Ergänzungsmodul 3: Zukunftsvision
Trainingsmodul 3: Problemlösetraining	Ergänzungsmodul 4: Zeitplanung
Trainingsmodul 4: Genusstraining	Ergänzungsmodul 5: Akutfallstrategie
Trainingsmodul 5: Sinn und Orientierung in der Arbeit	*Ergänzungsmodul 6: Kommunikation 4.0*
Abschlussmodul	*Ergänzungsmodul 7: Beziehung 4.0*

Abbildung 18. Präventionsprogramm nach Kaluza: "Gelassen und sicher im Stress", modifiziert.

---

314 Vgl. Spitzer 2016, S. 45.

15. Betriebliche Ebene für zukünftige Präventionsarbeit

Die Organisation kann hier zwar die Rahmenbedingungen schaffen, in dem diese Programme initiiert werden, und damit als flankierende Hilfe agieren, – die Umsetzung liegt aber, da die Bedürfnisse ganz individuell sind, bei den Betroffenen selbst.

An diese Stelle gehört im Digitalisierungszeitalter auch das Umdenken bei Präventionsprogrammen. Die Durchführung der Präventionsprogramme kann bei einem digitalen Arbeitsplatz nämlich nicht nur in wenigen Präsenzveranstaltungen stattfinden, sondern muss sinnvollerweise auch in ein Online-Training münden.[315]

Bekanntermaßen geht es bei Prävention nämlich in erster Linie um eine nachhaltige Wirkung, weil nur so psychische Erkrankungen bei Dauerstress vermieden werden können. Ein auf nur einige Präsenzveranstaltungen angelegtes Programm mag einige Monate seine Wirkung entfalten, eine nachhaltige Wirkung und eine zunehmende Selbstermächtigung, was das eigentliche Ziel sein sollte, kann nur über Wiederholungen und stetige Begleitung der Klienten erreicht werden. Denn „[die] Bildung [...] strukturelle[r] Veränderungen erfordert Zeit, während der die Gedächnisspur labil und anfällig gegen Störung ist. „[Weiterhin]...spricht vieles für die allgemeinere Annahme, dass Gedächtnisspeicherung auf Veränderungen der synaptischen Erregungsübertragung beruht und diese Änderungen das Ergebnis eines zeitlich erstreckten Konsolidierungsprozesses sind [...] Für einen solchen Konsolidierungsprozess spricht unter anderem die Beobachtung, dass die Stabilität von Gedächtnisspuren auch noch nach dem eigentlichen Lernvorgang durch verschiedene Einflüsse [...] gefördert oder beinträchtigt werden kann, wobei die Stärke dieser Effekte mit zunehmendem Zeitabstand von der Lernphase abnimmt".[316]

Die durch die Teilnahme an einem Stress-Präventionsprogramm entstandenen neuen Verhaltens- und Erregungsmuster ersetzen bzw. löschen noch lange nicht die über eine lange Zeit eingeprägten Verhaltensmuster, sondern überlagern diese lediglich, was dazu führt, dass bei Belastungen die neuen Muster durch die bereits bekannten wieder

---

315 Vgl. Badura u.a. 2019, S. 103.
316 Goschke 1996, S. 388.

abgelöst werden, weil die „[neuen] Erregungsmuster mehr Verarbeitungs-kapazität in Anspruch"[317] nehmen. Deshalb ist es förderlich, im Sinne der nachhaltigen Prävention, eine mittelfristige Begleitung, beispielsweise durch ein Coaching, organisatorisch zu implementieren, da aus psychologischer Sicht „[d]as neue Erregungsmuster oder Schema [...] erst einmal viele Erfahrungen assimilieren müsste, bis ein stabiles neues Erregungsmuster etabliert ist."[318]

In einer umfangreichen Studie zum Krankheitsstand von 13,9 Mil. AOK-Versicherten wird sogar eine „regelhafte" Einführung der Workshops und Vorbereitungskurse sowie die Entwicklung eines regelmäßigen Austausches zwischen den mobilarbeitenden Kollegen besonders empfohlen.[319]

Hierfür bietet sich also Gesundheits-Coaching an und könnte so das Bedürfnis nach Präsenz, also Coaching Face-to-Face und die Möglichkeit eines Coachings bzw. Beratung per Online-Training verbinden, um eine Gesundheitskopetenz der Frauen zu stärken. Was man unter der Gesundheitskompetenz versteht und wie diese in Beratung und Coaching umgesetzt werden könnte, wird nachfolgend ausführlich betrachtet.

16. Frauen, Stress und gesundheitsrelevante Kompetenzen

Zusammenfassend lässt sich also feststellen, dass die doppelte Vergesellschaftung der Frauen mit Anforderungen und Erwartungen in unterschiedlichen Systemen (Familie, Beruf) verbunden ist. Die Digitalisierung verändert die Rahmenbedingungen für Beschäftigung und Anforderungsprofile. Neben dem steigenden Risiko der Substituierbarkeit „typischer" Frauenberufe verändern sich die Voraussetzungen für die berufliche Qualifizierung. Mehr als bisher sind gerade Frauen in typisch weiblichen Arbeitsfeldern gefordert, digitale Kompetenzen zu erwerben. Steigende Anforderungen im Bereich der Erwerbsarbeit und die Verantwortung für die Vereinbarkeit von Familien- und Erwerbs-

---

317 Grawe 2000, S. 267.
318 Grawe 2000, S. 268.
319 Vgl. Bandura u.a. 2019, S. 104.

arbeit stellen Herausforderungen dar, die Frauen als Belastung empfinden können. Belastungen und der damit wahrgenommene Stress beeinträchtigen das Wohlbefinden und stellen gesundheitliche Risiken dar.[320]

Frauen und Männer verfügen über ungleiche Perspektiven. Die Zugehörigkeit zu einem Geschlecht ist prägend für den Verlauf von Lebens- und Berufsbiografien. Das Geschlecht beeinflusst Sozialisationsprozesse und damit verbundene Rollenerwartungen. Die Ungleichheit von Mann und Frau ist ein Merkmal der modernen Gesellschaft. Die noch weitgehend gesellschaftlich akzeptierte geschlechtshierarchischen Arbeitsteilung weist den Frauen die Verantwortung für die Familienarbeit zu. Mit dieser Verantwortung und den damit verbundenen Anforderungen entstehen „ungleiche" Voraussetzung für die Teilhabe am Leben in unterschiedlichen gesellschaftlichen Bereichen (z.B. ein Erwerbsleben). Es entstehen auch „geschlechtsspezifische" Voraussetzungen für die persönliche Lebensplanung (Lebens- und Berufsbiografie). Der mit der Digitalisierung des Arbeitslebens verbundene Wandel ist gerade für Frauen mit neuen und weiteren Risiken verbunden. Statistiken verdeutlichen die zunehmende Erwerbsneigung und die Erwerbsbeteiligung von Frauen in den vergangenen 10 Jahren. Gestiegen ist zudem das Niveau von Bildungsabschlüssen und die damit verbundenen beruflichen Qualifikationen. Relativ konstant bleibt die Verantwortung für familienbezogene Reproduktionsarbeit und eine damit verbundene Doppelbelastung. Die Digitalisierung erhöht das vorhandene „Anforderungsniveau". Ein deutlicher Anteil von Frauen ist in Berufen mit einem hohen Substituierbarkeitspotential beschäftigt. Das Substituierbarkeitspotential ist einerseits abhängig vom Qualifikationsniveau und andererseits von branchenspezifischen Entwicklungen. Ein deutlicher Frauenanteil ist in Helfer- und Fachkraftberufen gegeben. Das Substituierbarkeitspotential beträgt zwischen 40 und 50 %. Zu Berufsgruppen mit einer absehbaren negativen Entwicklung gehören Büro- und Sekretariatsberufe, Beschäftigungsverhältnisse im Verkauf und der Gastronomie, Berufe der kaufmännischen und technischen Betriebswirtschaft sowie Post- und Zustelldienste. Absehbar ist eine strukturelle Arbeitslosigkeit, die gerade für Frauen mit der He-

---

320 Becker-Schmidt 2003, S. 14.

rausforderung verbunden ist, die bisherige Berufswahl zu überdenken, einen Wechsel in andere Branchen zu erwägen und die individuellen Voraussetzungen für die Aneignung weiterer beruflicher Qualifikationen zu prüfen.[321]

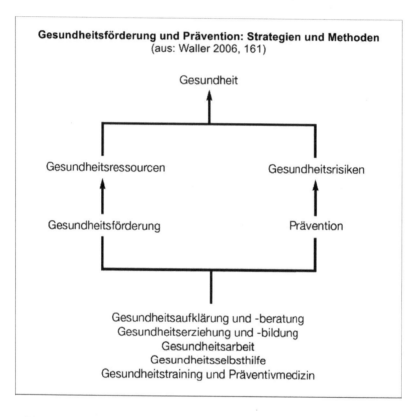

Abbildung 19. Leitbegriffe der Gesundheitsförderung. Gesundheitsförderung 1: Grundlagen.

Quelle: Kaba-Schönstein, Bundeszentrale für gesundheitliche Aufklärung (2018).[322]

---

321 Vgl. Dengler/Matthes 2015, S. 10 ff.
322 https://www.leitbegriffe.bzga.de/pix.php?id=5d7d8964ddd067595976c60c43dfa8 97 (Zugriff am 20.09.2019)

Arbeit 4.0 ist neben strukturellen Veränderungen auch mit der Herausforderung verbunden, entsprechende digitale Kompetenzen zu erwerben.[323] Anpassungsleistungen erhöhen die Belastung, weil sie das tägliche Arbeitspensum von Berufs- und Familienarbeit steigern. Zunehmende berufliche Anforderungen führen zu als belastend empfundenen Situationen, die die Ressource Gesundheit gefährden.

In diesem Zusammenhang sind Frauen gefordert, Strategien zu entwickeln, die Gesundheitsrisiken mindern und vorhandene Ressourcen sichern oder aufbauen. Grundlegend für die Entwicklung eigener Strategien sind Kompetenzen im Bereich der Kommunikation und die Reflexion eigener Verhaltensmuster. Gesundheits-relevante Kompetenzen erwerben Menschen durch Wissen in Verbindung mit der Fähigkeit, dieses Wissen im Kontext der eigenen Lebensweise anzuwenden.

„Der Begriff ‚Gesundheitskompetenz' hat sich als Übersetzung des englischen Begriffs ‚Health Literacy' in der deutschsprachigen Diskussion durchgesetzt und bedeutet wörtlich ‚auf Gesundheit bezogene Literalität'. Darunter wurden ursprünglich die grundlegenden Schreib-, Lese- und Rechenfähigkeiten verstanden, die Menschen benötigen, um schriftliche Dokumente wie etwa Behandlungsinformationen oder Hinweise zur Medikamenteneinnahme lesen und verstehen zu können. ... Dieses Begriffsverständnis, das sich eng an den Anforderungen der Krankenbehandlung und den traditionellen Vorstellungen von der Patientenrolle orientiert, hat inzwischen bedeutsame Erweiterungen erfahren. ‚Health Literacy' schließt heute über die beschriebenen literalen Techniken hinaus auch die Fähigkeit ein, gesundheitsrelevante Informationen finden, verstehen, kritisch beurteilen, auf die eigene Lebenssituation beziehen und für die Erhaltung und Förderung der Gesundheit nutzen zu können. Nach diesem Verständnis zielt Gesundheitskompetenz also auf den kompetenten Umgang mit gesundheitsrelevanter Information – nicht einzig, um die an Patienten gestellten Erwartungen erfüllen zu können, sondern vielmehr, um zur Erhaltung und Verbesserung der Gesundheit beizutragen."[324]

---

323 Vgl. Preißing 2019 S. 13 ff.
324 Nationaler Aktionsplan Gesundheitskompetenz (o. J.): Was bedeutet Gesundheitskompetenz? URL: https://www.nap-gesundheitskompetenz.de/gesundheitskompetenz/ (Zugriff am 20.09.2019)

Gesundheitskompetenz entsteht dann, wenn Menschen Entscheidungsspielräume wahrnehmen und über die entsprechenden Voraussetzungen verfügen (Kommunikationskompetenz, …), um diese zu diese nutzen. Die Voraussetzungen für Entscheidungsverantwortung sind dann gegeben, wenn Betroffene über gesundheitsrelevante Informationen verfügen, die eigene Lebensweise reflektieren und eigene Verhaltensmuster überdenken. Menschen sind dann auch in der Lage, theoretisches Wissen im alltäglichen Leben umzusetzen. Professionelle Rahmenbedingungen für reflexive Prozesse, die die Basis für innere Veränderungen und Umstrukturierungen der inneren Selbstorganisation bilden, bieten Beratungssettings und Coaching. Grundlegend für diese Prozesse ist die Kommunikation.

17. Lösungsorientierte Beratung

Die Theorie der lösungsorientierten Beratung entwickelte Günther G. Bamberger. Er ist Diplom-Psychologe und war in unterschiedlichen Arbeitsbereichen tätig. Zum Beispiel war er langjähriger Mitarbeiter der Bundesagentur für Arbeit in Tübingen. Er ist ehrenamtlicher Mitarbeiter der Telefonseelsorge. Er hat Lehraufträge an der Hochschule der Medien in Stuttgart und der Universität Witten Herdecke. Er verfügt über langjährige Berufserfahrung in unterschiedlichen Arbeitsfeldern. Die Theorie der lösungsorientierten Beratung beruht auf Erfahrungen aus der Beratungsarbeit und wissenschaftlichen Erkenntnissen.[325]

Die lösungsorientierte Beratung nach Bamberger orientiert sich an Ressourcen. Diese „Ressourcenfokussierung" macht deutlich, dass nicht das Problem, sondern die Entwicklung von Strategien zur Lösung des Problems im Mittelpunkt des Beratungsprozesses stehen.

Die lösungsorientierte Beratung basiert auf den Grundannahmen der systemischen Theorie. Der Mensch wird als ganzheitliches, beziehungsorientiertes Wesen betrachtet, dessen Verhalten durch Beziehungen im Sinne von Aktion und Reaktion geprägt und beeinflusst ist. Die

---

[325] Socialnet (o. J.): Rezensionen. Lösungsorientierte Beratung. Autor. URL: https://www.socialnet.de/rezensinen/10220.php (Zugriff am 20.10.2019)

Ursachen von abweichendem Verhalten ergeben sich dann nicht nur durch die Zuordnung von Merkmalen und damit einer linearen Argumentation, die auf Ursachen-Folge-Modellen beruht. Die Betrachtung von Verhaltensmustern im Kontext sozialer Systeme ermöglicht eine andere Einschätzung. „Problemverhalten" erfährt von den Beteiligten eines Bezugssystems gegebenenfalls eine andere Bewertung und erscheint mit der Perspektive des sozialen Kontextes schlüssig. Der Berater berücksichtigt das soziale Bezugssystem des Klienten mit unterschiedlichen Perspektiven und unterschiedlichen Wahrnehmungen.[326] Dieser Perspektivenwechsel eröffnet andere und neue Bedeutungszusammenhänge sowie unterschiedliche Handlungsspielräume. „Systemische Beratung/Therapie heißt, das Ganze zu betrachten und im Blick zu behalten – also nicht nur das Problem als solches, sondern dessen Bedeutung im jeweiligen Lebenskontext der betreffenden Person; und ebenso nicht nur die Person als solche, sondern deren Einbindung in ihre soziale Umwelt und die dort gegebenen kommunikativen Wechselbeziehungen; und schließlich nicht nur diese Lebenswelt als solche, sondern diese im Zusammenhang mit Sinnbezügen, die über das Hier und Jetzt hinausgreifen und dass Bewusstsein ermöglichen, Teil eines größeren Ganzen zu sein – wie immer man dieses „Ganze" auch bezeichnen mag.[327]

Zu den Grundbausteinen der systemischen Theorie gehört die Selbstorganisation. Die Kompetenz zur Selbstorganisation beinhaltet Erfahrungswissen. Dieses Erfahrungswissen beeinflusst die Bereitschaft zur Selbstorganisation und schränkt damit tendenziell Handlungsmöglichkeiten – im Rahmen der Beratung – ein. Die Funktion des Beraters besteht darin, Menschen bei der Erarbeitung von Lösungsstrategien und damit verbundenen Alternativen zu unterstützen. Lösungsorientierte Beratung schafft Rahmenbedingungen für Lernprozesse. Der Klient setzt sich mit eigenen Verhaltens- und Denkmustern und damit verbundenen Wirkungen auseinander. Die Analyse der eigenen Person erfolgt unter Einbeziehung des sozialen Umfelds und damit verbundener Wechselwirkungen (Aktion und Reaktion). Lösungsmuster beziehen sich auf das Verhalten des Klienten im Kontext seiner sozialen

---

326   Vgl. Stierlin 2001, S. 23.
327   Bamberger 2015, S. 30.

Umwelt. Mit der Auseinandersetzung mit Lösungsschemata entwickelt der Klient eine positive Kontrollüberzeugung. Der Mensch setzt sich aktiv mit eigenem Verhalten und Einstellungen auseinander, betrachtet sein soziales Netzwerk mit damit verbundenen Funktionen, gestaltet – mit Unterstützung des Beraters – Lösungsschemata und erfährt im Handeln Selbstwirksamkeit.[328]

Lösungsorientierte Beratung basiert nicht auf Diagnosen oder Krankheitsmodellen. Die Diagnose ist nicht der prägende Faktor für den Beratungsprozess. Soziale Beziehungen und das soziale Bezugssystem bilden den Ausgangspunkt für Ressourcen und Problemlagen. Die Analyse sozialer Netzwerke ermöglicht die Berücksichtigung unterschiedlicher Perspektiven und damit verbundener Wahrnehmungen, eine Auseinandersetzung mit eigenen Verhaltens- und Denkmustern und den damit verbundenen Wirkungen im System. Lösungsorientierte Beratung begleitet Lernprozesse, aktiviert Ressourcen und eröffnet somit Handlungsspielräume. Die Perspektive des Beratungsprozesses ist auf die Zukunft gerichtet. Die Professionalität des Beraters ist durch sein Selbstkonzept und beraterische Interventionen geprägt.

17.1 Phasenmodell der lösungsorientierten Beratung

Die Zielsetzung lösungsorientierter Beratung besteht darin, mit dem Klienten die Lebenslage und damit verbundene „Problemlagen" zu analysieren. Die Auseinandersetzung mit der aktuellen Lebenslage bezieht sich auch auf vorhandene Ressourcen und gegebene Kompetenzen. Die „Wahrnehmung" der eigenen Selbstwirksamkeit ist die „Basis" für die Auseinandersetzung mit Problemlagen und Lösungsstrategien.[329]

Die lösungsorientierte Beratung unterstützt Lernprozesse und begleitet Klienten bei der Entwicklung geeigneter Lösungsstrategien. Der Beratungsprozess unterteilt sich in sechs Phasen. Die erste Phase, die Phase der Synchronisation, ist die Phase des Kennenlernens und einer ersten Orientierung. Klient und Berater definieren die Problemlage und die

---

328 Vgl. Levold/Wirsching 2016, S. 14 ff.
329 Vgl. Lippitt/Lippitt 2015 S. 35–36.

Inhalte des Beratungsauftrags. In der zweiten Phase (Lösungsvision) formuliert der Klient – mit Unterstützung des Beraters – Lösungsvisionen. In Phase 3 findet ein „Abgleich" von Lösungsvisionen und gegebenen Ressourcen statt. Phase 3 ist die Entscheidungsphase. Der bewussten Entscheidung für eine Lösung folgt das konkrete Handeln und damit die Phase der Umsetzung. Der Berater begleitet die Aktivitäten des Klienten (Phase 4). Die durch aktives Handeln erreichten Veränderungen werden mit der ursprünglichen Lösungsvision abgeglichen. Die Evaluation macht deutlich, inwieweit die Vision erreicht wurde. Danach folgt die Phase der Lösungssicherung. Mit der Lösungssicherung endet der Prozess. Der Sicherung von Ergebnissen geht eine positive Entwicklung voraus. Der Klient erfährt Selbstwirksamkeit.

Eine weitere Phase kann auch als Phase der Optimierung betrachtet werden. Die siebte Phase bietet die Gelegenheit, Prozesse mehr auf die Problemlagen abzustimmen oder durch weitere Elemente zu ergänzen.

Die Strukturierung des Beratungsprozesses durch Phasen ist vor allem für die Interventionen des Beraters von Bedeutung. Aus der Perspektive des Klienten unterteilt sich der Beratungsprozess in drei Abschnitte. Der erste Abschnitt ist durch die Definition des Problems geprägt, in der zweiten Phase handelt der Klient und der dritte und letzte Abschnitt ist dadurch gekennzeichnet, dass das Problem gelöst ist.

Der Leitfaden bietet für den Berater Strukturierung und Orientierung. Es handelt sich um ein offenes Konzept, dass sich den Gegebenheiten der Situation anpasst. Zudem befindet sich dieses Konzept in einer kontinuierlichen Weiterentwicklung.[330]

17.1.1 Phase der Synchronisation

Der Anfang der lösungsorientierten Beratung ist im „Hier und Jetzt". Situatives Synchronisieren umfasste eine wertschätzende Annäherung und eine Auseinandersetzung mit Fakten. Der Berater gestaltet die Ausgangssituation der Beratung offen und beide Seiten bringen – die für den Beratungsprozess erforderlichen – Fakten ein. Mit der emotionalen Synchronisation ist das aktive und empathische aufeinander Zu-

---

330 Vgl. Bamberger 2015, S. 15 ff.

gehen gemeint.[331] Der Berater schafft eine vertrauensvolle Atmosphäre und ermutigt auf diese Weise den Klienten, sich in den Beratungsprozess einzulassen. Im Rahmen der konzeptionellen Synchronisation klärt der Berater, ob das „eigene Beratungskonzept" Voraussetzungen für die Bearbeitung des Themas bietet und ob es die Erwartungen des Klienten erfüllen kann. Grundlegend für den Beginn des Beratungsprozesses ist die Synchronisation auf der persönlichen Ebene, verbunden mit der Feststellung, ob mit der ersten Einschätzung und einer damit verbundenen Wahrnehmung (Empathie) die persönlichen Voraussetzungen für einen gemeinsamen Arbeitsprozess gegeben sind. Im Rahmen der Synchronisation benennen Klient und Berater das Problem, die Erwartungen und besprechen den möglichen Verlauf des Beratungsprozesses.

Teil dieser ersten Beratung ist das gegenseitige Kennenlernen und die Problemanalyse. Der erste persönliche Beratungskontakt beinhaltet den Austausch von Daten und Fakten. Er bildet die Grundlage für die die Art und Weise der weiteren Zusammenarbeit. Die Problemanalyse ist immer mit einem Blick in die Vergangenheit verbunden. Die lösungsorientierte Beratung beginnt im „Hier und Jetzt". Demnach nimmt die „Suche nach Ursachen" nur einen begrenzten Stellenwert ein. Allerdings erhält der Klient die Zeit, um sein Problem darzustellen und um seine Situation entsprechend zu erklären. In dieser Situation vermittelt der Berater dem Klienten, dass ihm die Tragweite des dargestellten Problems bewusst ist. Gleichzeitig trennt er den „Sachverhalt" des Problems deutlich vom „Problemerleben" des Klienten. Beide berücksichtigen bei der Betrachtung des Problems unterschiedliche Perspektiven (Beziehungssysteme), in Verbindung mit bereits stattgefundenen Bemühungen zur Lösung des Problems. Die Betrachtung des Problems aus unterschiedlichen Perspektiven im Netzwerk des Beziehungssystems beeinflusst das Verstehen und in diesem Zusammenhang auch erste Ideen für geeignete Lösungsstrategien. Grundsätzlich erfährt der Klient für lösungsorientierte Aktivitäten eine positive Verstärkung.[332]

---

331 Vgl. Fiedler 2017, S. 21 ff.
332 Vgl. Müller 2017, S. 125 ff.

Der Beratungsprozess und die damit verbundenen Zielsetzungen orientieren sich an den Problemlagen, Erwartungen und Kompetenzen des Klienten.[333] Der Kontrakt enthält die Zielsetzungen und die Modalitäten des Beratungsprozesses. Mit dem Abschluss des Kontraktes beginnt die Phase der Lösungsvision.[334]

17.1.2 Phase der Lösungsvision

Basis der zweiten Phase der lösungsorientierten Beratung ist der Kontrakt. Die zweite Phase beginnt im „Hier und Jetzt" mit der Formulierung von „Lösungsvisionen". Abhängig von den Bedürfnissen des Klienten ist die Formulierung von Lösungsvisionen emotional geprägt oder orientiert sich an einer „Kosten-Nutzen-Analyse".

Der Berater unterstützt und begleitet den Klienten bei der Entwicklung von Lösungsstrategien. Voraussetzung für den Beginn des Beratungsprozesses ist das Verständnis. Nur wenn Klient und Berater das Problem gemeinsam analysieren und gemeinsame Zielsetzungen definieren, entsteht ein gemeinsames Verständnis der Problemlage.[335] Mit diesen Rahmenbedingungen kann dann der Problemlösungsprozess beginnen. In diesem Kontext kann der Berater eine „umgekehrte" Sichtweise einbringen: Er lenkt die Aufmerksamkeit auf den „angenommenen" und „hypothetischen" Zeitpunkt der stattgefundenen Problemlösung. Für ihn stellt sich die Frage, was passiert mit dem System, wenn das Problem nicht mehr vorhanden ist. Diese lösungsorientierte Zielfrage bezeichnet Bamberger als „Vorwärtskoppelung". Die „Vorwärtskoppelung" verändert die Zeitachse. Die Denk- und Verhaltensmuster orientieren sich nicht mehr am „Hier und Jetzt", sondern an zukünftigen – als positiv empfundenen – Ereignissen oder Entwicklungen. Ausgangspunkt für die Entwicklung von Lösungsstrategien ist die Zieldefinition. Damit ergeben sich – aus der Perspektive des Klienten – unterschiedliche Fragestellungen: Woran erkenne ich, dass mein Problem gelöst ist? Was ändert sich dann für mich?[336]

---

333 Vgl. Flückinger/Wüste 2008, S. 17–19.
334 Vgl. Bamberger 2015, S. 84 ff.
335 Vgl. Bamberger 2015, S. 58 ff.
336 Vgl. Müller 2017, S. 71 ff.

„Lösungsschlüssel" bewirken einen spezifischen Verlauf des Beratungsprozesses. Veränderungen können bereits vor Beginn des Beratungsprozesses stattfinden, Ausnahmen erweisen sich als geeignete Lösungsstrategie, hypothetische Lösungen erscheinen realisierbar, das Problem erhält einen neuen „Bezugs- oder Bedeutungsrahmen" (Reframing) oder die Universallösung ist die Lösung. Kennzeichnend für den Lösungsschlüssel ist die Fragetechnik des Beraters.[337]

Zum Beispiel motiviert der Berater beim Reframing den Klienten dazu, das Problem unter einem anderen Blickwinkel zu betrachten. Erfahrungen führen zu Einstellungen, die die Flexibilität im Denken und Handeln begrenzen. Betrachtet der Klient die Problemlage in einem anderen Bedeutungszusammenhang, beeinflusst dies auch die Bewertung. Zum Beispiel schätzt der Klient das aktuelle Problem so ein, dass bisherige Lösungsversuche nicht zum gewünschten Ergebnis führen. Er nutzt das so erworbene Wissen, um den nächsten Lösungsversuch anders (effektiver) zu gestalten. „Insofern ist der Berater ein ‚Moderator für die Generierung von alternativen Wirklichkeiten' oder ein ‚Erzähler, der alte Geschichten neu erzählt' oder ein ‚Entführer aus den Bedeutungsgefängnissen von Wörtern'."[338]

Der Berater moderiert diesen Lernprozess. Überzeugend wirkt die Argumentation des Beraters vor allem dann, wenn die Flexibilität in der Entscheidungsfindung auch auf eigenen Erfahrungen und Überzeugungen beruht.[339]

17.1.3 Phase der Lösungsverschreibung

Grundsätzlich bestehen deutliche Unterschiede zwischen der Phase der Lösungssuche und der Phase der Lösungsverschreibung. Bei der Lösungssuche findet eine Auseinandersetzung mit unterschiedlichen Möglichkeiten und Strategien statt. In Verbindung mit der Lösungsentscheidung wird eine Entscheidung für konkrete Verhaltensänderungen oder Handlungen getroffen.

---

337 Vgl. Lippitt/Lippitt 2015, S. 53 ff.
338 Bamberger 2015, S. 127.
339 Vgl. Bamberger 2015, S. 100 ff.

Aufgabe der dritten Phase ist der Übergang von Denkmustern zum konkreten Handeln. Aus der genauen Betrachtung von Lösungsvisionen ergibt sich eine Lösungsidee. Die Formulierung einer Lösungsidee ist in einem ersten Schritt eine kognitive Leistung und bewirkt erst in Verbindung mit Verhaltensänderungen oder konkretem Handeln den Beginn eines Problemlösungsprozesses.

Die Bereitschaft zum Handeln ist gegeben, wenn der Klient eigene Ressourcen positiv bewertet.[340] In dieser Phase versucht der Berater, die „Logik des Klienten" zu erfassen und mögliche Lösungsstrategien aus dessen Perspektive einzuschätzen.[341] Die Wertschätzung des Klienten, eine gemeinsame Sprache und eine optimistische Grundeinstellung des Beraters gehören zu den wesentlichen „Variablen" der lösungsorientierten Beratung.[342]

Motivation zum Handeln entsteht beim Klienten, wenn der Berater bisherige Aktivitäten (zur Lösung des Problems) als positiven Beitrag zur Erreichung der Zielsetzung wertet. Positive Verstärkung erfährt der Klient auch durch „Komplimente". Das „Kompliment" im Sinne von Anerkennung ist eine „Rückmeldung" auf gleicher Augenhöhe und ist nicht als die Verstärkung eines vorhandenen Ungleichgewichts zwischen Berater und Klienten zu sehen. „Komplimente" können sich auf konkrete Verhaltensweisen des Klienten beziehen, bringen zum Ausdruck, dass der Berater die besonderen Stärken (Ressourcen) des Klienten wahrnimmt, bringen Wertschätzung zum Ausdruck, die auch als Anregung zur Selbstwertschätzung gesehen werden kann.[343] Auslöser für ein „Kompliment" kann auch ein neuer Aspekt im Beratungsprozess sein, der neue Entscheidungs- und Handlungsspielräume für den Problemlösungsprozess eröffnet. Das „Kompliment" kann in Form einer Rückmeldung mit wenigen Sätzen oder als ausführliches Gespräch stattfinden.[344]

Mit Hilfe positiver Rückmeldungen kommentiert der Berater Entwicklungen im Problemlösungsprozess. Positive Rückmeldungen dienen

---

340 Vgl. Flückinger/Wüste, Günther 2008, S. 19–21.
341 Vgl. Müller 2017, S. 125–128.
342 Vgl. Weinberger 2013, S. 59 ff.
343 Vgl. Flückinger/Wüste 2008, S. 20 ff.
344 Vgl. Bamberger 2015, S. 160 ff.

auch der Ressourcenaktivierung. Der Klient erhält eine Rückmeldung zur „Wirksamkeit" seines Handelns. Er nimmt seine Ressourcen wahr und erlebt sich als handlungsfähig. Aufgrund „ressourcenfokussierender Rückmeldungen" wird sich der Klient seiner Stärken bewusst, erlebt sich als kompetent und schätzt sich als handlungsfähig ein. In dieser Phase entstehen Voraussetzungen für konkretes lösungsorientiertes Handeln.

Der Berater initiiert und belgeitet „lösungsorientiertes Veränderungsgeschehen" mit Hilfe von Hausaufgaben. Bei den Hausaufgaben unterscheidet Bamberger vier Kategorien: Die Aufforderung zum Nachdenken, die Anregung zum Beobachten, die Formulierung von Vorhersagen oder das konkrete Handeln.[345]

Der zeitliche Abstand zwischen den Beratungsterminen beträgt mindestens eine Woche. Der Beratungsprozess ist eine „Minimalintervention" und damit ist auch die Offenheit für die Beendigung des Beratungsprozesses gegeben. (Dieses Prinzip der Minimalintervention ist für Bamberger auch ein Kennzeichen der Qualität des Beratungsprozesses. Die Dauer des Beratungsprozesses ist auf einige Wochen begrenzt. Der Klient erhält für eine „vorübergehende" Phase Unterstützung und die Autonomie in seinem „alltäglichen" Leben bleibt erhalten.) Wenn beide Seiten die Fortsetzung der Beratung als sinnvoll empfinden, vereinbaren sie einen Folgetermin.[346]

In der Phase der Lösungsverschreibung ist der Entscheidungsprozess für eine Lösungsmöglichkeit abgeschlossen. Der Klient ist sich seiner Ressourcen bewusst und bereit „kognitive Überlegungen" in konkretes Handeln umzusetzen.[347]

17.1.4 Phase der Lösungsbegleitung

Mit der Entscheidung für eine von mehrere Lösungsvisionen folgt die Phase des Handelns und der Beginn des Veränderungsprozesses. Dieser Veränderungsprozess vollzieht sich vor allem zwischen den Beratungsterminen. Der Veränderungsprozess findet in der Lebenswelt des

---

345 Vgl. Bamberger 2015, S. 167–170.
346 Vgl. Bamberger 2015, S. 252 ff.
347 Vgl. Bamberger 2015, S. 148 ff.

Klienten statt. Damit verbunden ist auch die Überlegung, wie der Beratungsprozess den Klienten in seiner Lebenswelt erreicht. Mails oder Telefonate erreichen den Klienten im Alltag und damit in dem Kontext, in dem eine Verhaltensänderung stattfinden soll. Bamberger beschreibt dieses Vorgehen mit dem Begriff „Transfercoaching". Mit dem Transfercoaching verändert sich der Kontext der Beratung. Beratungskontakte orientieren sich am Alltag und der Lebenswelt des Klienten. Der Klient erhält für sein Lösungshandeln eine zeitnahe Unterstützung ohne räumliche Veränderungen (Büro, Wohnort, ...). Diese Form der Beratung ist – anders als die bereits stattgefunden habenden Beratungskontakte – niedrigschwellig und ortsunabhängig. Beratung in einem weiteren Kontext bietet dem Klienten einen Austausch im realen Umfeld und bringt gleichzeitig auch die Haltung des Beraters zum Ausdruck. Die Flexibilität des Beraters ist auch Ausdruck seines Interesses am Klienten, dessen Problematik und einer gelingenden Lösung. Peter Fiedler bezeichnet diese Haltung als ein „Kümmere-dich-um-deine-Patienten-Prinzip". Diese Haltung wirkt sich positiv auf den Beratungsprozess aus. Das wahrgenommene Interesse des Beraters stärkt das Vertrauen des Klienten in die Person des Beraters und den Beratungsprozess. Nach Fiedler trägt diese engagierte Haltung des Beraters dazu bei, dass die Klienten mehr Autonomie empfinden.[348]

Beim konkreten Beratungskontakt mit dem Klienten orientiert sich der Berater vor allem an Ressourcen. Der Berater weist den Klienten auf vorhandene Ressourcen hin. Er unterscheidet zwischen Ressourcen, die der Klient bereits nutzt und (vorhandenen) Ressourcen, die beim Lösungshandeln bisher zu wenig berücksichtigt wurden.[349] Mit Rückmeldungen zum Veränderungsprozess weist der Berater auf die Stärken des Klienten und auf positive Aspekte des bisherigen Lösungsprozesses hin. Diese „Komplimente" sind ein wesentliches Element der lösungsorientierten Beratung.

E-Mails als Form des Austauschs bieten dem Klienten die Gelegenheit, sich spontan an den Berater zu wenden und zeitnah eine Antwort zu erhalten. In diesem Zusammenhang bietet sich auch die Möglichkeit, weiterführende Texte, Bilder oder Links zu versenden. In schriftlicher

---

348 Vgl. Fiedler 2016, S. 21 ff.
349 Vgl. Flückinger/Wüste 2008, S. 17–19.

Form kann der Berater dem Klienten Gedanken und Überlegungen mitteilen, die bei bisherigen Beratungsterminen nicht eingebracht wurden.

Die Nutzung von Medien für einen zeitnahen Austausch eröffnet dem Klienten neue Möglichkeiten. Andererseits endet mit dieser Form der Kommunikation der persönliche Kontakt zwischen Berater und Klient. Frank Nestmann und Frank Engel gehen davon aus, dass der Trend zur Onlineberatung eine Gegenbewegung auslöst. Mit dem direkten Kontakt zum Menschen erhält der Beratungskontakt eine andere Qualität. Der Berater nimmt die nonverbale Kommunikation des Klienten wahr, kann dessen emotionale Situation besser einschätzen und angemessen reagieren. Eine dem Klienten zugewandte Körperhaltung – in Verbindung mit Gestik und Mimik – vermittelt das Interesse und die Teilnahme des Beraters auf eine glaubwürdige Art und Weise.[350] Die Kombination unterschiedlicher Beratungssettings relativiert den fehlenden persönlichen Kontakt zwischen Berater und Klient.

Kennzeichnend für die Phase der Lösungsbegleitung ist, dass der Berater dem Klienten ein weiteres Format anbietet, das dem Klienten eine schnelle und ortsunabhängige Kontaktaufnahme ermöglicht. Ein wichtiger Faktor für das Gelingen des Beratungsprozesses ist das wahrgenommene Interesse des Beraters an der Person des Klienten,[351] der damit verbundenen Problematik und der Entwicklung geeigneter Lösungsstrategien.[352]

17.1.5 Phase der Lösungsevaluation

Mit der fünften Beratungsphase richtet sich die Aufmerksamkeit des Klienten und des Beraters auf Veränderungen. Ein grundlegendes Thema sind positive Veränderungen im bisherigen Beratungsverlauf. Es stellt sich die Frage, was sich bisher im Leben des Klienten verändert hat und inwieweit diese Veränderungen positiv zu bewerten sind.

Der Fokus der Beratung verändert sich. Im Mittelpunkt steht nicht mehr das Problem, sondern stattgefundene und laufende Problemlö-

---

350 Vgl. Nestmann/Engel 2002, S. 11 ff.
351 Vgl. Weinberger 2013, S. 51 ff.
352 Vgl. Bamberger 2015, S. 183 ff.

sungsprozesse. Klient und Berater betrachten gemeinsam den bisherigen Prozess, die vereinbarten Schritte (Hausaufgaben) und die damit verbundenen positiven Veränderungen. Die bisherige „Erfolgsgeschichte" erörtern Klient und Berater gemeinsam. In diesem Kontext wird die lösungsorientierte Beratung zu einer verbesserungsorientierten Beratung.

Bamberger macht Veränderungen durch ein so genanntes „Breitband Screening" deutlich. Das Breiband-Screening wurde von Arnold Lazarus entwickelt.

Die BASIC-ID beschreiben sieben Beobachtungs- und Analysedimensionen:

- Behavior   Das Handeln des Klienten
- Affect   Die Gefühle des Klienten
- Sensation   Die Wahrnehmung des Klienten
- Imagery   Die Leitbilder des Klienten
- Cognition   Einstellungen und Haltungen, die das Denken des Klienten prägen
- Interpersonal   Wechselseitige Beziehungen des Klienten
- Drugs and biological factor   Bisherige Lösungsversuche des Klienten

Mit Hilfe dieser Auflistung unterschiedlicher Faktoren lassen sich Änderungen im Erleben und Verhalten des Klienten darstellen. Klient und Berater betrachten Veränderungen aus unterschiedlichen Perspektiven. Das Breitband-Screening geht einher mit einer Evaluation von Ressourcen und Kompetenzen des Klienten, die entscheidend für den Verlauf des Lösungsprozesses waren. Mit Blick auf die eigenen Ressourcen und Kompetenzen verändert sich das Selbstkonzept des Klienten.[353]

Die Lösungsevaluation ist eine gemeinsame Betrachtung des bisherigen Lösungsprozesses. Neben den wahrgenommenen positiven Veränderungen spricht der Berater insbesondere Ressourcen und Stärken

---

353 Vgl. Lazarus 2015, S. 15 ff.

des Klienten an. Dieser soll sich dessen bewusst sein, dass er Gestalter des Lösungsprozesses ist. Mit dem positiven Verlauf des Problemlösungsprozesses ändert sich das Selbstbild des Klienten.[354]

Die Lösungsevaluation ist ein Prozess. Bisherige Veränderungen, die Ressourcen des Klienten und die Wahrnehmung positiver Veränderungen durch den Berater (Komplimente) stellen wesentliche Elemente der Lösungsevaluation dar. Der Klient erhält „Komplimente" durch den Berater, erlebt Selbstwirksamkeit und verstärkt positive Verhaltensmuster. Eine weitere Intervention zur Verstärkung positiver Verhaltensmuster ist die Selbst-Belohnung. Ein geeignetes Mittel zur Selbst-Belohnung definiert der Klient. Selbst-Belohnung kann in Form einer Entspannungsübung, eines Spaziergangs oder eines Kinobesuchs stattfinden.[355] Selbst-Belohnung ist abhängig von individuellen Interessen und Neigungen. Ziel dieser Selbst-Belohnung ist es, dem Klienten ein Gefühl des Wohlbefindens und der Entspannung zu vermitteln oder zu verstärken. Methoden, die die Entspannung und das Wohlbefinden des Klienten fördern, sind Teil der Selbstfürsorge.[356] Methoden oder Aktivitäten, die Entspannung und Wohlbefinden fördern, mildern psychische Belastungen oder Stress-Symptome.

Im Mittelpunkt der Lösungsevaluation stehen – von beiden Seiten – als positiv wahrgenommene Veränderungen. Klient und Berater analysieren die Vielfalt der Veränderungen mit Hilfe des Breitband-Screenings. Ein Tiefen-Screening macht deutlich, über welche Ressourcen der Klient verfügt. Kennzeichnend für diese Phase ist die Kommunikation von als positiv wahrgenommenen Veränderungen und die Ressourcenorientierung. Beides dient als Voraussetzung für die Sicherung lösungsrelevanter Verhaltensmuster.[357]

17.1.6 Phase der Lösungssicherung

Nach der Lösungsverschreibung und einer damit verbundenen Lösungsevaluation endet der Beratungsprozess mit der Lösungssicherung.

---

354 Vgl. Lippitt/Lippitt 2015, S. 42 ff.
355 Vgl. Flückinger/Wüste 2008, S. 53–55.
356 Vgl. Fiedler 2016, S. 21 ff.
357 Vgl. Bamberger 2015, S. 193 ff.

Nach Bamberger ist die lösungsorientierte Beratung eine „Arbeitsbeziehung auf Zeit". Eng verbunden mit der Ressourcenorientierung ist die Selbstaktivierung (des Klienten) und die zeitliche Begrenzung des Beratungsprozesses. Ziel der Beratung ist die Autonomie des Klienten. In den vergangenen Beratungsphasen entwickelte der Klient Problemlösungs-kompetenzen. „Problemlösungsfähigkeit kann sowohl als individuelle Leistungs-voraussetzung wie als soziale Aktivität begriffen werden, den Lösungs-prozess von Problemen anzustoßen und zu organisieren."[358]

Eine Auseinandersetzung über die „Wirksamkeit" von Haltungen und Handlungen fand in der Phase der Lösungsevaluation statt. Berater und Klient sind sich darüber einig, dass mit dem Beratungsprozess eine Annäherung an vorab (mit Beginn des Beratungsprozesses) definierte Zielsetzungen gegeben ist. Mit der Phase der Lösungssicherung wird neu erlerntes Lösungshandeln ein fester Bestandteil des Verhaltensrepertoires des Klienten. Die Sicherung des Lösungshandelns erfolgt in vier Schritten: Die Wahrnehmung von Veränderungen und die bewusste Auseinandersetzung mit dem Beitrag des Klienten. Dieses Bewusstsein für stattgefundene Veränderungen ist die Basis für die Selbstwirksamkeitsüberzeugung des Klienten. Eine Sicherung lösungsrelevanter Verhaltensmuster gelingt durch die Wiederholung des Lösungshandelns in der Lebenswelt des Klienten. Die mit der Wiederholung verbundene positive Verstärkung steigert das Vertrauen in eigene Kompetenzen. In Verbindung mit erweiterten Lösungs- und Handlungskompetenzen ist ein Prozess der Selbstreflexion verbunden. Die Auseinandersetzung mit dem eigenen Denken und Handeln und grundlegenden Einstellungen fördert die Entwicklung einer „übergeordneten" Konzeption.[359] Die Beschäftigung mit der eigenen Lebens- und Berufsbiografie und dem damit verbundenen Lebensstil führt zu einer Auseinandersetzung mit dem eigenen Lebenskonzept. Das Lebenskonzept beinhaltet in diesem Zusammenhang „Grobziele" für unterschiedliche Lebensbereiche (Freizeit, Arbeit, …). Die Reflexion des

---

358 FH Wien (o. J.): Kompetenzatlas: Sozial-kommunikative Kompetenz: Problemlösungsfähigkeit. URL: http://kompetenzatlas.fh-wien.ac.at/?page_id=557 (Zugriff am 20.12.2019)
359 Vgl. Weinberger 2013, S. 71 ff.

bisherigen Lebenskonzeptes beinhaltet eine Auseinandersetzung mit dem Verhältnis der unterschiedlichen Lebensbereiche (Arbeit, Freizeit, Bildung, ...) zueinander. Die Frage nach der Ausgewogenheit der unterschiedlichen Lebensbereiche ist von individuellen Faktoren (Familienstand) und Bedürfnissen abhängig. Mit der aktiv oder passiv geprägten Gewichtung unterschiedlicher Lebensbereiche ergibt sich deren Balance. Die wahrgenommene Ausgewogenheit unterschiedlicher Bereiche ist einerseits Ausdruck der Selbststeuerungskompetenz und andererseits eine Ressource. Ein „übergeordnetes" Lebenskonzept vermittelt Klarheit über die eigenen Ziele und Bedürfnisse. Im weitesten Sinne stellt es einen „Handlungsleitfaden" für erwartbare und nicht planbare Ereignisse in der Lebens- und Berufsbiografie dar.

Mit der Phase der Lösungssicherung endet der Prozess der lösungsorientierten Beratung. Diese Phase vollzieht sich in vier Schritten. Die erste beinhaltet wesentliche Ergebnisse der Lösungsevaluation. Der Klient ist sich dessen bewusst, was sich seit Beginn des Lösungsprozesses verändert hat und erkennt seinen (wesentlichen und aktiven) Beitrag zu diesen Veränderungen. Er ist sich seiner Konfliktlösungs-kompetenzen bewusst (Selbstwirksamkeitsüberzeugung).[360]

17.2 Qualität und Effektivität

Ziel der lösungsorientierten Beratung ist es, gemeinsam mit dem Klienten die Lebenslage und die damit verbundenen „Problemlagen" zu analysieren. Die Auseinandersetzung mit der Lebenssituation und den damit verbundenen Problemlagen berücksichtigt auch vorhandene Ressourcen und Kompetenzen. „Und ebenso besteht Einigkeit über den Zweck, nämlich zu einer guten und effektiven Zusammenarbeit zu kommen."[361]

Grundsätzlich gehen Klienten davon aus, dass der Beratungsprozess effektiver verläuft, wenn sie das Problem detailliert beschreiben und dem Berater grundlegende Informationen mitteilen und über Verän-

---

360 Vgl. Bamberger 2015, S. 215 ff.
361 Bamberger 2015, S. 85.

derungen berichten.³⁶² Motivation für die Aufnahme des Beratungsprozesses entsteht auf der psychischen Ebene. Kooperative Effektivität resultiert aus gegenseitiger Empathie und der Motivation des Klienten, sich auf diesen Beratungsprozess einzulassen. Wesentliches Element der Lösungssicherung ist die zeitliche Begrenzung der Intervention.

Die lösungsorientierte Beratung unterstützt Lernprozesse und begleitet Klienten bei der Entwicklung und Umsetzung eigener Lösungsstrategien. Lösungsorientierte Beratung besteht aus sechs Phasen, die abhängig vom Berater, der Perspektive des Klienten oder den Erfordernissen der Situation, erweitert werden können. Die Theorie selbst befindet sich in einem Prozess der Weiterentwicklung. Im Sinne der Qualitätssicherung könnte sich Bamberger eine siebte Phase vorstellen. Wesentlich für die Qualität des Beratungsprozesses ist die Perspektive des Klienten.

Klient und Berater definieren – mit Beginn des Beratungsprozesses – die Ausgangssituation (Problemlage) und die Zielsetzungen. Wenn der Klient seine Problemlage beschreibt, bringt er auch zum Ausdruck, welche Erwartungen er mit dem Beratungsprozess verbindet. Die Erwartungen des Klienten bilden den Ausgangspunkt des Prozesses. Zu einem späteren Zeitpunkt werden diese – zu Beginn der Beratung – formulierten Erwartungen vom Klienten herangezogen, um – aus seiner Sicht – die Qualität des Beratungsprozesses und der damit verbundenen Lösungsfindung zu bewerten. Demgegenüber stehen die Erwartungen des Beraters, der den Beratungsprozess als „selbstorganisierte Veränderung" des Klienten versteht.³⁶³

Ein Faktor für die Einschätzung der Qualität ist der Grad der Zielerreichung. Grundlage dieser Bewertung ist der Kontrakt. Dieser enthält die Zielsetzung und die Modalitäten der Kooperation. Die Inhalte formulieren Klient und Berater gemeinsam. Ausdruck der erreichten Qualität ist der Abgleich von Soll-Ziel und Ist-Zustand. (Zu berücksichtigen ist, dass im Verlauf des Beratungsprozesses eine bewusste Abweichung von ursprünglichen Zielformulierungen stattfinden kann. Diese Änderung der ursprünglichen Zielsetzung und die Neudefinition der Problemlage ist als „Beratungserfolg" zu werten. Eine „starre"

---

362 Vgl. Bamberger 2015, S. 88.
363 Vgl. Bamberger 2015, S. 93 ff.; Vgl. Weinberger 2013, S. 145 ff.

Ausrichtung der „Erfolgskontrolle" durch die Abgleichung von Zielsetzung und Zielerreichung ist im Einzelfall nicht angemessen.)[364]
Ein weiteres Kriterium für die Qualität des Beratungsprozesses ist das subjektive Empfinden des Klienten. Seine Erwartungen können sich mit dem Beratungsprozess verändern. Die Zielsetzung erscheint unter Umständen nicht mehr so wichtig, weil mit einer Phase der Selbstreflexion eine Veränderung des eigenen Lebenskonzeptes stattfand. Soziale Beziehungen erhalten in der persönlichen Lebensplanung einen anderen Stellenwert und berufliche Interessen nehmen gegebenenfalls eine untergeordnete Position ein. Qualität ist in diesem Zusammenhang nicht messbar. Der gemeinsame Prozess führte zu veränderten Zielsetzungen des Klienten. Die Zufriedenheit des Klienten mit seiner aktuellen Lebenssituation ist Ausdruck für die Qualität der stattgefundenen Beratung.[365]

Die Qualität des Beratungsprozesses – aus der Perspektive des Klienten – steht im engen Zusammenhang mit der Beziehung zwischen dem Klienten und dem Berater. Schätzt der Klient die Beziehung zu seinem Berater positiv ein, so wirkt sich dies auf die Bewertung des Beratungsprozesses insgesamt aus. Eine vertrauensvolle Beziehung zwischen dem Klienten und dem Berater erhöht die Wahrscheinlichkeit, dass der Beratungsprozess die Erwartungen des Klienten (Zielformulierung und Zielerreichung) erfüllt.

Eine zeitnahe Einschätzung des Beratungsprozesses erscheint in diesem Zusammenhang nicht sinnvoll. Eine Bewertung sollte mit einem zeitlichen Abstand zur Phase der Lösungssicherung stattfinden.[366]

18. Coaching

„Inhaltlich ist Coaching eine Kombination aus individueller Unterstützung zur Bewältigung verschiedener Anliegen und persönlicher Beratung. In einer solchen Beratung wird der Klient angeregt, eigene Lösungen zu entwickeln. Der Coach ermöglicht das Erkennen von Prob-

---

364 Vgl. Lippitt/Lippitt 2015, S. 73–76.
365 Vgl. Weinberger 2013, S. 145 ff.
366 Vgl. Bamberger 2015, S. 252.

lemursachen und dient daher zur Identifikation und Lösung der zum Problem führenden Prozesse. Der Klient lernt so im Idealfall, seine Probleme eigenständig zu lösen, sein Verhalten/seine Einstellungen weiter-zuentwickeln und effektive Ergebnisse zu erreichen. Ein grundsätzliches Merkmal des professionellen Coachings ist die Förderung der Selbstreflexion und -wahrnehmung und die selbstgesteuerte Erweiterung bzw. Verbesserung der Möglichkeiten des Klienten bzgl. Wahrnehmung, Erleben und Verhalten."[367]

Coaching im Bereich des Managements hat vor allem das Ziel, das „Selbstmanagement" zu unterstützen. „,Management' bezeichnet einen Komplex von Steuerungsfunktionen, die Menschen in professionellen Organisationen innehaben."[368] Management übernimmt die Steuerung von Leistungsprozessen. Aufgaben im Management übernehmen nicht nur Führungskräfte in hierarchischen Organisationen, sondern auch andere Berufsgruppen. Freiberuflich tätige Rechtsanwälte, Steuerberater und Psychotherapeuten formulieren Zielsetzungen für ihre Organisation. Vergleichbar ist die Situation von Frauen, die Familien- und Erwerbsarbeit leisten. Sie haben mindestens die (alleinige) Verantwortung für die Organisation der Hausarbeit. Die Organisation der Hausarbeit ist zudem auf die zeitlichen und inhaltlichen Anforderungen der Erwerbsarbeit abzustimmen. Frauen verfügen im Bereich der Hausarbeit über Leitungsfunktionen, weil sie zum deutlich überwiegenden Teil (siehe Kapitel 1) die Verantwortung für die Organisation der Hausarbeit, die Betreuung, Erziehung und die Schaffung von förderlichen Rahmenbedingungen für die Bildungsbeteiligung der Kinder sowie die Pflege sozialer Netzwerke übernehmen. Wie bei Menschen mit Leitungsverantwortung sind die damit verbundenen Zielsetzungen mit der Strategie der Organisation abzustimmen. Mit der Abstimmung von Familien- und Erwerbsarbeit ergeben sich Zielkonflikte. Vorhandene Ressourcen (Zeit, Wissen, ...) stehen nicht uneingeschränkt einer Organisation (System) zur Verfügung. Zielsetzungen orientieren sich an der Situation des Arbeitgebers (Auftragslage) und den Erwartungen der Familienmitglieder. Zwischen der vom Ar-

---

367 Deutscher Bundesverband Coaching e.V. (o. J.): Definition Coaching. URL: https://www.dbvc.de/der-verband/ueber-uns/definition-coaching (Zugriff am 20.12.2019)
368 Schreyögg 2012, S. 29.

beitgeber erwarteten zeitlichen Flexibilität und der Betreuung von minderjährigen Kindern besteht ein Zielkonflikt.

Coaching für Frauen mit Mehrfachbelastung unterstützt das Selbstmanagement. Kennzeichnend für Coaching ist die Ziel- und Handlungsorientierung. Basis für Veränderungsprozesse ist die Reflexion eigenen Erlebens und Verhaltens. Coaching-Ansätze existieren zu unterschiedlichen Prozessen (Gesundheit, ...) und Settings (Einzelcoaching, E-Learning, ...).

18.1 Coaching und Gesundheit

Gesundheitscoaching verbindet die Begriffe Gesundheit und Coaching. Der Begriff Coaching ist bereits definiert (14.). Die Weltgesundheitsorganisation definiert Gesundheit als einen Zustand des vollständigen körperlichen, geistigen und sozialen Wohlergehens. Gesundheit ist mehr als das Fehlen von Krankheit und Gebrechen.[369]

„Stress und Belastung steigern das Bedürfnis der Menschen nach Gesundheit und Wohlbefinden, nach lang andauernder geistiger und körperlicher Fitness. Gesundheit, Schönheit und Jugendlichkeit sind für die Menschen von zunehmender Wichtigkeit. Hieraus ergeben sich neue Betätigungsfelder für Menschen, die auf diese Bedürfnisse (mehr oder weniger professionell) eingehen und auf dem „Gesundheitsmarkt" neue Produkte, Ideen, Trends, Moden und Möglichkeiten zur Verfügung stellen."[370]

„Gesundheitscoaching ist – ganz allgemein gesprochen – eine Maßnahme, ein Angebot oder eine Methode, bei der auf das Format des Coachings zurückgegriffen wird, um die Gesundheit des Klienten zu erhalten oder wiederherzustellen."[371]

---

369 Vgl. Weltgesundheitsorganisation (WHO) (2014): Verfassung der Weltgesundheitsorganisation. Unterzeichnet in New York am 22. Juli 1946. Stand: 8. Mai 2014. URL: https://www.admin.ch/opc/de/classified - compilation/ 19460131/201405080000/0.810.1.pdf (05.01.2020)
370 Ostermann 2010, S. 28.
371 Ostermann 2010, S. 35.

Coaches mit dem Schwerpunkt Gesundheit begleiten und unterstützen Menschen darin, ihren Alltag gesundheitsförderlich zu gestalten. Das Coaching beginnt mit einer Bestandsaufnahme zu persönlichen und beruflichen Belastungen sowie Kontextbedingungen. Der Klient definiert Ressourcen und Belastungen und erhält damit neue Erkenntnisse zu seiner persönlichen Lebenssituation. Aus dieser Situationsanalyse ergeben sich Zielformulierungen. Am Ende des Beratungsprozesses nimmt der Klient seine veränderte und gestärkte Selbstsorgekompetenz wahr. Diese Selbstsorgekompetenz erweist sich im Alltag als „Schutzfunktion" und wirkt präventiv. Die Selbstsorgekompetenz ist insbesondere eine Fähigkeit, die es dem Klienten ermöglicht, in Veränderungsprozessen kompetent handeln zu können.[372]

Gesundheitscoaching verfolgt das Ziel, die Gesundheit zu fördern oder zu erhalten. In diesem Zusammenhang stellt sich auch die Frage, welche Faktoren die Gesundheit oder gesundheitsrelevantes Verhalten beeinträchtigen. Ein Ziel des Gesundheitscoachings ist es, die Selbstkontrolle (in unterschiedlichen Lebensbereichen) und die Gesundheitskompetenz von Menschen weiter zu entwickeln. Coaching verfügt über unterschiedliche Methoden und Konzepte zur Förderung der Gesundheitskompetenz. Die mit dem Coachingkonzept verbundenen Zielsetzungen orientieren sich an den Zielgruppen, deren Vorerfahrungen und Vorwissen.

18.1.1 Gender, Sozialisation und Geschlecht

„Die heute komplexe Bedeutung des Begriffs ‚Gender' entspringt einer Reihe psychologischer, philosophischer, soziologischer, biologischer, medizinischer und feministischer Diskussionen um Geschlecht und Geschlechtlichkeit."[373]

Studien belegen Geschlechtsunterschiede im medizinischen Bereich: Frauen haben eine längere Lebenserwartung. Frauen bewerten ihre subjektive Befindlichkeit durchschnittlich negativer als Männer. Im mittleren Lebensalter ist die empfundene psychische Belastung der Frauen höher als der Männer. Statistiken belegen ein geschlechtsspezi-

---

372 Abdul-Hussain 2012, S. 22.
373 Ostermann 2010, S. 93.

fisches Risiko-, Vorsorge- und Krankheitsverhalten. Die Bewertung körperlicher Prozesse, das Empfinden für Krankheit oder Gesundheit ist durch eine geschlechtsspezifische Wahrnehmung geprägt. Unterschiede zwischen den Geschlechtern sind durch biologische und soziale Faktoren begründet. Die Arbeits- und Lebensbedingungen von Männern und Frauen waren und sind unterschiedlich.

Geschlechtsspezifische Sozialisationserfahrungen beeinflussen gesundheits-relevante Verhaltens- und Bewältigungsmechanismen. Mädchen und Frauen entwickeln andere Verarbeitungs- und Bewältigungsstile als Männer. Weibliches Verhalten ist mehr nach innen gerichtet und nicht mit Aktivitäten verbunden. Belastungen lösen nach innen gerichtete Verarbeitungs- und Bewältigungsmuster aus. Frauen neigen mehr als Männer zu neurotischem Verhalten und psychosomatischen Beschwerden. Dieses Verhalten entspricht geschlechts-spezifischen Rollenerwartungen und einer damit verbundenen sozialen Angepasstheit.[374]

„Für Genderkompetenz in Supervision und Coaching ist es demnach bedeutsam, sich mit gesellschaftlichen Identitätsnormierungen in Bezug auf Geschlecht und Sexualität auseinanderzusetzen, Verflechtungen von Geschlecht, Sexualität, Ethnie, Klasse und physischer wie psychischer Behinderung in den Blick zu nehmen, der Verflüssigung und Vielfältigkeit von Identitäten im jeweiligen Kontext näherzukommen, indem eine Sprache der Integration gefunden wird, die nichtnormative Lebensentwürfe einschließt und die Prozesshaftigkeit von Identitäten angemessen zum Ausdruck bringt."[375]

Die subjektive Bewertung von Gesundheit und Krankheit sowie damit verbundene gesundheitsrelevante Verhaltensmuster stehen in einem engen Zusammenhang mit der Sozialisation. „Programmatisch wird mit diesem Begriff zum Ausdruck gebracht, dass das menschliche Individuum sich dauerhaft durch soziale und gesellschaftliche Faktoren mitentwickelt und sich in einem Prozess der sozialen Interaktion herausbildet."[376] Geschlechtsspezifische Sozialisationsprozesse prägen

---

374 Vgl. Hurrelmann 1994, S. 15 ff.
375 Abdul-Hussain 2012, S. 165.
376 Hurrelmann 1994, S. 15.

die Lebens-bedingungen und damit auch gesundheitsrelevante Verhaltensmuster von Frauen und Männern.[377]

18.1.2 Ziele als Themenschwerpunkt im Gesundheitscoaching

Gesundheitscoaching hat zum Ziel, den individuellen Ist-Zustand mit seinen Belastungen und Ressourcen zu beschreiben und infolgedessen konkrete Ziele zu formulieren. In diesem Kontext bietet Gesundheitscoaching unterschiedliche Themenschwerpunkte an. Zu diesen Themenschwerpunkten gehören zum Beispiel die Selbstfindung, Werte, Ressourcenorientierung oder die Formulierung von Zielen.

„Ziele sind in Beratungsprozessen kontext-, lebensalter-, lebenslage-, gender- und pathologiespezifisch zu betrachten. Generell ordnet man Ziele hierarchisch nach Meta-, Grob- und Feinzielen."[378] Zu den Grobzielen gehören Zielsetzungen, die sich auf den eigenen Lebenslauf beziehen oder strukturelle Veränderungen beinhalten. Zu den Grobzielen gehören auch persönlichkeitsbestimmte Zielsetzungen. In einem weiteren Schritt formuliert der Klient Fein- und Nahziele. Konkret könnte für berufstätige Mütter ein Grobziel darin bestehen, die aktuelle zunehmende Arbeitsbelastung zu reduzieren oder den Bereich der Hausarbeit so zu organisieren, dass eine Entlastung gegeben ist. In einem ersten Schritt (Nahziel) sollte der Arbeitgeber (Personalabteilung) über die Ursachen der aktuelle Arbeitssituation (Krankheitsvertretungen, …) und die damit verbundenen Belastungen (Überstunden, bisher nicht bearbeitete Unterlagen) informiert werden. Ein Feinziel könnte darin bestehen, dass die Klientin kurz- bis mittelfristig keine weiteren Aufgaben annimmt.

Im Coaching definiert der Klient Grob-, Fein- und Nahziele. Die Zielsetzungen werden mit dem Berater besprochen. Der Austausch über Ziele gewährleistet, dass Klient und Berater die „gleichen" Ziele anstreben und kein Zielkonflikt besteht. Mit der Formulierung von Zielen findet eine Auseinandersetzung mit vorhandenen Ressourcen statt. In diesem Zusammenhang stellt sich auch die Frage, inwieweit die Ziel-

---

377 Vgl. Hurrelmann 1994, S. 15 ff.
378 Ostermann 2010, S. 297.

setzungen realistisch sind und welches Zeitfenster für die Umsetzung zur Verfügung steht.

Wesentlich für die Formulierung von Zielen sind die Wertvorstellungen und die Motive des Klienten. Dieses „übergeordnete" Lebenskonzept kann mit der Beratung entstehen oder sich weiterentwickeln. Eine kontinuierliche Abstimmung von Zielsetzungen mit dem individuellen „Lebenskonzept" bildet die Grundlage für eine professionelle Begleitung und die „Zufriedenheit" des Klienten mit dem Beratungsprozess.[379]

18.2.1 Blended Learning als Coaching-Methode zur Stressbewältigung

Mit der Digitalisierung des Arbeitsmarktes verändern sich die Anforderungen für Arbeitnehmer und Belastungen steigen. Neben der zunehmenden sozialen Unsicherheit (strukturelle Veränderungen des Arbeitsmarktes) ändern sich die Anforderungen an Kompetenzen. Besonders betroffen sind Frauen, die neben der Erwerbsarbeit die Verantwortung für die Hausarbeit übernehmen. Mit den zunehmenden Belastungen im Bereich der Erwerbsarbeit und den gleichbleibenden Anforderungen durch Familienarbeit ist ein gesteigertes Stresserleben verbunden.

Stress beeinträchtigt die Gesundheit. Unser Körper ist wie bereit ausführlich dargestellt, auf kurze Stressphasen ausgerichtet und benötigt regelmäßig auch eine Ruhephase, damit er sich erholen und neue Energie schöpfen kann. Bei hohem und länger andauerndem Stresslevel ohne Erholungsphasen und einem permanenten Energiebedarf greift der Körper notgedrungen die tiefersitzenden Energiereserven an. Sind diese verbraucht, greift der Körper die eigenen Organe an. Positive Bewältigungsmuster für das Stresserleben gewinnen daher immer mehr an Bedeutung und sind ein wesentlicher Bestandteil der Gesundheitsprävention.

Angebote der Gesundheitsprävention mit dem Ziel, den Teilnehmern positive Strategien zur Stressbewältigung zu vermitteln, stehen in unterschiedlichen Formaten zur Verfügung. Relativ neu sind Online-Angebote und Coaching in Verbindung mit Blended-Learning. „Unter

---

379 Vgl. Ostermann 2010, S. 297.

Blended Learning ("blended": "gemixt, zusammen-gemischt") versteht man die Kombination von unterschiedlichen Methoden und Medien, etwa aus Präsenzunterricht und E-Learning. Im wissenschaftlichen Kontext spricht man auch vom Lernen im Medienverbund oder von hybriden Lernarrangements. Die Mischung aus formellem und informellem Lernen fällt nach verbreiteter Auffassung ebenfalls unter den Begriff. Zudem gibt es Experten, die die Anreicherung von Printmedien mit 2D-Codes (v.a. QR-Codes) als Blended Learning bezeichnen."[380]

Eine aktuelle Studie untersucht, inwieweit sich Coaching in Verbindung mit Blended Training auf das Stresserleben der Teilnehmer auswirkt. Ziele der Studie ist die Evaluation eines Trainings zur Stressbewältigung mit unterschiedlichen Formaten. Ziel der Evaluation ist die Wirkung von Präsenz- und Online-Phasen. Eine zweitägige Veranstaltung (Gelassen und sicher im Stress) bildet die Präsenzphase. Im Anschluss an diese Einheit folgt ein 8-wöchiges Online-Coaching. Die Evaluation bezieht sich auf einen Zeitraum von 6 Monaten. Untersucht werden die Wirkungen des Trainings auf das Stresserleben, die Stressbewältigung und die Stressreaktionen. Zur Zielgruppe gehören Frauen mit einer Mehrfachbelastung, d.h. berufstätige Frauen, die auch für Kindererziehung oder die Pflege von Angehörigen verantwortlich sind. Die Wirksamkeit des Trainings lässt sich vor allem anhand von drei Variablen belegen: dem Stresserleben, der Stressbewältigung und der Stressreaktivität. Gegenüber der Kontrollgruppe zeigten sich langfristig mittlere bis große Effekte.

18.2.2 Blended Learning als Coaching-Methode

Eine aktuelle Studie beschäftigt sich mit Stressbewältigungsinterventionen mit einer Kombination aus Präsenzzeiten und Online-Modulen. Untersucht wurden die Interventionseffekte eines zweitägigen Blocktrainings in Verbindung mit Online Coaching. Grundsätzlich nehmen Nutzer an einem 2-tägigen Blocktraining teil. Dieses Zeitfenster lässt sich mit beruflichen und privaten Verpflichtungen vereinbaren. Die

---

380 Bendel 2018, URL: https://wirtschaftslexikon.gabler.de/definition/blended-learning-53492/version-276579 (Zugriff am 20.12.2019)

Teilnehmer erleben diese Zeit als Gelegenheit, um eine Distanz zum Alltag herzustellen. Dementsprechend wählten die Veranstalter auch den Tagungsort. Die zweitätige Präsenzphase hat den Charakter einer „Auszeit" von alltäglichen Verpflichtungen. In diesem zeitlichen Rahmen entstehen soziale Kontakte und damit die Basis für Gruppenarbeit. In diesem Kontext besteht die Gelegenheit zur Selbstreflexion. Das Zeitfenster ermöglicht es zudem, entsprechende Inhalte zu vermitteln. Der erste Tag beginnt mit einem Input zum Thema Stress (Definition, Entstehung, Wirkungen, ...). Dieses Wissen bildet die Basis für weitere Interventionen. Nach einer Präsenzphase findet der weitere Kontakt über E-Coaching für die Dauer von 8 Wochen statt. Einmal pro Woche erhalten die Teilnehmer unterschiedliche „Aufgaben". Diese Aufgaben bestehen zum Beispiel aus Anregungen zur Selbstreflexion, Entspannungsübungen oder Arbeitsaufträgen für die Partnerarbeit. Teilnehmer bearbeiten diese Aufgaben eigenverantwortlich.[381]

Der Coach übernimmt die inhaltliche und strukturelle Gestaltung der Präsenzphase. Weiterführende Angebote im Bereich des E-Learnings sind durch mehr Zurückhaltung geprägt. In der zweiten Phase gewinnt der Austausch in der Gruppe an Bedeutung. Es handelt sich um einen ressourcen- und lösungsorientierten Ansatz. Feedbacks des Coaches orientieren sich an den Ressourcen der Teilnehmer. Phasen der Selbstreflexion – in Verbindung mit dem Austausch in der Gruppe – führen zu einer Erweiterung der Lösungskompetenz.[382]

18.2.3 Erfolgsfaktoren

Grundsätzlich besteht zwischen den teilnehmenden Personen das Interesse, mit einander in Kontakt zu kommen und diese Kontakte auch weiterhin zu pflegen. Das Bedürfnis nach Kommunikation mit Menschen in vergleichbaren Lebenssituationen (Empfinden von Stress und Belastung im Alltag) bietet soziale Unterstützung und förderliche Rahmenbedingungen für die Weiterentwicklung der eigenen Lösungskompetenz. Soziale Kontakte, die gelingende Integration in eine Gruppe von Menschen mit vergleichbaren Problemlagen und die Möglichkeit

---

381 Vgl. Pracht 2014, S. 120 ff.
382 Vgl. Arnold u.a. 2018, S. 296 ff.

zur Weiterführung der Kommunikation bilden die Basis für Online-Module. Ergebnisse der Studie zeigen, dass das positive Erleben der Präsenzphase in der Gruppe den Erfolg und die Qualität des gesamten Trainings (mit Online-Modulen in einer weiterführenden Phase) beeinflusst. „Insgesamt gesehen ist die bedürfnisgerechte Gestaltung der Trainingselemente und des Settings anzustreben, um die psychischen Grundbedürfnisse nach Kompetenzerleben, Wachstum, Autonomie, Kontrolle, Dazugehören und Lusterleben anzusprechen."[383] Eine gute Voraussetzung für die Befriedigung dieser Grundbedürfnisse bieten wesentliche Faktoren für die Gestaltung der Einheiten. Zu diesen Faktoren gehören eine erkennbare Strukturierung, ein wertschätzendes und integrierendes Miteinander, die Vermittlung von als sinnvoll empfundenen Inhalten (in Verbindung mit einer Weiterentwicklung eigener Kompetenzen) und die Eigenverantwortung. Eine klare Strukturierung von Präsenzphasen und adressatengerechte Formulierungen von Zielsetzungen bieten den Teilnehmern Orientierung. Eine wertschätzende Kommunikation, die Gelegenheit zum gegenseitigen Kennenlernen und die Schaffung von Gesprächssituationen bilden die Basis für eine vertrauensvolle Zusammenarbeit, weil diese Faktoren dem menschlichen Bedürfnis nach Zugehörigkeit und Bindung entsprechen. Themen und Inhalte orientieren sich an den Interessen und Bedürfnissen der Teilnehmer. Die Themen sind relevant für das Erleben von Belastungen (Stress) im Alltag der Teilnehmer. Inputs vermitteln wesentliche Informationen zur Entstehung und den Auswirkungen von Stress. Dieses Wissen bildet die Basis für die Aneignung geeigneter Strategien zur Bewältigung. Konfliktlösungskompetenz entsteht in Verbindung mit der Anwendung dieser Strategien in alltäglichen – als belastend empfundenen – Situationen. Mit dem Wissen zur Entstehung von Stress erhalten die Teilnehmer eine andere Einschätzung eigenen Erlebens. Diese Anregung zur Selbstreflexion bildet die Voraussetzung für die Weiterentwicklung eigener Problemlösungsstrategien. Die Auseinandersetzung mit als belastend empfundenen Situationen, damit verbundenen Verhaltensmuster und deren „subjektiv" empfundener Wirksamkeit bietet – insbesondere in der Gruppe mit weiteren Teilnehmern – die Grundlage für die Beschäftigung mit alternativen

---

383 Pracht 2014, S. 361.

Verhaltensmustern. Voraussetzung für die Teilnahme und die Beteiligung an den unterschiedlichen Settings ist die Freiwilligkeit und das Interesse der Menschen. Damit ist das Grundbedürfnis des Menschen nach Autonomie erfüllt und es entstehen Voraussetzungen für ein positives Erleben.[384]

Zielführend ist zudem, dass die Betreuung durch einen Coach erfolgt. Dieser ist den Teilnehmern durch die Präsenzphase bekannt und vertraut. Bewährt hat sich eine Begrenzung der Gruppengröße auf 8 Teilnehmer. „Geeignet und wichtig erscheint auch die variierende Intensität der Begleitung durch den Coach im Zeitverlauf von anfangs starker Zuwendung bis hin zu einer dezenten Zurückhaltung am Ende, um Selbstverantwortung und Außenorientierung anzuregen. ... Das Online-Coaching hat sich als besonders kompetenzförderlich und selbstwertdienlich herausgestellt. ... Ein Online-Coaching zur Stressbewältigung sollte daher selbstwertsteigernde Interventionen wie ressourcenorientiertes Feedback, das Ausdrücken von Anerkennung mit authentischer Wertschätzung, das Spiegeln von Erfolgen und erfolgreichen kleinen Schritten anstreben – ..."[385]

18.4 Genderperspektive in Beratung und Coaching

Gender bringt zum Ausdruck, dass in allen Lebensbereichen der Anspruch gegeben ist, die Interessen von Männern und Frauen in gleicher Weise zu berücksichtigen. Dienstleistungen in Beratung und Coaching verpflichten sich also dem übergeordneten Ziel der Förderung von Geschlechtergerechtigkeit.

„Das Leitbild der Geschlechtergerechtigkeit bedeutet, bei allen gesellschaftlichen und politischen Vorhaben die unterschiedlichen Auswirkungen auf die Lebenssituationen und Interessen von Frauen und Männern grundsätzlich und systematisch zu berücksichtigen. Dieses Vorgehen, für das sich seit der UN-Weltfrauenkonferenz 1995 international der Begriff Gender Mainstreaming etabliert hat, basiert auf der Erkenntnis, dass es keine geschlechtsneutrale Wirklichkeit gibt, und

---

384 Vgl. Arnold u.a. 2018, S. 357 ff.
385 Pracht 2014, S. 362.

Männer und Frauen in sehr unterschiedlicher Weise von politischen und administrativen Entscheidungen betroffen sein können. Ein solches Vorgehen erhöht nicht nur die Zielgenauigkeit und Qualität politischer Maßnahmen, sondern auch die Akzeptanz bei Bürgerinnen und Bürgern. Gender Mainstreaming bedeutet also zu berücksichtigen, dass eine Regelung für die Lebenswirklichkeiten von Frauen und Männern unterschiedliche Auswirkungen haben kann, daher ‚Gender'."[386]

Beratung und Coaching verändern die Lebenswirklichkeit von Männern und Frauen. Damit ist mit Angeboten im Bereich der Beratung oder des Coachings der Anspruch verbunden, Geschlechterdifferenzen zu benennen und geschlechtsnormatives Denken zu reflektieren.

„Beratungs- und Coachingprozesse für berufstätige Frauen thematisieren Geschlechterstereotype. Ressourcenorientierte Beratungsprozesse machen Frauen deutlich, welchen Beitrag sie für die Organisation erbringen und über welche Netzwerke sie im beruflichen Bereich verfügen. Das Wissen um die eigene Leistung und vorhandene Ressourcen (Netzwerke) bildet die Basis für die Kontroll-überzeugung. Beratung und Coaching begleiten und unterstützen Frauen bei der Formulierung beruflicher Zielsetzungen – im Sinne einer bewussten Gestaltung der Lebens- und Berufsbiografie – und Entwicklung von Strategien (Visionen)".[387]

Die Genderkompetenz von Beratern und Coaches bietet Anregungen für den Austausch über gendertheoretisches Wissen und praktische Erfahrung. Genderaspekte in Beratungssituationen können so gemeinsam erarbeitet werden. „In sozialen Welten werden Wert- und Normvorstellungen von Gender ausgebildet, welche von Machtdiskursen und -konstellationen geprägt sind und sich in kollektiv- und subjektivmentalen Repräsentationen des Denkens, Fühlens und Handelns in ihren Interaktionsmustern und ihrer Körpersprache (Doing Gender)

---

386 URL: https://www.bmfsfj.de/bmfsfj/themen/gleichstellung/gleichstellung-und-teilhabe/strategie-gender-mainstreaming/strategie--gender-mainstreaming-/80436?view=DEFAULT (Zugriff am 19.12.2019)
387 Vgl. Möller 2014, S. 17.

sowie ihrer sprachlichen Performanz (Performing Gender) zeigen mit ihren Auswirkungen bis in die neurobiologischen Strukturen".[388] Genderkompetente Prozesse im Bereich der Beratung, des Coachings und der Supervision berücksichtigen unterschiedliche Ebenen (Makro-, Meso- und Mikroebene). Prozesse finden immer mit dem Bewusstsein statt, dass politische und soziokulturelle Systeme sowie biologische Faktoren unsere Vorstellungen von Geschlecht prägen.[389]

19. Zusammenfassung und weiterführende Überlegungen

„Der Begriff „Gesundheitskompetenz" hat sich als Übersetzung des englischen Begriffs „Health Literacy" in der deutschsprachigen Diskussion durchgesetzt und bedeutet wörtlich „auf Gesundheit bezogene Literalität". Darunter wurden ursprünglich die grundlegenden Schreib-, Lese- und Rechenfähigkeiten verstanden, die Menschen benötigen, um schriftliche Dokumente wie etwa Behandlungs-informationen oder Hinweise zur Medikamenteneinnahme lesen und verstehen zu können. ... Dieses Begriffsverständnis, das sich eng an den Anforderungen der Krankenbehandlung und den traditionellen Vorstellungen von der Patientenrolle orientiert, hat inzwischen bedeutsame Erweiterungen erfahren. „Health Literacy" schließt heute über die beschriebenen literalen Techniken hinaus auch die Fähigkeit ein, gesundheitsrelevante Informationen finden, verstehen, kritisch beurteilen, auf die eigene Lebenssituation beziehen und für die Erhaltung und Förderung der Gesundheit nutzen zu können. Nach diesem Verständnis zielt Gesundheits-kompetenz also auf den kompetenten Umgang mit gesundheitsrelevanter Information – nicht einzig, um die an Patienten gestellten Erwartungen erfüllen zu können, sondern vielmehr, um zur Erhaltung und Verbesserung der Gesundheit beizutragen."[390]

---

388 Abdul-Hussain 2012, S. 47.
389 Vgl. Abdul-Hussain 2012, S. 22 ff.
390 Nationaler Aktionsplan Gesundheitskompetenz (o. J.): Was bedeutet Gesundheitskompetenz? URL: https://www.nap-gesundheitskompetenz.de/gesundheitskompetenz/ (Zugriff am 20.09.2019).

Die lösungsorientierte Beratung unterstützt Lernprozesse und begleitet Klienten bei der Umsetzung von Lösungsstrategien. Der Beratungsprozess unterteilt sich in sechs Phasen: Die Phase der Synchronisation ist die Phase des Kennenlernens und einer ersten Orientierung. Klient und Berater definieren das „Problem" und die Ziele des Beratungsauftrags. Die zweite Phase ist die Phase der Lösungsvisionen und beinhaltet eine Vielfalt von Lösungsansätzen. In Phase 3 vollzieht sich der Entscheidungsprozess für eine Lösung. Der bewussten Entscheidung für eine Lösung folgt das konkrete Handeln und damit die Phase der Umsetzung (Phase 4). Klient und Berater reflektieren – in Phase 5 – die erreichten Veränderungen und den Grad der „Zielerreichung". Die Evaluation macht deutlich, inwieweit die Vision erreicht wurde. Danach folgt mit der Phase 6 die Lösungssicherung. Mit der Lösungssicherung endet der Prozess.

Das Konzept der lösungsorientierten Beratung und die Methode des Coachings beinhalten vergleichbare Elemente. Lösungsorientierte Beratung und Coaching definieren ähnliche Zielsetzungen.

„Es ist das Ziel der lösungsorientierten Beratung, die persönlichen Kompetenzen und sozialen Ressourcen eines Klienten zu identifizieren und zu aktivieren, damit er den Herausforderungen in der aktuellen Lebenslage, die im Augenblick noch als ‚Problemsituation' gesehen wird, besser gerecht zu werden vermag."[391]

„Inhaltlich ist Coaching eine Kombination aus individueller Unterstützung zur Bewältigung verschiedener Anliegen und persönlicher Beratung. In einer solchen Beratung wird der Klient angeregt, eigene Lösungen zu entwickeln. Der Coach ermöglicht das Erkennen von Problemursachen und dient daher zur Identifikation und Lösung der zum Problem führenden Prozesse. Der Klient lernt so im Idealfall, seine Probleme eigenständig zu lösen, sein Verhalten/seine Einstellungen weiterzuentwickeln und effektive Ergebnisse zu erreichen."[392]

Grundsätzlich ist sowohl bei der lösungsorientierten Beratung als auch beim Coaching ein ressourcen- und lösungsorientierter Ansatz gege-

---

[391] Bamberger, S. 80.
[392] Deutscher Bundesverband Coaching e.V. (o. J.): Definition Coaching. URL: https://www.dbvc.de/der-verband/ueber-uns/definition-coaching (Zugriff am 20.12.2019)

ben. Parallelen zeigen sich bei der Strukturierung des gesamten Beratungsprozesses (Problemdefinition, Wissen, Entwicklung von Lösungsvisionen, ...) und einzelnen Phasen („Hausaufgaben" als Element in der Phase der Lösungsbegleitung. Online-Coaching ist dabei eine mögliche Variante des Transfercoachings.

Beide Methoden eignen sich für die Vermittlung gesundheitsrelevanter Kompetenzen. Insbesondere für die Zielgruppe von Frauen mit einer Mehrfachbelastung sind die Methoden aufgrund ihrer begrenzten Präsenzzeiten und einem „flexiblem" Setting im weiteren Teil des Beratungsprozesses geeignet. Mit der Ressourcenorientierung beider Methoden erhalten „geschlechtsspezifische" Kompetenzen (Kommunikation, Netzwerkarbeit, ...) einen Stellenwert im Beratungsprozess.

Aspekte der lösungsorientierten Beratung finden sich in Coaching-Konzepten. Eine Studie von Gerlinde Pracht zur Stressbewältigung durch Blended Learning zeigt, dass grundlegende konzeptionelle Aspekte (Ressourcenorientierung, ...) mit dem Konzept der lösungsorientierten Beratung vergleichbar sind. Beide Methoden könnten sich ergänzen.

Gerlinde Pracht untersucht im Rahmen ihrer Studie Interventionseffekte eines zweitätigen Blocktrainings in Verbindung mit Online Coaching. Die Nutzer nehmen an einem 2-tägigen Blocktraining in Verbindung mit einem Online-Seminar teil. In diesem zeitlichen Rahmen entstehen soziale Kontakte und damit die Basis für Gruppenarbeit. In diesem Kontext besteht die Gelegenheit zur Selbstreflexion. In diesem Zeitfenster ermöglicht es zudem entsprechende Inhalte zu vermitteln. Dieses Wissen bildet die Basis für weitere Interventionen. Nach einer Präsenzphase findet der weitere Kontakt über E-Coaching statt. Einmal pro Woche erhalten die Teilnehmer unterschiedliche „Aufgaben". Diese Aufgaben bestehen zum Beispiel aus Anregungen zur Selbstreflexion, Entspannungsübungen oder Arbeitsaufträgen für die Partnerarbeit. Teilnehmer bearbeiten diese Aufgaben eigenverantwortlich.

Mit der Befragung der Teilnehmer und einer anschließenden Auswertung können Faktoren benannt werden, die für die Teilnehmer wesentliche Kriterien für die Wirksamkeit und den Erfolg der Intervention darstellen. Zu diesen Faktoren gehören eine erkennbare Strukturierung, ein wertschätzendes und integrierendes Miteinander, die Vermittlung von als sinnvoll empfundenen Inhalten (in Verbindung mit einer Weiterentwicklung eigener Kompetenzen) und die Eigenverantwortung. Eine klare Strukturierung von Präsenzphasen und adressatengerechte Formulierungen von Zielsetzungen bieten den Teilnehmern Orientierung. Eine wertschätzende Kommunikation, die Gelegenheit zum gegenseitigen Kennenlernen und die Schaffung von Gesprächssituationen bilden die Basis für eine vertrauensvolle Zusammenarbeit, weil diese Faktoren dem menschlichen Bedürfnis nach Zugehörigkeit und Bindung entsprechen. Themen und Inhalte orientieren sich an den Interessen und Bedürfnissen der Teilnehmer. Die Themen sind relevant für das Erleben von Belastungen (Stress) im Alltag der Teilnehmer. Inputs vermitteln wesentliche Informationen zur Entstehung und den Auswirkungen von Stress. Dieses Wissen bildet die Basis für die Aneignung geeigneter Strategien zur Bewältigung. Konfliktlösungskompetenz entsteht in Verbindung mit der Anwendung dieser Strategien in alltäglichen – als belastend empfundenen – Situationen. Mit dem Wissen über Entstehung von Stress erhalten die Teilnehmer eine andere Einschätzung eigenen Erlebens. Diese Anregung zur Selbstreflexion bildet die Voraussetzung für die Weiterentwicklung eigener Problemlösungsstrategien. Die Auseinandersetzung mit als belastend empfundenen Situationen, damit verbundenen Verhaltensmustern und deren „subjektiv" empfundener Wirksamkeit bietet – insbesondere in der Gruppe mit weiteren Teilnehmern – die Grundlage für die Beschäftigung mit alternativen Verhaltensmustern.

Gemeinsam ist beiden Methoden die zeitliche Begrenzung des Beratungsprozesses. Settings der lösungsorientierten Beratung finden einmal wöchentlich statt. Die Präsenzphase des Coaching-Modells ist auf zwei Tage begrenzt. Unbeantwortet bleibt die Frage, ob eine „Komprimierung" der ersten Phasen der lösungsorientierten Beratung in einer zweitägigen Präsenzphase den konzeptionellen Überlegungen von Günter Bamberger entspricht.

Beratungsphase	Inhalt	Methode
Synchronisation	Lösungsorientierte Problemanalyse (LB) Problemdefinition in Verbindung mit Wissen (C)	Präsenz
Lösungsvision	Hypothetische Lösungen – „Was wäre, wenn …" (LB) Wissen zu möglichen Lösungen – Techniken (C)	Präsenz
Lösungs-verschreibung	Ressourcenaktivierung und Hausaufgaben (LB) Umsetzung unterschiedlicher Strategien im Alltag (C)	Präsenz / Online
Lösungs-begleitung	Transfercoaching mit weiteren Methoden (LB) Wöchentliche Aufgaben mit vielfältigen Methoden (C)	Mails, … Online
Lösungs-evaluation	Fokussierung von positiven Veränderungen (LB) Ressourcenorientiertes Feedback durch den Coach (C)	Präsenz
Lösungs-sicherung	Sichern durch Wiederholung und Weiterentwicklung (LB) Positives Erleben eigener Kompetenzen (C)	Präsenz Online
Prozesskontrolle	Qualitätsmanagement (LB) Studien, Online-Befragungen, …	Präsenz Online

Beratung und Coaching verändern die Lebenswirklichkeit von Männern und Frauen. Damit ist mit Angeboten im Bereich der Beratung oder des Coachings der Anspruch verbunden, Geschlechterdifferenzen zu benennen und geschlechtsnormatives Denken zu reflektieren.

Berater und Coaches mit dem Schwerpunkt Gesundheit begleiten und unterstützen Menschen darin, ihren Alltag gesundheitsförderlich zu gestalten. Der Klient definiert Ressourcen und Belastungen und erhält damit neue Erkenntnisse zu seiner persönlichen Lebenssituation. Aus dieser Situationsanalyse ergeben sich Zielformulierungen. Am Ende des Beratungsprozesses nimmt der Klient seine veränderte und gestärkte Selbstsorgekompetenz wahr. Diese Selbstsorgekompetenz erweist sich im Alltag als „Schutzfunktion" gegen Stress und wirkt präventiv. Die Selbstsorgekompetenz ist insbesondere eine Fähigkeit, die es dem Klienten ermöglicht, in Veränderungsprozessen und beim Erleben von Stress kompetent zu handeln.

Fazit und Ausblick

Die Digitalisierung 4.0 bringt neue Arbeitsformen sowie neue Berufsfelder mit neuen Anforderungen und verspricht gerade für die Frauen, welche sich auch neben dem Beruf der Familie widmen möchten, neue Chancen auf dem Arbeitsmarkt. Doch die neuen Beschäftigungsmöglichkeiten bergen auch die Gefahr, bei der zunehmenden Entgrenzung der Arbeit einem erhöhten Stress ausgesetzt zu werden, gerade bei Frauen mit einer Doppelbelastung. Die vorliegende Masterthesis stellte daher die These auf, dass Frauen mit einer Doppelbelastung ein eigenes Präventionsprogramm benötigen, das aktuell auf dem Markt noch nicht vorzufinden ist.

Kann eine Doppelbelastung, also die Arbeit neben der Familie und die Familie als Arbeit, Frauen psychisch belasten, denn häufig wird das familiäre Umfeld als stressregulierende Ressource benannt?

Die emotionale Nähe und die Anerkennung von Pflege- und Erziehungsleistungen in der Familie stellen Ressourcen dar. Diese Ressourcen schaffen andere Voraussetzungen für den Umgang mit Belastungen und die damit verbundenen Bewältigungsmechanismen. Welche Bewältigungsmechanismen Frauen beim Umgang mit Belastungen entwickeln, ist abhängig von den Lebensumständen und wird maßgeblich vom eigenen Geschlecht geprägt. Frauen und Männer übernehmen in der Gesellschaft unterschiedliche Funktionen. Aufgrund dieser Verschiedenheit existieren „geschlechtsspezifische" Rollenbilder und Formen der Sozialisation. Traditionelle Rollenzuschreibungen gehen davon aus, dass Frauen in Lebensgemeinschaften die Verantwortung für die Familienarbeit übernehmen. Gleichzeitig steigt die Erwerbstätigenquote von Frauen und die gesellschaftliche Erwartung, dass Frauen in der Lage sind, die unterschiedlichen Anforderungen von Berufs- und Familienarbeit zu vereinbaren. Mit dieser Doppelorientierung sind vielfältige Anforderungen in unterschiedlichen Arbeitsbereichen gegeben, die Belastungen mit sich bringen und Handlungsspielräume eingrenzen.

Kennzeichnend für Familien- oder Hausarbeit sind alltägliche und wiederkehrende Leistungen im Bereich der privaten Lebensführung. Darüber hinaus beinhaltet die Familienarbeit auch eine psychische Dimension. Beziehungs- und Erziehungs-leistungen fördern unter anderem soziale Kompetenzen (Kommunikation, Konfliktlösungskompetenzen, …). „Erziehung und Kommunikation" nehmen einen deutlichen Anteil im Bereich der Familienarbeit ein. Die Rahmenbedingungen für die „Qualität der Kommunikation" entstehen in der Familie. Und es ist diese Qualität der Kommunikation die „Qualität sozialer Beziehungen" und die damit gegebene Verbindlichkeit und das wahrgenommene Unterstützungsniveau prägen. Wohlbefinden ist ein Ausdruck gelungener Kommunikation und positiv erlebter sozialer Beziehungen. Diese Leistungen bilden die Basis des Familienlebens. Soziale Kompetenzen bilden zudem eine Voraussetzung für die erfolgreiche Integration in weitere Systeme (Bildungssystem oder Erwerbsleben, …).

Belastungen können sich aber – abhängig von der individuellen Sichtweise – auch dadurch ergeben, dass für die Qualität der Hausarbeit keine gesellschaftlich anerkannten Standards z.B. Ordnung oder Sauberkeit existieren, die objektiv messbar sind. Die Qualität von Hausarbeit und Beziehungsleistungen ist von subjektiven Zielformulierungen der Familienmitglieder abhängig. Ausdruck der Qualität erbrachter Leistungen – in unterschiedlichen Arbeitsbereichen – ist das körperliche und psychische Wohlbefinden der Familienmitglieder. Frauen verfügen über begrenzte Ressourcen (Zeit, …). Die Erreichung von Zielsetzungen ist mit dem Anspruch verbunden, dass ein ausgewogenes Verhältnis zwischen dem Einsatz dieser Ressourcen und dem angestrebten Zustand (Wohlbefinden der Familienmitglieder, Sauberkeit und Ordnung) besteht.

Hausarbeit ist heterogen, orientiert sich unter anderem an familieninternen „Zeitstrukturen" und erfordert im zunehmenden Maße „Kopfleistungen". Diese kognitiven Leistungen beziehen sich nicht nur auf den Bereich der Haushaltsorganisation, sondern auch auf soziale Beziehungen wie (Kindererziehung, Partnerschaft, Pflege und Stabilisierung sozialer Kontakte im familiären Umfeld, usw...). Sie ist einerseits mit einem hohen Grad an Autonomie verbunden und erfordert andererseits ein hohes Maß an Selbstorganisation. Da objektive Kriterien für die Bewertung der geleisteten Arbeit fehlen, wird eine realistische Selbsteinschätzung erschwert.

Die mit der Familienarbeit verbundenen Beziehungsleistungen schaffen u. a. die Grundlage für eine gelingende Bildungs- und Berufsbiografie der Kinder. Neben der Alltagsroutine von Haus- und Beziehungsarbeit erhöhen gesellschaftliche definierte Erfolgsfaktoren (positive Bildungsbiografie der Kinder, förderliche Rahmenbedin-gungen für pflegebedürftige Angehörige, ...) den empfundenen „Druck" durch die Erwartungshaltung der Gesellschaft und führen zur psychischen Belastung. Im Zusammenhang mit wachsenden psychischen Anforderungen steigt das Bedürfnis nach Regeneration.

Kennzeichnend für den Verlauf der weiblichen Erwerbsbiografie sind die Verantwortung für die Kindererziehung und die Pflege von nahen Angehörigen. Die Verantwortung für die Erziehung von Kleinkindern oder die Bereitschaft zur Pflege naher Angehöriger beeinflusst berufliche Zielformulierungen (Möglichkeit sich im Unternehmen weiter zu entwickeln, ...). Beim „Wiedereinstieg" in eine berufliche Tätigkeit akzeptieren Frauen (tendenziell) den Wechsel des Arbeitsplatzes oder eine weniger qualifizierte Tätigkeit sowie eine Beschäftigung unter ihrem Qualifikations-niveau.

Der Begriff der „geschlechtshierarchischen Arbeitsteilung" bringt zum Ausdruck, dass Frauen (weiterhin) die Verantwortung für die Familienarbeit übernehmen und dass „weibliche" Erwerbsarbeit immer eine Kombination aus beruflicher Tätigkeit und Familienarbeit darstellt. Mit der Kombination von Familien- und Erwerbsarbeit ist ein anderes Leistungsspektrum und eine andere, frauenspezifische Leistungsfähigkeit gegeben. Dieses Leistungsspektrum umfasst, neben reproduktionsbezogenen Tätigkeiten, Aufgaben im Bereich der Organisation und Beziehungsleistungen. Beziehungsleistungen (Kommunikation, Erziehung, ...) sind gefühlsbestimmte Verhaltensweisen. Diese sozialen Kompetenzen bringen Frauen auch in weitere Lebensbereiche wie die Berufs- und Arbeitswelt ein. Die Fähigkeit Netzwerke (Familie, Freunde, ...) mit Unterstützungspotential zu organisieren und zu erhalten, stellen einen „Mehrwert" in weiteren Organisationen dar. Besondere Fähigkeiten im Zusammenhang mit der Reproduktion schaffen gute Voraussetzungen für Arbeiten, die ein geringes Qualifikationsniveau erfordern. Soziale Kompetenzen stellen die Basis für eine Integration in das Berufsleben dar. Nicht-berufliche Fähigkeiten und Kompetenzen qualifizieren so Frauen „indirekt" für berufliches Handeln.

Bei einem deutlichen Anteil der Beziehungsleistungen handelt es sich um Anpassungsleistungen. Diese Verhaltensweisen bestimmen die Lebenswelt im privaten und beruflichen Bereich. Anpassung geht mit Abhängigkeit und dem Bedürfnis nach Anerkennung einher. Anpassungsleistungen beeinflussen die Entwicklung des eigenen Selbstwertgefühls. Mit dem Selbstwertkonzept eröffnen sich individuelle Perspektiven für die Bewältigung von als belastend empfundenen Situationen oder dem Umfang mit Stress.

Frauen und Männer verfügen über ungleiche Perspektiven. Die Zugehörigkeit zu einem Geschlecht und die damit verbundenen Sozialisationsprozesse prägen den Verlauf der Lebens- und Berufsbiografie. Die Ungleichheit von Mann und Frau ist ein Merkmal der modernen Gesellschaft. Die „geschlechtshierarchischen Arbeitsteilung" weist den Frauen die Verantwortung für die Familienarbeit zu. Mit dieser Verantwortung und den damit verbundenen Anforderungen entstehen „ungleiche" Voraussetzung für die Teilhabe am Leben in gesellschaftlichen Bereichen (z.B. Erwerbsleben). Es entstehen „geschlechtsspezifische" Voraussetzungen für die persönliche Lebens- und Erwerbsbiografie. Die Digitalisierung des Arbeitslebens ist gerade für Frauen mit neuen und weiteren Risiken verbunden. Seit Jahrzehnten steigt die Erwerbsneigung und die Erwerbsbeteiligung von Frauen. Zeitgleich stieg das Niveau der Bildungsabschlüsse und der damit verbundenen beruflichen Qualifikationen. Relativ konstant bleibt die Verantwortung für familienbezogene Reproduktionsarbeit und eine damit verbundene Doppelbelastung. Mit der Digitalisierung steigt das „Anforderungsniveau" im beruflichen Bereich. Ein deutlicher Anteil von Frauen ist in Berufen mit einem hohen Substituierbarkeitspotential beschäftigt. Das Substituierbarkeitspotential ist einerseits abhängig vom Qualifikationsniveau und andererseits von branchenspezifischen Entwicklungen. Ein deutlicher Frauenanteil ist in Helfer- und Fachkraftberufen zu verzeichnen. In diesen Berufsgruppen beträgt das Substituierbarkeitspotential zwischen 40 und 50 %. Zu Berufsgruppen mit einer prognostizierten negativen Entwicklung gehören Büro- und Sekretariatsberufe, Beschäftigungsverhältnisse im Verkauf und der Gastronomie, Berufe der kaufmännischen und technischen Betriebswirtschaft sowie Post- und Zustelldienste. Realistisch ist eine strukturelle Arbeitslosigkeit, die gerade für Frauen mit der Herausforderung verbunden ist, die bisherige Berufswahl zu überdenken, einen Wechsel in andere Branchen zu erwägen und die individuellen Voraussetzungen und Möglichkeiten für die Aneignung weiterer beruflicher Qualifikationen zu prüfen. Arbeit 4.0 ist neben strukturellen Veränderungen auch mit der Herausforderung verbunden, entsprechende digitale Kompetenzen zu erwerben. Im Vergleich zu den Männern verfügen Frauen über ein niedrigeres Qualifikationsniveau im Bereich der digitalen Kompetenzen.

Mehr als Männer sind Frauen vom Wandel des Arbeitsmarktes betroffen. Arbeit 4.0 erfordert Anpassungsprozesse an sich verändernde Berufsbilder und gegebenenfalls auch die Flexibilität zum Wechsel der Branche. In jedem Fall sind Frauen gefordert digitale Kompetenzen zu erwerben. Die damit verbundenen Anpassungsleistungen in Form einer weiteren beruflichen Qualifizierung stellen eine weitere „Belastung" dar. Weitere berufliche Anforderungen – in Verbindung mit alltäglichen Arbeitsleistungen in den Bereichen der Familien- und Erwerbsarbeit – führen zu belastenden Situationen (Stress), die die Ressource Gesundheit gefährden.

Die Zukunft der Arbeit ist mit Risiken und Herausforderungen verbunden. Der Soziologe Ulrich Beck beschreibt die Veränderung des Arbeitsmarktes als neue soziale Unsicherheit. Der Einfluss und das Unterstützungspotential der Gewerkschaften nehmen ab. Organisationsformen der Arbeit ändern sich. Home-Office ist mit Vorteilen für Frauen, in Phasen der Kindererziehung oder der Pflege von Angehörigen, verbunden. Andererseits fehlen soziale Kontakte und die Arbeitsbedingungen sind – abhängig vom Arbeitnehmer – mit einem hohen Maß an Kontrolle verbunden. Kontrollmöglichkeiten des Arbeitgebers steigern den empfundenen Druck. Studien zeigen, dass Mitarbeiter im Home-Office mehr unbezahlte Arbeit leisten. Das zunehmende Risiko der Betroffenheit von struktureller Arbeitslosigkeit in typischen Frauenberufen, steigende Anforderungen im Bereich der digitalen Kompetenzen und die „Entgrenzung" der Arbeitszeit durch Online-Arbeitsplätze steigern die mit dem Arbeitsleben verbundenen Belastungen und den empfundenen Stress insbesondere für Frauen.

Wir leben also in einer beschleunigten Gesellschaft. Unser Lebenstempo hat sich spürbar gesteigert. Es werden nämlich mehr Tätigkeiten in weniger Zeit erledigt und angestoßen durch einen immer schnelleren technischen Fortschritt fühlen sich Menschen zu mehr Aktivität und zur Multitasking-Arbeitsform getrieben. So wird die Zeit, welche eigentlich durch die technische Erleichterung zur Verfügung stehen sollte, vielmehr als knappe Ressource wahrgenommen. Außerdem befeuert Ökonomie den Wettbewerb und sorgt ebenso für eine Beschleunigung. Dies äußert sich nicht nur im permanenten Optimierungswettbewerb in der Wirtschaft, sondern setzt sich auch in der Gesellschaft fort. Der Nachwuchs muss an die beste Schule gehen, den besten Bildungsabschluss, möglichst mit Auszeichnungen in Sport, Kunst oder Musik erreichen, um im Wettbewerb der Zukunft bessere Chancen zu haben. Die Menschen stehen also unter Stress.

Nun gehört Stress zweifelsohne zum Leben und der Körper ist darauf grundsätzlich von Anfang an vorbereitet. Unser Körper ist jedoch auf kurze Stressphasen ausgerichtet und benötigt regelmäßig auch eine Ruhephase, damit er sich erholen und neue Energie schöpfen kann. Doch bei hohem und länger andauerndem Stresslevel ohne Erholungsphasen und einem permanenten Energiebedarf greift der Körper notgedrungen die tiefersitzenden Energiereserven an, welche aber eigentlich für das ganze menschliche Leben reichen sollten. So können im Dauerstress, in der Regel bei einer zeitlichen Phase über mehrere Monate, die eisernen Energiereserven verbraucht werden. Sind diese leer, greift der Körper die eigenen Organe an, also das, was noch zur Verfügung steht. Die Folgen sind dann z.B. Herz-Kreislauferkrankungen, Depressionen/Burn out usw.... Doch nicht jeder, der einen permanenten Stress erlebt, wird auch krank. Hier kommt es auf eine ganz individuelle Stresswahrnehmung an, ob eine stressige Situation als ein unlösbares Problem oder als eine Herausforderung eingeschätzt wird. Das ist der entscheidende Punkt. Es geht also darum, die eigene Wahrnehmung vom negativen zum positiven Stress umzupolen.

Oft ist zudem von einem speziell weiblichen Stress die Rede. Es wird häufig unterstellt, dass die Frauen auf stressige Situationen stärker emotional reagieren würden. Die Männer würden dagegen eher lösungsorientiert agieren. Aber, empfinden Frauen überhaupt einen anderen Stress als Männer?

In den letzten 20 Jahren konnten keine Studien diese These eindeutig belegen. Frauen reagieren im Ergebnis dieser Studien auf den Stress nicht anders als Männer. In biologischer Sicht gibt es, beispielsweise im Cortisol-Reaktivitäts-Vergleich, keine signifikanten Unterschiede. Frauen, so konnte in zahlreichen Studien aber festgestellt werden, greifen viel häufiger zu emotionsorientierten Bewältigungsstrategien und neigen mehr zum Grübeln oder zur Resignation als Männer. Bei Herausforderungen durch sozialen Stress verspüren Frauen öfter Angst und empfinden stressige Situationen stressiger als Männer. Die Gründe für den empfundenen Stress bei Frauen werden weniger in der Biologie, sondern vielmehr in der sozialen und kulturellen, also gesellschaftlichen Rolle gesehen. Frauen versuchen offenbar aufgrund der gesellschaftlichen Erwartungen an eine Mutterrolle und an eine erfolgreiche Mitarbeiterin, die Aufgaben möglichst optimal zu lösen und setzen sich mit dieser Doppelbelastung stark unter Druck. Allerdings zeigen Studien, sobald die Männer diese Doppel-Rolle übernehmen – empfinden sie genau den gleichen Stress und Optimierungsdruck wie Frauen.

Damit konnte zunächst die erste Teilfrage unserer Masterthesis beantwortet werden: Frauen mit einer Doppelbelastung haben keinen anderen Stress als Männer, aber sie versuchen aufgrund zweier vollwertiger Tätigkeiten ihre eigenen Ansprüche und die der Gesellschaft optimal zu erfüllen.

Da auch im Digitalisierungszeitalter 4.0 nicht davon ausgegangen werden kann, dass diese Situation grundlegend anders sein wird, weil sich in der Regel immer noch die Frauen um die Familie kümmern werden, stellt sich nun die Frage, wie diese so gestärkt werden können, dass sie den Stress gut bewältigen können. Aber, welche Stress- und Bewältigungsfaktoren sind für eine gute Stressbewältigung entscheidend?

Mit dieser Frage haben sich bereits viele Wissenschaftler in der Stressforschung wie z.B. Antonovsky, der Begründer der Salutogenese, beschäftigt. Er untersuchte Frauen, die trotz widrigster Lebensumstände psychisch stabil geblieben waren und versuchte zu verstehen, welche

Faktoren dafür wichtig waren. Antonovsky geht im Ergebnis davon aus, dass der Mensch dem Stress gut gerüstet begegnet, wenn er die Umwelt und deren Strukturen verstehen kann, seine Fähigkeiten für die Stressbewältigung in ausreichendem Maße vorhanden sind und der aktuelle Stress insgesamt mit Sinn erfüllt ist. Er geht weiterhin davon aus, dass diese Widerstandsfähigkeit bis zum 30. Lebensjahr ausgebaut werden kann und später nicht mehr veränderbar ist.

Die Resilienzforschung geht jedoch im Gegensatz zu Antonovsky davon aus, dass man diese Stress-Widerstandfähigkeit sehr wohl auch später trainieren kann, weil menschliche Herausforderungen zum Leben gehören und diese an jenen wachsen kann. Der amerikanische Forscher Davidson konnte eine entsprechende Umstrukturierung im präfrontalen Kortex im Gehirn nachweisen. Inwieweit der Mensch resilient ist oder noch werden kann, hängt von den Risiko- und Schutzfaktoren in der Resilienz ab. Diese sind jedoch so vielfältig, dass eine eindeutige Katalogisierung kaum möglich ist. Das liegt an den unterschiedlichen Forschungsmethoden und Definitionen: was z.B. ist ein Schutzfaktor, was ein Risikofaktor? Ferner ist die eigene Empfindung, was einen belastet oder schützt, dafür entscheidend, ob hier von Schutz- oder Risikofaktoren gesprochen werden kann. Sie können sogar gleichzeitig beides sein, wie z.B. die soziale Unterstützung. Einerseits ermöglicht soziale Unterstützung eine größtmögliche Flexibilität und gilt als Auffangnetz bei unvorhergesehen Ereignissen. Anderseits kann ihre längere Inanspruchnahme, Schuldgefühle und/oder eigene Unfähigkeitsgefühle hervorrufen. Einige Schutzfaktoren wie z.B. Optimismus oder positive Emotionen können maßvoll sehr nützlich und auf die Widerstandsfähigkeit eines Menschen regulierend und beruhigend wirken, anderseits können sie bei Übertreibung das Gegenteil bewirken. Außerdem sind sie häufig in der Persönlichkeit verankert und nur schwer erlernbar.

Da also nicht nur die Stresswahrnehmung, sondern auch die Stressfaktoren und Stress- Schutzfaktoren sehr individuell sind, ist logischerweise auch bei einer Stressprävention eine ganz individuelle Vorgehensweise erforderlich.

Was nach Grawe bei allen Menschen gleich ist, ist die permanente Suche nach Befriedigung der eigenen Grundbedürfnisse: dem Bedürfnis nach Orientierung und Kontrolle, nach Lustgewinn und Unlustvermeidung, nach Bindung, nach Selbstwertschutz und Selbstwerterhöhung. Diese Grundbedürfnisse sind in der Digitalisierung 4.0 genauso von Bedeutung, wenn nicht sogar viel stärker, da hier ganz neue Lebens- und Arbeitsformen und Beziehungen entstehen. Auch das sollte ein Präventionsprogramm berücksichtigen.

Sind aber die bereits vorhandenen Präventionsprogramme für Frauen mit einer Doppelbelastung in der Digitalisierung 4.0 anwendbar? Für diese Untersuchung sind Programme ausgewählt worden, welche hauptsächlich auf eine individuelle Stressbewältigung ausgerichtet sind. Der große gemeinsame Nenner all dieser Programme ist, dass grundsätzlich eine ressourcenorientierte Vorgehensweise im Fokus steht. Lediglich im Detail werden unterschiedliche Akzente/Methoden gesetzt/angewendet, z.B.:

- im Präventionsprogramm nach Blickhan – die Entwicklung einer positiven Lebenseinstellung/Denkweise/Handlung;
- im Präventionsprogramm nach Pattakos – im eigenen Handeln und in dem, was dem Menschen widerfährt, einen Sinn sehen und/oder finden;
- im Präventionsprogramm nach Linneweh/Heufelder/Flasnoecker – eine parallele Einbindung einer medizinischen Überwachung bei der Teilnahme an einem Stresspräventionsprogramm;
- im Präventionsprogramm nach Kaluza – eine flexible Einsetzung der Module und
- im Präventionsprogramm nach Längle/Künz – in erster Linie die Sinnfindung in der Arbeit.

Diese Präventionsprogramme sind jedoch für ein breites Publikum und für beide Geschlechter ausgerichtet. In keinem Präventionsprogramm stehen daher die Bedürfnisse der Frauen mit Doppelbelastung im Zentrum. Die Auseinandersetzung mit dem Umgang der gesellschaftlichen Doppelrolle einer Frau findet somit auch nicht statt, obwohl diese für Frauen, wie die Stressstudien beweisen, ein durchaus zentrales Thema ist. In keinem Präventionsprogramm werden die Themen der Digitalisierung 4.0, wie z.B. neue Kommunikationsformen oder neue Beziehungs-konstrukte, aufgegriffen. Aber gerade für Frauen spielen interaktive Kommunikation und Beziehungspflege eine große Rolle.

Frauen mit einer Doppelbelastung haben das Bedürfnis, zwei Welten in Einklang bringen zu müssen. In jeder dieser Welten sind unterschiedliche Aufgaben, Verantwortungen und Ziele vorhanden, mit Erwartungen von der eignen und der gesellschaftlichen Seite. Ein hierfür passendes Präventionsprogramm muss also diese unterschiedlichen Welten berücksichtigen und daher auch unterschiedliche Methoden anwenden. In der Verschmelzung der unterschiedlichen Programme und einer zusätzlichen Ergänzung durch frauenspezifische Themen könnte hier ein neues Präventionsprogramm entstehen, z.B. durch eine Zusammenlegung der Präventionsprogramme von Kaluza und Längle/Künz mit einer zusätzlichen Ergänzung in den Bereichen Kommunikation und Beziehung 4.0. Denn bekanntlich bedeutet Kommunikation auch Beziehungspflege. Gerade für die Pflege dauerhafter Beziehungen ist in der digitalen Arbeits- und Lebenswelt nur wenig Raum vorgesehen. Es wird in verschiedenen u.U. auch internationalen Teams, orts- und zeitunabhängig, also schnell und effizient, gearbeitet. Die hierzu benötigte direkte und mediale Kommunikation wird aufgrund der unterschiedlichen Mentalitäten, Lebenswelten, Kulturen kurz, sachbezogen und zielgerichtet sein. Durch die Kurzlebigkeit der Teams und den ständigen Wechsel der Arbeitsstellen sinkt zudem die allgemeine Bereitschaft eine dauerhafte Arbeitsbeziehung aufzubauen. Da aber der Mensch in erster Linie als ein soziales Wesen auf die zwischenmenschliche Interaktion angewiesen ist und diese letztlich auch sucht, ist der richtige Umgang mit den neuen technischen und gesellschaftlichen Rahmenbedingungen 4.0 notwendig. Denn eine gute Kommunikation kann stressmindernd und ein gutes Beziehungsnetz stressvermeidend sein.

Es bleibt nun die Frage, in welchem Format und unter welchen Rahmenbedingungen ein Präventionsprogramm in der Digitalisierungszeit 4.0 stattfinden kann und letztendlich – Gesundheitskompetenz gefördert werden.

Gesundheitskompetenz entsteht dann, wenn Menschen Entscheidungsspielräume wahrnehmen und über die entsprechenden Voraussetzungen verfügen (Kommunikationskompetenz, ...), um diese zu diese nutzen. Lösungsorientierte Beratungsprozesse oder Gesundheitscoachings unterstützen Menschen dabei, diese individuellen Entscheidungsspielräume zu definieren und entsprechend zu nutzen.

Im Rahmen von Untersuchungen hat sich gezeigt, dass Klienten den Beratungsprozess vor allem dann positiv bewerten, wenn die Beziehung zum Berater durch emotionale Nähe geprägt ist. Im Rahmen einer Studie definiert Gerlinde Pracht wesentliche Kriterien für den Erfolg einer Intervention: Zu diesen Faktoren gehören eine erkennbare Strukturierung, ein wertschätzendes Miteinander, die Vermittlung von als sinnvoll empfundenen Inhalten und die Eigenverantwortung. Dies entspricht den Forschungsergebnissen von Grawe, der davon ausgeht, dass Menschen ein Grundbedürfnis nach Kontrolle und Orientierung haben.

Angebote im Bereich der Gesundheitsprävention haben das Ziel, den Teilnehmern positive Strategien zur Stressbewältigung zu vermitteln. Diese Angebote stehen in unterschiedlichen Formaten zur Verfügung. Relativ neu sind Online-Angebote und Coaching in Verbindung mit Blended-Learning. „Unter Blended Learning ("blended": "gemixt, zusammengemischt") versteht man die Kombination von unterschiedlichen Methoden und Medien, etwa aus Präsenzunterricht und E-Learning. In Hinblick auf die Lebenssituation von Frauen erscheint eine Kombination von Präsenzphasen und E-Learning vorteilhaft. Präsenzphasen schaffen Voraussetzungen für gegenseitiges Kennenlernen und fördern eine vertrauensvolle Beziehung zwischen den Klienten und dem Berater. E-Learning ermöglicht eine individuelle Organisation von Lernprozessen und lässt sich infolgedessen mit den Strukturen von Familien- und Erwerbsarbeit vereinbaren.

Stresserleben ist individuell und damit ist eine ganz individuelle Vorgehensweise bei der Stressprävention erforderlich. Beratungsprozesse beginnen mit einer Bestandsaufnahme zu persönlichen und beruflichen Belastungen, sowie Kontextbedingungen. Aus dieser (individuellen) Situationsanalyse ergeben sich Zielformulierungen. Am Ende des Beratungsprozesses nimmt der Klient seine veränderte und gestärkte Selbstsorgekompetenz wahr. Präventionsprogramme für Frauen mit Mehrfachbelastung sollten das Selbstmanagement unterstützen, um bereits vorhandene Stärken und Ressourcen zu nützen. Selbstsorgekompetenz erweist sich im Alltag als „Schutzfunktion" und wirkt präventiv. Die Selbstsorgekompetenz ist insbesondere eine Fähigkeit, die es dem Klienten ermöglicht, in Veränderungsprozessen kompetent handeln zu können.

In der „neuen" digitalen Arbeitswelt steht die Entgrenzung der bis dato vorgegebenen Arbeitsrahmenbedingungen im Fokus der Präventionsarbeit. Die Arbeits-Zeit, der Arbeits-Ort und aber auch die Arbeits-Community sind in der digitalen Welt nicht nur variabel, sondern jederzeit austauschbar. Diese Entgrenzung bereitet einem Menschen gerade an der Scheidelinie zwischen dem privaten Leben und dem Arbeitsleben die größten Schwierigkeiten und kann auf Dauer zum Stress führen mit den ausführlich dargestellten gesundheitlichen Folgen.

Der Arbeitgeber wird zwar aus seiner Pflicht, im gesetzlichen Rahmen präventiv gegen die Überlastung des Arbeitnehmers vorzugehen, nicht entlassen, sondern zum Entwickeln neuer, für die Arbeit 4.0 tauglichen Präventions- sowie Arbeitsschutzprogramme gezwungen werden. Aufgrund der unterschiedlichen Lebens- und Arbeitsweisen wird ein „Standard"-Programm sich wegen der oben dargestellten Arbeitsbedingungen kaum bewähren.

Es wird letztlich erforderlich sein, ein Präventionsprogramm an die Bedürfnisse der digitalen Welt anzupassen, mit z.B. Präsenzveranstaltungen und Online-Coaching, und es wird im Kern so sein, wie es eine Frau mit Doppelbelastung im Digitalisierungszeitalter benötigt: flexibel und individuell!

Literaturverzeichnis

Abdul-Hussain, S.; Orth, I.; Petzold, H. G. (2012), Genderkompetenz in Supervision und Coaching, Integrative Modelle in Psychotherapie, Supervision und Beratung, VS Verlag für Sozialwissenschaften / Springer Fachmedien Wiesbaden GmbH Wiesbaden.

Ahlers, E. (2018), Forderungen der Betriebsräte für die Arbeitswelt 4.0, Policy Brief WSI, Band 20.

Ahlers, E. u. a. (2018), Genderaspekte der Digitalisierung der Arbeitswelt, Hans-Böckler-Stiftung.

Amlinger, M. u. a. (2017), Deutschland 2040: 10 Thesen zu Arbeitsmarkt und Rente, Demografie und Digitalisierung.

Antonovsky, A. (1997), Salutogenese. Zur Entmystifizierung der Gesundheit, hrsg. von Alexa Franke, Band 36, Tübingen, dgvt Verlag (1997).

Arnold, P. u. a. (2018), Handbuch E-Learning. Lehren und Lernen mit digitalen Medien, utb Pädagogik, Band 4965, 5. Auflage, W. Bertelsmann Verlag.

Baader, M. S.; Eßer, F.; Schröer, W. (2014), Kindheiten in der Moderne. Eine Geschichte der Sorge, hrsg. von Meike Sophia Baader, Florian Eßer, Wolfgang Schröer, Frankfurt, New York, Campus Verlag (2014).

Badura, B.; Ducki, A.; Schröder, H. (2019), Digitalisierung – gesundes Arbeiten ermöglichen, Fehlzeiten-Report.

Bamberger, G. G. (2015), Lösungsorientierte Beratung. Praxishandbuch; mit E-Book inside und Arbeitsmaterial, 5., überarb. Aufl., Beltz.

Bandura, A. (1979), Sozial-kognitive Lerntheorie, Konzepte der Humanwissenschaften, Klett-Cotta.

Bandura, A.; Kober, H. (1976), Lernen am Modell. Ansätze zu einer sozial-kognitiven Lerntheorie, Ernst Klett Verlag.

Barlösius, E.; Hans, S.; Kleinert, C. (Hrsg.) (1978), Soziale Welt, Vol. 29, Nomos.

Bauer, W. u. a. (2014), Industrie 4.0 – Volkswirtschaftliches Potenzial für Deutschland, BITKOM.

Becker-Schmidt, R. (1987), Die doppelte Vergesellschaftung-die doppelte Unterdrückung: Besonderheiten der Frauenforschung in den Sozialwissenschaften, in: Unterkircher L.; Wagner I. (Hrsg.), Die andere Hälfte der Gesellschaft. Soziologische Befunde zu geschlechtsspezifischen Formen der Lebensbewältigung, Studien und Berichte, Verl. des Österr. Gewerkschaftsbundes.

Literaturverzeichnis

Becker-Schmidt, R. (2003), Zur doppelten Vergesellschaftung von Frauen. Sozilogische Grundlegung, empirische Rekonstruktion.

Beck-Gernsheim, E.; Ostner, I. (1978), Frauen verändern-Berufe nicht? in: Barlösius E.; Hans S.; Kleinert C. (Hrsg.), Soziale Welt, Vol. 29, Nomos, S. 257–281.

Beermann, B. (2013), Im Takt? Gestaltung von flexiblen Arbeitszeitmodellen, 4., unveränderte Aufl., Bundesanstalt für Arbeitsschutz und Arbeitsmedizin.

Bendel, O., Blended Learning, wirtschaftslexikon.gabler.de

Bengel, J.; Lyssenko, L. (2012), Resilienz und psychologische Schutzfaktoren im Erwachsenenalter. Stand der Forschung zu psychologischen Schutzfaktoren von Gesundheit im Erwachsenenalter, Forschung und Praxis der Gesundheitsförderung, Band 43, BZgA.

Bengel, J.; Strittmatter, R.; Willmann, H. (2001), Was erhält Menschen gesund? Antonovskys Modell der Salutogenese – Diskussionsstand und Stellenwert; eine Expertise, Forschung und Praxis der Gesundheitsförderung, Band 6, Erw. Neuaufl., BZgA.

Bitkom Research (2019), Trendstudie Digitalisierung 2019. Don't panic. Gelassen zur Digitalisierung: Wie sich deutsche Unternehmen in der neuen Zeit orientieren.

Blickhan, D. (2015), Positive Psychologie. Ein Handbuch für die Praxis, Reihe Fachbuch positive Psychologie, Junfermann.

Bock, G. (1977), Arbeit aus Liebe-Liebe als Arbeit., in: Gruppe Berliner Dozentinnen; Berliner Sommeruniversität für Frauen (Hrsg.), Frauen und Wissenschaft. Beiträge zur Berliner Sommeruniversität für Frauen, Juli 1976, 2. Aufl., Courage-Verl., S. 118–199.

Böhm, S. (2015), Beruf und Privatleben – ein Vereinbarkeitsproblem? Entstehungsfaktoren von erwerbsarbeitsbedingten Abstimmungsproblemen und Konflikten im Privatleben von Beschäftigten in Deutschland. Zugl.: Bielefeld, Univ., Diss., 2012, Springer VS.

Borg-Laufs, M. (2019), Erstkontakt und Beziehungsgestaltung mit Kindern und Jugendlichen, in: Schneider S.; Margraf J. (Hrsg.), Lehrbuch der Verhaltenstherapie, Band 3, Springer Berlin Heidelberg, S. 181–189.

Bührmann, A. d.; Diezinger, A.; Metz-Göckel, S. (2014), Arbeit – Sozialisation – Sexualität. Zentrale Felder der Frauen- und Geschlechterforschung, Lehrbuch zur sozialwissenschaftlichen Frauen- und Geschlechterforschung, 3. erw. u. aktual. Aufl. 2014, Springer VS.

Bundesagentur für Arbeit (2019), Die Arbeitsmarktsituation von Frauen und Männern 2018, https://statistik.arbeitsagentur.de/Statischer-Content/Arbeitsmarktberichte/Personengruppen/generische-Publikationen/Frauen-Maenner-Arbeits-markt.pdf, (23.10.2019)

Bundesanstalt für Arbeitsschutz und Arbeitsmedizin (2008), Im Takt? Risiken, Chancen und Gestaltung von flexiblen Arbeitszeitmodellen.

Literaturverzeichnis

Bundesinstitut für Berufsbildung (2019), Berufsbildung 4.0 – Fachkräftequalifikationen und Kompetenzen für die digitalisierte Arbeit von morgen: Branchen- und Berufescreening, Band 213, Barbara Budrich GmbH.

Bundesministerium für Arbeit und Soziales (2013), Arbeitsmarkt- prognose 2030. Eine strategische Vorausschau auf die Entwicklung von Angebot und Nachfrage in Deutschland, Hausdruckerei des BMAS.

Bundesministerium für Arbeit und Soziales Abteilung Grundsatzfragen des Sozialstaats, der Arbeitswelt und der sozialen Marktwirtschaft (Hrsg.) (2015), Grünbuch. Arbeiten 4.0, Ruksaldruck GmbH & Co. KG, Berlin.

Bundesministerium für Bildung und Forschung (2015), Berufsbildungsbericht 2015.

Bundesministerium für Bildung und Forschung (2016), Zukunft der Arbeit. Innovationen für die Arbeit von morgen.

Bundesministerium für Bildung und Forschung (2019), Berufsbildungsbericht 2019.

Bundesministerium für Familie, Senioren, Frauen und Jugend (2017), Zweiter Gleichstellungsbericht.

Bundesministerium für Familie, Senioren, Frauen und Jugend (Hrsg.) (2006), Familie zwischen Flexibilität und Verlässlichkeit. Perspektiven für eine lebenslaufbezogene Familienpolitik. Siebter Familienbericht., Koelblin-Fortuna-Druck.

Bundesministerium für Familie, Senioren, Frauen und Jugend (Hrsg.) (2011), Biografiemuster und Alterseinkommensperspektiven von Frauen.

Bundesministerium für Familie, Senioren, Frauen und Jugend Referat Öffentlichkeitsarbeit (Hrsg.) (2013), Neue Wege – Gleiche Chancen Gleichstellung von Frauen und Männern im Lebensverlauf., Silber Druck oHG.

Bundesministerium für Familie, Senioren, Frauen und Jugend. (Hrsg.) (2017), Zweiter Gleichstellungsbericht der Bundesregierung.

Bundesministerium für Gesundheit (2011), Unternehmen unternehmen Gesundheit. Betriebliche Gesundheitsförderung in kleinen und mittleren Unternehmen., 2. Aufl.

Cernavin, O.; Schröter, W.; Stowasser, S. (Hrsg.) (2018), Prävention 4.0. Analysen und Handlungsempfehlungen für eine produktive und gesunde Arbeit 4.0, Springer.

Christine Morgenstern (2016), Digitaler Wandel – Chancen erkennen, Risiken benennen. Tagung: Digitalisierte Welt: Frauen 4.0 – rund um die Uhr vernetzt vom 12.04.2016, Berlin: dbb bundesfrauenvertretung.

Daheim, C.; Wintermann, O. (2019), Arbeit 2050: Drei Szenarien. Neue Ergebnisse einer internationalen Delphi-Studie des Millennium Project.

dbb bundesfrauenvertretung (Hrsg.) (2016), Digitalisierte Welt: Frauen 4.0 – rund um die Uhr vernetzt? Chancen erkennen, Risiken benennen!

Degele, N. (2003), Mutti spült, Papa arbeitet., in: Zentrum für Anthropologie und Gender Studies (ZAG). (Hrsg.), FGS – Freiburger GeschlechterStudien – heute FZG. Dimensionen von Gender Studies, II, Ausgabe 13, Barbara Budrich GmbH.

Degener, M.; Hüttner, H. (2010), Raus aus dem Zeitstress. Selbsttraining zur Work-Life-Balance, Cornelsen.

Dengler, K.; Matthes, B. (2015), IAB Forschungsbericht. Folgen der Digitalisierung für die Arbeitswelt. Substituierbarkeitspotenziale von Berufen in Deutschland.

Dengler, K.; Matthes, B. (2018), IAB Kurzbericht. Wenige Berufsbilder halten mit der Digitalisierung Schritt. Substituierbarkeitspotenziale von Berufen.

Derntl, B. (2018), Gleich oder ungleich? Geschlechtsunterschiede hinsichtlich Stress und Stressbewältigung, in: Gorr C.; Bauer M. C. (Hrsg.), Was treibt uns an?, Springer Berlin Heidelberg, S. 129–141.

DGB-Index Gute Arbeit Kompakt (2018), Berufstätige mit Pflegeverantwortung. Zur Vereinbarkeit von Arbeit und Pflege., https://index-gute-arbeit.dgb.de/++co++bf2674ba-0a6a-11e8-bcc4-52540088cada, (10.10.2019)

Dickey, J.; Kirschten, R. (Hrsg.) (1998), James Dickey. The selected poems, Wesleyan poetry, Wesleyan Univ. Press.

Dunkel-Schetter, C.; Skokan, L. A. (1990), Determinants of Social Support Provision in Personal Relationships, in: Journal of Social and Personal Relationships 4/1990, S. 437–450.

Ecarius, J.; Köbel, N.; Wahl, K. (2011), Familie, Erziehung und Sozialisation, VS Verlag für Sozialwissenschaften / Springer Fachmedien Wiesbaden GmbH Wiesbaden.

Eckart, C. (1982), Die Teilzeitarbeit von Frauen, in: Feministische Studien 1/1982.

Eichhorst, W.; Tobsch, V. (2014), Flexible Arbeitswelten. Bericht an die Expertenkommission „Arbeits- und Lebensperspektiven in Deutschland", Bertelsmann-Stiftung.

Fiedler, P. (2017), Ressourcenorientierte Psychotherapie, in: Frank R. (Hrsg.), Therapieziel Wohlbefinden. Ressourcen aktivieren in der Psychotherapie, Psychotherapie, 3. Aufl., Springer Berlin Heidelberg, S. 21–34.

Flückiger, C.; Wüsten, G. (2012), Ressourcenaktivierung. Ein Manual für die Praxis, Klinische Praxis, Huber.

Frank, R. (Hrsg.) (2017), Therapieziel Wohlbefinden. Ressourcen aktivieren in der Psychotherapie, Psychotherapie, 3., vollst. überarb. Aufl. 2017, Springer Berlin Heidelberg.

Fredrickson, B. (2011), Die Macht der guten Gefühle. Wie eine positive Haltung ihr Leben dauerhaft verändert, Campus-Verl.

Fuchs, T. (2018), Chronopathologie der Überforderung. Zeitstrukturen und psychische Krankheit, in: Fuchs T.; Iwer L.; Micali S. (Hrsg.), Das überforderte Subjekt. Zeitdiagnosen einer beschleunigten Gesellschaft, Suhrkamp, S. 52–79.

Literaturverzeichnis

Fuchs, T.; Iwer, L.; Micali, S. (Hrsg.) (2018), Das überforderte Subjekt. Zeitdiagnosen einer beschleunigten Gesellschaft, Suhrkamp.

Geißler, H.; Metz, M. (2012), E-Coaching und Online-Beratung, VS Verlag für Sozialwissenschaften.

Geißler, R. (2014), Ungleichheiten zwischen Frauen und Männern, www.bpb.de/izpb/198038/ungleichheiten-zwischen-frauen-und-maennern?p=all, (7.1.2020)

Giesen, R. (2018), Arbeit 4.0. Arbeitsbeziehungen und Arbeitsrecht in der digitalen Welt, C.H.Beck.

Gimpel, Henner / Lanzl, Julia / Manner-Romberg, Tobias / Nüske, Niclas (2018), Digitaler Stress in Deutschland. Eine Befragung von Erwerbstätigen zu Belastung und Beanspruchung durch Arbeit mit digitalen Technologien, Working Papier. Forschungsförderung.

Gorr, C.; Bauer, M. C. (Hrsg.) (2018), Was treibt uns an?, Springer Berlin Heidelberg.

Goschke, T. (1996), Lernen und Gedächnis: Mentale Prozesse und Gehirnstrukturen., in: Roth G. (Hrsg.), Kopf-Arbeit. Gehirnfunktionen und kognitive Leistungen, Spektrum-Neurowissenschaften, Spektrum Akad. Verl., S. 359–410.

Götsch, M.; Wehner, N. (2017), Berufsorientierung, Erwerbsbiografie und Geschlecht, in: FZG 01/2017, S. 5–14.

Grawe, K. (2000), Psychologische Therapie, 2., korrigierte Aufl., Hogrefe Verl. für Psychologie.

Gruppe Berliner Dozentinnen; Berliner Sommeruniversität für Frauen (Hrsg.) (1977), Frauen und Wissenschaft. Beiträge zur Berliner Sommeruniversität für Frauen, Juli 1976, 2. Aufl., Courage-Verl.

Handerer, J.; Thom, J.; Jacobi, F. (2018), Die vermeintliche Zunahme der Depression auf dem Prüfstand, in: Fuchs T.; Iwer L.; Micali S. (Hrsg.), Das überforderte Subjekt. Zeitdiagnosen einer beschleunigten Gesellschaft, Suhrkamp, S. 159–209.

Hans-Böckler-Stiftung (2011), Der lange Schatten der Versorgerehe, in: Böckler Impuls. 10/2011.

Hardring, F.; Wagner, G. (2018), Vom überforderten zum achtsamen Selbst?, in: Fuchs T.; Iwer L.; Micali S. (Hrsg.), Das überforderte Subjekt. Zeitdiagnosen einer beschleunigten Gesellschaft, Suhrkamp, S. 258–278.

Heyse, V. u. a. (Hrsg.) (2018), Mittelstand 4.0 – eine digitale Herausforderung. Führung und Kompetenzentwicklung im Spannungsfeld des digitalen Wandels, Kompetenzmanagement in der Praxis, Band 11, Waxmann.

Hobler u. a. (2017), Wer leistet unbezahlte Arbeit? Hausarbeit, Kindererziehung und Pflege im Geschlechtervergleich. Aktuelle Auswertungen aus dem WSI GenderDatenPortal, https://www.boeckler.de/pdf/p_wsi_report_35_2017.pdf, (20.9.2019)

Hoff, E.-H. (Hrsg.) (1990), Die doppelte Sozialisation Erwachsener. Zum Verhältnis von beruflichem und privatem Lebensstrang, DJI-Materialien, DJI-Verl.

Literaturverzeichnis

Hurrelmann, K. (1994), Sozialisation und Gesundheit. Somatische, psychische und soziale Risikofaktoren im Lebenslauf, Grundlagentexte Soziologie, 3. Aufl., Juventa-Verl.

Hurrelmann, K.; Bauer, U. (2015), Einführung in die Sozialisationstheorie. Das Modell der produktiven Realitätsverarbeitung, Pädagogik, 11. vollständig überarbeitete Auflage, Beltz.

Initiative D21 e. V., D21 DIGITAL INDEX 2017/2018. Jährliches Lagebild zur Digitalen Gesellschaft.

Jäkel-Wurzer, D.; Dahncke, S.; Buck, N. (2017), Praxishandbuch Weibliche Nachfolge. Selbstcoaching-Tools für den gelungenen Einstieg ins Familienunternehmen, Springer Gabler.

Jürgens, K.; Hoffmann, R.; Schildmann, C., Arbeit transformieren! Denkanstösse der Kommission "Arbeit der Zukunft".

Kaluza, G. (2015), Gelassen und sicher im Stress. Das Stresskompetenz-Buch: Stress erkennen, verstehen, bewältigen, 6., vollst. überarb. Aufl., Springer.

Kelly, M. M. u. a. (2008), Sex differences in emotional and physiological responses to the Trier Social Stress Test, in: Journal of behavior therapy and experimental psychiatry 1/2008, 87–98.

Kendel, F.; Sieverding, M.; Böhmer, S. (2015), Kann Coping belasten? Bewältigungsstrategien bei Mann und Frau 2015.

Kentzler, C.; Meifert, M. T.; Richter, J. (Hrsg.) (2010), Stressmanagement. Das Kienbaum-Trainingsprogramm, Haufe.

King, V. u. a. (2018), Überforderung als neue Normalität, in: Fuchs T.; Iwer L.; Micali S. (Hrsg.), Das überforderte Subjekt. Zeitdiagnosen einer beschleunigten Gesellschaft, Suhrkamp, S. 227–257.

Kirschten, U. (2014), Work-Life-Balance. Herausforderungen – Konzepte – praktische Erfahrungen, AKAD Forum, Band 3, expert Verlag.

Klammer, U.; Motz, M. (2012), Neue Wege – Gleiche Chancen. Expertisen zum Ersten Gleichstellungsbericht der Bundesregierung, VS Verlag für Sozialwissenschaften / Springer Fachmedien Wiesbaden GmbH Wiesbaden.

Kneer, G.; Nassehi, A. (2000), Niklas Luhmanns Theorie sozialer Systeme. Eine Einführung, Uni-Taschenbücher Soziologie, Philosophie, Literaturwissenschaft, Band 1751, 4., unveränderte Auflage, Wilhelm Fink.

Kontos, S.; Walser, K. (1979), ... weil nur zählt, was Geld einbringt. Probleme der Hausfrauenarbeit, Kennzeichen, Band 4, Burckhardthaus-Laetare Verl.

Kontos, S.; Walser, K. (1979), ... weil nur zählt, was Geld einbringt. Probleme der Hausfrauenarbeit, Kennzeichen, Band 4, Burckhardthaus-Laetare Verl.

Krohne, H. W. (2017), Stress und Stressbewältigung bei Operationen, Springer Berlin Heidelberg.

Krüger, Helga, Born Claudia (1990), Probleme der Integration beruflicher und familialer Sozialisation in der Biographie von Frauen., in: Hoff E.-H. (Hrsg.), Die doppelte Sozialisation Erwachsener. Zum Verhältnis von beruflichem und privatem Lebensstrang, DJI-Materialien, DJI-Verl., S. 53–70.

Längle, Alfried, Ingeborg, Künz (2016), Leben in der Arbeit? Existentielle Zugänge zu Burnout-Prävention und Gesundheitsförderung, Facultas.

Lanz, C. (2010), Burnout aus ressourcenorientierter Sicht im Geschlechtervergleich. Eine Untersuchung im Spitzenmanagement in Wirtschaft und Verwaltung. Zugl.: Zürich, Univ., Diss., 2009, VS Verl. Sozialwiss.

Lautenbacher, S.; Güntürkün, O.; Hausmann, M. (Hrsg.) (2007), Gehirn und Geschlecht, Springer Berlin Heidelberg.

Lazarus, A. (2015), Multimodale Therapieplanung (BASIC-ID)., in: Linden M.; Hautzinger M. (Hrsg.), Verhaltenstherapiemanual, Psychotherapie, 8. Aufl., Springer, S. 15–19.

Lazarus, R. S., (1982), Der kleine tägliche Ärger, der krank macht, in: Psychologie heute, Nr. 3, S. 46–49.

Lazarus, R. S.; Folkman, S. (2015), Stress, appraisal, and coping, 11. [print.], Springer.

Lechleiter, Philipp, Purbs Alexander, Karlheinz Sonntag (2017), HR- und Gesundheitsmanagement in der Arbeit 4.0. Bedarfe und Umsetzungshindernisse in KMU-eine qualitative Interviewstudie.

Levold, T.; Wirsching, M. (Hrsg.) (2016), Systemische Therapie und Beratung. Das große Lehrbuch, 2. Auflage, Carl-Auer Verlag.

Linden, M.; Hautzinger, M. (Hrsg.) (2015), Verhaltenstherapiemanual, Psychotherapie, 8., vollständig überarbeitete Auflage, Springer.

Linneweh, K. (1998), Streßmanagement. Der erfolgreiche Umgang mit sich selbst, Recht, Wirtschaft, Finanzen Management, 4. Aufl., Dt. Sparkassenverl.

Linneweh, K.; Flasnoecker, M.; Heufelder, A. (2010), Balance statt Burn-out. Der erfolgreiche Umgang mit Stress und Belastungssituationen, 2., überarb. Aufl., Zuckschwerdt.

Lippitt, G. L.; Lippitt, R. (2015), Beratung als Prozess. Was Berater und ihre Kunden wissen sollten, Edition Rosenberger, 4. Aufl., Springer Gabler.

Litzcke, S.; Schuh, H.; Pletke, M. (2013), Stress, Mobbing und Burn-out am Arbeitsplatz. Umgang mit Leistungsdruck – Belastungen im Beruf meistern – Mit Fragebögen, Checklisten, Übungen, 6., vollst. überarb. Aufl., Springer.

Lott, Y. (2019), Weniger Arbeit, mehr Freizeit? WSI Report.

Mehrnoush Khashabi (1996), Geschlechtsspezifische Stresswahrnehmung und Stressbewältigung am Arbeitsplatz. Inaugural-Dissertation zur Erlangung des Doktorgradees der Philosophie an der Ludwig-Maximilians-Universität zu München.

Möller, H.; Müller-Kalkstein, R. (2014), Gender und Beratung. Auf dem Weg zu mehr Geschlechtergerechtigkeit in Organisationen, Interdisziplinäre Beratungsforschung, v.9, Vandenhoeck & Ruprecht.

Müller, B.; Freund, U. H. (2017), Sozialpädagogisches Können. Ein Lehrbuch zur multiperspektivischen Fallarbeit, Lambertus-Verlag.

Nazroo James Y., Edwards Angela C., Brown George W. (1998), Gender differences in marital support following a shared life event, in: Social Science & Medicine Volume 46, Issue 8/1998, S. 1077–1085.

Nestmann, F. (Hrsg.) (2002), Die Zukunft der Beratung, Beratung, Band 4, Dgvt-Verl.

Nold, H.; Wenninger, G. (Hrsg.) (2013), Rückengesundheit und psychische Gesundheit. 1. Regionaltagung der BG RCI und des Burnout-Zentrums Bödlhof, Asanger.

Ostermann, D. (2010), Gesundheitscoaching, VS Verlag für Sozialwissenschaften / GWV Fachverlage GmbH Wiesbaden.

Ostner, I. (1978), Beruf und Hausarbeit. Die Arbeit der Frau in unserer Gesellschaft. Zugl.: München, Univ., Diss., 1977, Arbeiten aus dem Sonderforschungsbereich 101 der Universität München, Campus-Verl.

Ostner, I. (1982), Beruf und Hausarbeit. D. Arbeit d. Frau in unserer Gesellschaft, Arbeiten aus dem Sonderforschungsbereich 101 der Universität München, 3. Aufl., Campus-Verlag.

P&G Procter &Gamble (2017), Working Mum Studie 2017. Jede dritte Mutter fühlt sich alleinerziehend trotz Partner. Pressemitteilung.

Patscha, C.; Glockner, H.; Burmeister, K. (2013), Gestaltungsräume im Zeitalter der Komplexität. Positionspapier für die Arbeit der Expertenkommission Arbeits- und Lebensperspektiven in Deutschland, Bertelsmann Stiftung, https:// www.bertelsmann-stiftung.de/de/publikationen/publikation/did/gestaltungs raeume-im-zeitalter-der-komplexitaet, (10.9.2019)

Patscha, C.; Glockner, H.; Burmeister, K. (2013), Gestaltungsräume im Zeitalter der Komplexität. Positionspapier für die Arbeit der Expertenkommission Arbeits- und Lebensperspektiven in Deutschland, https://www.bertelsmann-stiftung.de/de/publikationen/publikation/did/gestaltungsraeume-im-zeitalter-der-komplexitaet/, (2.11.2019)

Pattakos, A. (2011), Gefangene unserer Gedanken. Viktor Frankls 7 Prinzipien, die Leben und Arbeit Sinn geben, Linde international, 2., erg. und aktualisierte Aufl., Linde.

Petermann, F.; Wiedebusch, S. (2016), Emotionale Kompetenz bei Kindern, Klinische Kinderpsychologie, Band 7, 3., überarbeitete Auflage, Hogrefe.

Pfisterer Stephan, Streim Andreas, Hampe Kaja (2013), Arbeit 3.0. Arbeiten in der digitalen Welt.

Pracht, G. (2017), Stressbewältigung durch Blended Training. Entwicklung und Evaluation eines ressourcenorientierten Online-Coachings, readbox unipress in der readbox Publishing GmbH.

Pracht, G. (2017), Stressbewältigung durch Blended Training. Entwicklung und Evaluation eines ressourcenorientierten Online-Coachings, readbox unipress in der readbox Publishing GmbH.

Precht, R. D. (2018), Jäger, Hirten, Kritiker. Eine Utopie für die digitale Gesellschaft, Originalausgabe, Goldmann.

Preißing, D. (Hrsg.) (2019), Frauen in der Arbeitswelt 4.0. Chancen und Risiken für die Erwerbstätigkeit, De Gruyter Oldenbourg.

Prokop, U. (1977), Weiblicher Lebenszusammenhang, Edition Suhrkamp, Band 808, 2. Aufl.

Prokop, U. (1977), Weiblicher Lebenszusammenhang. Von der Beschränktheit der Strategien und der Unangemessenheit der Wünsche., Suhrkamp.

Referat Grundsatzfragen der beruflichen Aus- und Weiterbildung (2018), Berufsbildungsbericht 2018, https://www.bmbf.de/upload_filestore/pub/Berufsbildungsbericht_2018.pdf.

Rensing, L. (2013), Mensch im Stress. Psyche, Körper, Moleküle, Softcoverausg, Springer Spektrum.

Richter, M.; Weusthoff, A. (2017), Was bedeutet die Digitalisierung der Arbeitswelt für Frauen? Eine Beschäftigtenumfrage, DGB-Bundesvorstand, Abteilung Frauen, Gleichstellungs- und Familienpolitik.

Roth, G. (Hrsg.) (1996), Kopf-Arbeit. Gehirnfunktionen und kognitive Leistungen, Spektrum-Neurowissenschaften, Spektrum Akad. Verl.

Roth-Ebner, C. (2014), Mediatisierte Arbeitskommunikation, in: Medien Journal 4/2014, S. 21–34.

Salisch, M. von (Hrsg.) (2002), Emotionale Kompetenz entwickeln. Grundlagen in Kindheit und Jugend, Kohlhammer.

Schienle, A. (2007), Geschlechterdifferenzen in der Emotionalität aus der Sicht des Neuroimaging, in: Lautenbacher S.; Güntürkün O.; Hausmann M. (Hrsg.), Gehirn und Geschlecht, Springer Berlin Heidelberg, S. 143–159.

Schneider, S.; Margraf, J. (Hrsg.) (2019), Lehrbuch der Verhaltenstherapie, Band 3, Springer Berlin Heidelberg.

Schreyögg, A. (2012), Coaching. Eine Einführung für Praxis und Ausbildung, Business 2012, 7., 7. komplett überarbeitete und erweiterte Aufl., Campus Verlag.

Schütz, A.; Hoge, L. (2007), Positives Denken. Vorteile – Risiken – Alternativen, W. Kohlhammer.

Schwarzer, R. (1993), Streß, Angst und Handlungsregulation, 3., überarb. und erw. Aufl., Kohlhammer.

Seligman, M. E. P. (2016), Erlernte Hilflosigkeit, 5., neu ausgestattete Auflage, Beltz.

Seligman, M. E. P. (op. 2003), Der Glücksfaktor. Warum Optimisten länger leben, Ehrenwirth.

Seligman, M. E. P.; Broermann, C. (op. 1991), Pessimisten küsst man nicht. Optimismus kann man lernen, Droemer Knaur.

Selye, H. (1974), Stress. Bewältigung und Lebensgewinn, Piper.

Siegrist, J. (2018), Überforderung in der Arbeitswelt: Macht sie krank? in: Fuchs T.; Iwer L.; Micali S. (Hrsg.), Das überforderte Subjekt. Zeitdiagnosen einer beschleunigten Gesellschaft, Suhrkamp, S. 210–226.

Siegrist, K. u. a. (2006), Psychosoziale Arbeitbelastungen, Arbeitsunfähigkeit und gesundheitsbezogenes Wohlbefinden: Eine empirische Studie aus der Perspektive der Geschlechterforschung, in: Gesundheitswesen (Bundesverband der Arzte des Offentlichen Gesundheitsdienstes (Germany)) 8–9/2006, S. 526–534.

Spiegl, J. (Hrsg.) (2017), Vereinbarkeit von Beruf und familiären Sorgepflichten. Grenzen, Möglichkeiten und Perspektiven für Person – Familie – Organisation, Springer Gabler.

Spitzer, N. (2016), Perfektionismus und seine vielfältigen psychischen Folgen. Ein Leitfaden für Psychotherapie und Beratung, Psychotherapie, Springer Berlin Heidelberg.

Stierlin, H. (2001), Psychoanalyse, Familientherapie, systemische Therapie. Entwicklungslinien, Schnittstellen, Unterschiede, Klett-Cotta.

Stopp, U.; Kirschten, U. (2012), Betriebliche Personalwirtschaft. Aktuelle Herausforderungen, praxisorientierte Grundlagen und Beispiele; mit 129 Tabellen, 18 Praxisbeispielen und 147 Wiederholungsfragen, Die Betriebswirtschaft – Studium + Praxis, Band 5, 28., völlig neu bearb. und erw. Aufl., expert-Verl.

Tamres, L. K.; Janicki, D.; Helgeson, V. S. (2002), Sex Differences in Coping Behavior: A Meta-Analytic Review and an Examination of Relative Coping, in: Personality and Social Psychology Review 1/2002, S. 2–30.

Taylor, S. E. u. a. (2000), Biobehavioral responses to stress in females: Tend-and-befriend, not fight-or-flight, in: Psychological Review 3/2000, S. 411–429.

Topf, C. (2012), Selbstcoaching für Frauen. Stark, sympathisch und erfolgreich in Beruf und Privatleben, Business, GABAL-Verlag.

Tuczek, H. C. (Hrsg.) (2017), Management 4.0 und die Generation Y, Landshut Leadership, Band 2, Shaker Verlag.

Unterkircher, L.; Wagner, I. (Hrsg.) (1987), Die andere Hälfte der Gesellschaft. Soziologische Befunde zu geschlechtsspezifischen Formen der Lebensbewältigung, Studien und Berichte, Verl. des Österr. Gewerkschaftsbundes.

Unterkirchner, L.; Wagner, I., Doppelte Vergesellschaftung von Frauen, link.springer.com, (2.11.2019)

Weinberger, S. (2013), Klientenzentrierte Gesprächsführung. Lern- und Praxisanleitung für psychosoziale Berufe, 13. Aufl., Juventa Veralg.

Werther, S. (Hrsg.) (2018), Arbeit 4.0 aktiv gestalten: die Zukunft der Arbeit zwischen Agilität, People Analytics und Digitalisierung, Springer.

Wildfeuer, H. (2016), Einführung: Digitalisierte Welt: Frauen 4.0 – rund um die Uhr vernetzt? Chancen erkennen, Risiken benennen! vom 12.04.2016, Berlin: dbb bundesfrauenvertretung.

Wimmer-Puchinger, B.; Gutiérrez-Lobos, K.; Riecher-Rössler, A. (Hrsg.) (2016), Irrsinnig weiblich – psychische Krisen im Frauenleben. Hilfestellung für die Praxis, Springer.

Wolter, M. I. u. a. (2016), IAB Forschungsbericht. Industrie 4.0 und die Folgen für Arbeitsmarkt und Wirtschaft. Szenario-Rechnungen im Rahmen der BIBB-IAB-Qualifikations- und Berufsfeldprojektionen.

Zeigler-Hill, V. (Hrsg.) (2013), Self-esteem, Current issues in social psychology, Psychology Press.

Zentrum für Anthropologie und Gender Studies (ZAG). (Hrsg.) (2003), FGS – Freiburger GeschlechterStudien – heute FZG. Dimensionen von Gender Studies, II, Ausgabe 13, Barbara Budrich GmbH.